Van Cronenburg   Schwarze Madonnen

Petra
van Cronenburg

Schwarze Madonnen

Das
Mysterium
einer
Kultfigur

Bildnachweis:
Editions Zodiaque, St. Leger Vauban: S. 13, 41, 67, 97, 127, 153
Archiv für Kunst und Geschichte, Berlin: S. 185

Die Deutsche Bibliothek – CIP-Einheitsaufnahme
Cronenburg, Petra van:
Schwarze Madonnen : das Mysterium einer Kultfigur / Petra van
Cronenburg. – Kreuzlingen ; München : Hugendubel, 1999
(Sphinx)
ISBN 3-89631-275-8

© der deutschen Ausgabe Heinrich Hugendubel Verlag,
Kreuzlingen/München 1999
Alle Rechte vorbehalten

Lektorat: Claudia Göbel, München
Umschlaggestaltung: Zembsch' Werkstatt, München
Zeichnungen und Übersetzungen: Petra van Cronenburg
Produktion: Tillmann Roeder, München
Satz: Typodata, München
Druck und Bindung: Franz Spiegel Buch, Ulm
Printed in Germany

ISBN 3-89631-275-8

Inhalt

Vorwort
Dunkel im Trend

... nur die Schwarze Madonna konnte alle Glaubens-
richtungen des Heidentums kristallisieren, um
sie mit dem Christentum zu vereinen, ohne den Wert eines
jeden dieser Glauben zu verfälschen.
Darin ist die Schwarze Madonna einzigartig.

Jacques Bonvin[1]

Ich hatte kürzlich einen Traum. In die aufgeräumte Landschaft einer fernen Zukunft gefallen, erblickte ich drei alles beherrschende riesige Kuppeln. Auf meine Frage, was dies sei, lachte mich meine Begleiterin aus: »Weißt du denn nicht, daß es längst keine Kirchen, Moscheen, Synagogen und Tempel mehr gibt? Das ist unser Weltenschrein der Religionen.« Neugierig betrat ich die großen Halbkugeln, deren Inneres mich an das römische Pantheon erinnerte mit seinen leuchtenden Löchern zum Himmel. »Das ist unsere Religion!« riefen mir die Besucher zu, und erstaunt sah ich, daß in die Wände lauter kleine Nischen eingelassen waren mit Millionen von Bildern, Artefakten, Statuen und Schriften. Ich entdeckte die Venus von Milo, eine Keilschrifttafel, die Venus von Willendorf und eine kitschig bunte Madonna. Dazwischen liefen überdimensionale Videomonitore mit modernsten Computeranimationen, die verblüffend alten steinzeitlichen Symbolen ähnelten.

Eigenartigerweise aber waren viele dieser Monitore nur schwarz. Ratlos fragte ich, was dies bedeuten solle. Wieder schmunzelte meine Begleiterin über mein Unwissen und antwortete: »Weißt du denn nicht, daß die Summe aller Farben Schwarz ist? Hier siehst du die ganze Idee, dort nur ihre Teile.« Nach diesen Worten wachte ich auf.

Die Faszination des Rätsels um die Farbe Schwarz aber verfolgt mich weiter. Nachdem ich mich seit fast zwanzig Jahren mit Religionswissenschaften und der Geschichte von Göttinnen beschäftige, fiel mir auf, daß sich in der letzten Zeit ein

Symbol weiblicher Spiritualität in den Vordergrund geschoben hat, das jahrhundertelang im wahrsten Sinn des Wortes ein Schattendasein geführt hatte: die Schwarzen Madonnen. In einer mittelalterlichen Welt, die in Licht und satten Farben schwelgte, faszinierte mich dieser krasse Gegensatz, das schlichte Dunkel, das seine Nuancen nur langsam preisgibt wie der schwarze Bildschirm in meinem Traum.

Das Dunkel der Romanik wurde regelrecht zum Trend: Tausend Jahre nach ihrer Blütezeit beschäftigen die mysteriösen Schwarzen Madonnen Christen wie Heiden als eines der zentralsten Symbole dieser Farbe. Um keines wird derzeit soviel diskutiert und gestritten, kein Symbol wird derzeit psychologisch und theologisch so zerpflückt wie die Schwarzen Madonnen. Der Papst bekennt sich als besonderer Verehrer der Schwarzen Madonna von Tschenstochau, französische Katholiken veranstalten eine weltweite Jahrtausendprozession der dunklen Marienstatuen, während die fundamentalistischen Baptisten in den USA diese neue Verehrungswelle als dämonisches Zeichen der drohenden Apokalypse vor allem bei Frauen interpretieren und mit Worten gegen sie zu Felde ziehen, die aus alten Hexenprozessen stammen könnten.

Mädchen im Teenageralter und reifere Männer schreiben gleichermaßen begeistert Gedichte an die Schwarze Madonna, die Schwarze Frauenbewegung und eine neue Altenbewegung benutzen sie als Markennamen. Was ist so faszinierend an dieser dunklen Königin, die starr auf ihrem Thron in einer Krypta sitzt? Woher kommt dieses plötzliche Revival dieser völlig gleichförmig aussehenden Statuen? Was veranlaßt Menschen heute, Schwarze Madonnen in Gips und Holz per Internet zu bestellen und ihre dunklen Krypten in den allerorts blühenden Kraftort-Tourismus zu integrieren? Wie kommt es, daß diese Madonna, die so gar nicht der traditionellen Maria ähnelt, plötzlich fast mehr Nicht-Christen als Christen anspricht?

Die amerikanische Bücherwelle zum Thema, die langsam auch nach Europa schwappt, bietet recht eingängige und einfache Erklärungen, indem die Schwarze Madonna als psychologischer Archetyp nach C.G. Jung aufgefaßt wird. Auch amerikanische neuheidnische Interpretationen folgen meist dem Schema dunkel = alt = weise = Tod = Transformation. In Europa werden nun zum ersten Mal die kunsthistorischen und wissenschaftlichen Betrachtungen vom Genre der Kraftortbücher verdrängt, die den Erlebnis- und Erkenntniswert der Statuen betonen, ohne ihn rational untersuchen zu wollen.

Ich will mit meinem Buch einen anderen Weg gehen, Wissenschaft und weibliche Spiritualität, Geschichte und moderne Kultur, auch Untergrundkultur, vereinen. Denn wie kein anderes religiöses Symbol tummeln sich die Schwarzen Madonnen inzwischen zu Hunderten im Internet – mit ihnen die Frauen, die ihre eigenen virtuellen Heiligenschreine entwerfen, sich als »Cyberschamaninnen« und »Cyberhexen« weltweit vernetzen und ein mittelalterliches Sinnbild in die globale Hypersprache des dritten Jahrtausends übersetzen.

Die Schwarzen Madonnen weisen tatsächlich auf Ursprünge aus allen großen Weltreligionen dieser Erde einschließlich ihrer heidnischen Vorgänger. Sie sind als kunsthistorischer Archetyp verankert in einer Geschichte, die geprägt war vom Trauma eines Jahrtausendwechsels und einem Umbruch in der Rolle der Frau. Schwarze Madonnen sind aber immer auch Trägerinnen dunkler Geheimnisse gewesen, die in Vergessenheit gerieten, als eine ernsthafte Esoterik, die noch zu Zeiten Newtons als Wissenschaft betrieben wurde, der Trennung in Rationalität und Irrationalität weichen mußte. Vergleicht man die mittelalterliche Spiritualität mit den neuen Ideen heutiger Verehrerinnen, wird hinter einer starren hölzernen Skulptur in Schwarz die bunte Faszination sichtbar, die Frauen und inzwischen auch immer mehr Männern auf der ganzen Welt ein gemeinsames starkes Symbol ihrer Spiritualität schenkt.

Nur durch persönliche Erfahrungsberichte und den Mut, innere Vorgänge öffentlich zu machen, ist eine Beschreibung der modernen Sichtweise möglich geworden. Ich danke deshalb den Frauen, die bereit waren, unter Pseudonym ihre ganz persönlichen Eindrücke in die Öffentlichkeit zu tragen und all denen, die unter dem Titel »Blackwomoon« ihre kreativen Texte zum Thema schwarze Göttinnen einsandten. Ich danke

Harald Albrecht (für Informationen zum Thema Radiästhesie), Samson vom Verein »Fahrend' Leut' e.V. Erlangen« (für die Beschreibung des Schwertleite-Rituals), den Teilnehmerinnen und Teilnehmern meines Internet-Diskussionsforums für Neues Bewußtsein (für viele inspirierende Anregungen), der Gnostic Society in Los Angeles, USA (für die gnostischen Texte und Material aus den Nag Hammadi Schriften), Father Johann G. Rothen, S.M., von der Dayton University in Dayton (Ohio), USA (für das Material des International Marian Research Institute), und Adam McLean in Glasgow, Großbritannien (für die alchemistischen Unterlagen).

Zwei Menschen möchte ich besonders innig danken: meinem Mann Georges, der mir in der Zeit des Schreibens alle Alltagsarbeit abnahm und mein wichtigster und geduldigster Zuhörer war – und Bernhard Pollmann für seine Hilfe beim Beschaffen von Texten, seine wertvolle Kritik und Freundschaft.

Samhain 1998 – Mariä Verkündigung 1999

Petra van Cronenburg

Abbildung Seite 13: *Notre-Dame de Montserrat. Die aus dem 12. Jahrhundert stammende Madonna wird von den Spaniern wie eine Königin von Katalonien verehrt. Ignatius von Loyola weihte sich ihr und gründete den Jesuitenorden. Wo sie steht, befand sich einst ein Tempel der Venus.*

1
DIE SCHWARZE KÖNIGIN

Unsere Herrin des Jahrtausends, Mutter des Erlösers,
mit großer Freude nennen wir dich gesegnet. [...]
O milde, o liebende, o süße Mutter Gottes und unsere
Mutter, Maria!
Aus dem Gebet »Unsere Herrin des Jahrtausends«
Johannes Paul II.

Farbe gegen Dogmatik

Wie sah Maria, die Mutter Jesu, eigentlich aus? Wir wissen es nicht, aber Künstler verschiedener Jahrhunderte haben unter dem Einfluß kirchlicher Dogmatik einen Archetyp Marias festgelegt, der auch Nichtkatholiken nur allzu vertraut ist. Das liebliche, von jugendlicher Unschuld geprägte, blaßweiße Gesicht unter meist golden leuchtendem Blondhaar wird unterstrichen von alles verhüllenden Gewändern und einem nonnenhaften Mantel in Himmelblau. Manchmal steht die versonnen lächelnde Jungmädchenfrau auf einer Weltkugel, die von Schlangen umwunden wird, manchmal gar auf einer liegenden Mondsichel. Mehr Bezüge zu heidnisch anmutender Mythenwelt sind nicht erlaubt. Während die lichte Himmelskönigin meist in Altarnähe steht, thront ihre dunkle Zwillingsschwester tief unten in düsteren Krypten: die Schwarze Madonna.

Warum gibt es Madonnen, die tiefschwarz sind? Warum ähneln sie in ihrer kargen Strenge und Majestät so gar nicht der künstlerischen Norm der lieblich-süßen Darstellungen Marias? Jacques le Goff hat in seiner Untersuchung der mittelalterlichen Gesellschaft herausgefunden, daß die Vorliebe für leuchtend-bunte Farben damals eklatant war. Über das Hohe Mittelalter, eine Zeit des »gold and glitter«, wie er sie nennt, schreibt er: »Aber hinter dieser farbigen Phantasmagorie steht die Angst vor der Nacht, die Suche nach dem Licht, das das Heil ist.«[2] Warum jedoch wird ausgerechnet ein dunkles Kunstobjekt in einer ebenso düsteren Krypta zum Mittelpunkt der Pilgerreisen, zum Allerheiligsten? Bedeutete Schwarz noch etwas anderes als Dunkel, oder irrt Le Goff?

Schwarze Madonnen wühlten die Menschen auf, als sie entstanden – heute, etwa tausend Jahre später, werden die widerspenstigen, sich Schemata und Dogmen widersetzenden Statuen weltweit wiederentdeckt. Obwohl die Madonna eine rein katholische Entwicklung ist, beschäftigen ausgerechnet die Schwarzen Madonnen mehr Protestanten, Heiden und Andersgläubige als je ein christliches Symbol zuvor. Die Autorin China Galland hat über die Schwarzen Madonnen zur schwarzen Tara des Buddhismus gefunden, der derzeitige Papst verehrt die Schwarze Madonna von Tschenstochau, Heidinnen entdecken in ihr eine schwarze Göttin und extremistische Protestanten beschimpfen sie als Symbol des Antichristen. Meinen diese Gruppen tatsächlich alle das gleiche Symbol? Was aber ist dann eine Schwarze Madonna? Und wenn die Statue symbolischen Charakter hat, warum ist sie ausgerechnet schwarz?

Welch große Bedeutung die Farbe für die Liebhaberinnen dieser speziellen Figuren hat, wird in Ursula Krölls Buch »Schwarze Madonnen« deutlich, in dem die Autorin entsetzt von den Restaurierungsarbeiten der Notre-Dame de Chastreix im französischen Puy-de-Dôme (siehe Abb. Seite 67) berichtet und mit Fotos belegt, wie die ehemals pechschwarze Mutter Jesu 1983 einer kargen, abgebeizten und naturfarbenen Holzstatue weichen mußte. Französische Restauratoren werden nicht nur in diesem Fall des Sakrilegs angeklagt. Aber auch wenn die abgebeizte Holzstatue viele Anhängerinnen des neuesten Schwarze-Madonnen-Trends beleidigt – jetzt endlich glänzt sie in ihrer originalen Farbgebung! Die märchenhaft orientalische Bemalung hatte ihr nämlich der Priester von Chastreix im Jahr 1892 »verpassen« lassen, um mit einer neuen Schwarze-Madonnen-Pilgerstätte seine leere Kirchenkasse und Kirche zu füllen, was ihm im übrigen erfolgreich gelang. Pilgerreisen zu wundertätigen Madonnen waren zum beliebten Reiseziel des vergangenen Jahrhunderts geworden. Auch wenn es sich um eine echte romanische Madonna handelte – die priesterliche Fälschung hat sich in den Köpfen der Verehrer und Verehrerinnen offensichtlich mehr durchgesetzt als die Ergebnisse der Hochtechnologie-Untersuchungen der Restauratoren.

Ein anderes weltberühmtes Beispiel für solche sich hartnäckig haltenden Fälschungen, die im »marianischen« 19. Jahrhundert von Priestern in Auftrag gegeben wurden, um vom einsetzenden Pilgerstrom nach Lourdes und Fatima zu profitieren, ist die in den Vereinigten Staaten als »Schwarze Madonna Nr. 1« bekannte Marienstatue von Einsiedeln in der Schweiz, auf die sich auch China Galland in ihrem Buch stützt. Sie wird wie keine andere in den Vereinigten Staaten kopiert, als Prototyp versteckter schwarzer Göttinnen zitiert und gilt bei den Jungianern der ganzen Welt als »die« Schwarze Madonna schlechthin. Dies mag zum einen daran liegen, daß das jungianische Institut in der Schweiz beheimatet ist und ein Autor wie Fred Gustafson, der die Madonna von Einsiedeln vor allem in der »Psychoszene« der Vereinigten Staaten salonfähig machte, aus Zürich stammt. Doch die Marienstatue, die nicht im mindesten einer thronenden Königin ähnelt, wurde ebenfalls erst im vergangenen Jahrhundert schwarz bemalt, um die nach dem Neubau der Gnadenkapelle eingeschlafene Pilgerwallfahrt im Trend der Zeit neu zu beleben. Schwarz sollte nur der »Finsterwald« gewesen sein, in dem der Eremit Meinrad einst die kleine Urkapelle für eine Mutter Gottes stiftete.

Wen außer den Kunsthistorikern kümmert es, daß die berühmte Dame Noire (Schwarze Dame; siehe Abb. Seite 41) von Marsat (Puy-de-Dôme*) bis 1830 weiß war und die Jungfrau von Saint-Victor-Montvianneix ihre Schwärze durch eine dicke fettige Dreckschicht erhalten hatte? Wie ihre sehr spät durch Farbe, Ruß oder Alterung geschwärzten Schwestern, die Madonna von Altötting in Bayern oder Notre-Dame de la Bonne-Mort (Clermont-Ferrand), geistern sie weiter durch Bücher über Schwarze Madonnen, während die Direktion der Historischen Monumente Frankreichs erboste Proteste zu hören bekommt, wenn sie es wieder einmal wagt, eine Schwarze Madonna in ihren Urzustand zurückzuversetzen. Die Madonna von Altötting, das 1998 seit 1250 Jahren bestand und dessen Wallfahrt um 1498 berühmt wurde, ist alles andere als eine Schwarze Madonna.[3] Natürlich wurden in vergangenen Jahrhunderten auch echte Madonnen in Schwarz einfach weiß übermalt, um der neueren kirchlichen Dogmatik zu entsprechen. Paul Bonvin[4] nennt als Beispiele solch einer Symbolumkehr die Madonnen von Chappes (Allier), Limoux (Aude), Laurie (Cantal), Avioth (Meuse), Chailloux (Puy-de-Dôme) und Tournus (Saône-et-Loire).

Es gibt also Schwarze Madonnen, die nie schwarz waren, andere, die übermalt wurden, weil sie zu schwarz aussahen,

---

* Departement/Frankreich

16

und einige wenige, die ihr originales Dunkel noch oder wieder zeigen. Das Symbol Schwarze Madonna läßt sich demnach nicht allein über die Farbe definieren. Doch wie sollen Laien sie dann unterscheiden können, wie ihr tiefes Geheimnis lüften? Und können sich Menschen, die das Symbol der Schwärze sehen, wo diese Farbe gar nicht ist, tatsächlich derart täuschen?

Romanische Majestät

Echte Schwarze Madonnen sind ein Phänomen der Romanik und der frühen Gotik. Hergestellt ab etwa 1050 bis ins 13. Jahrhundert, liegt ihre Blütezeit genau um die Jahrtausendwende im 10. bis 11. Jahrhundert, die bekanntesten, heute noch erhaltenen Statuen stammen aus dem 12. Jahrhundert. Gleichzeitig sind sie ein europäisches Symbol, das zuerst jedoch auf Frankreich beschränkt bleibt, wobei die berühmtesten Schnitzer in der Auvergne, der Bourgogne und dem Languedoc arbeiten, den von der Orthodoxie der römisch-katholischen Kirche am wenigsten berührten Provinzen. Die romanischen Madonnen auf dem Thron verbreiten sich schnell nach Spanien, und dies ist kein Zufall: Sie befanden sich nämlich ausnahmslos auf einem der sogenannten »Sternenwege« nach Compostela und dienten den Pilgern nicht nur als Orientierungspunkte. Der vorgeschriebene Rückweg von St. Jacques de Compostela führte durch die Orte mit den berühmtesten dunklen Königinnen, durch Conques mit seiner gold- und edelsteinglänzenden Ste. Foy, durch Espalion, Aubrac, Le Puy, Issoire, Clermont-Ferrand, Moulins, Nevers, Montargis und Paris.[5]

Die Bezeichnung französischer Kunsthistoriker erklärt sehr viel einleuchtender, um was es sich handelt: *Vierge en majesté* – um eine Madonna als Majestät – eine Königin. Jacques Huynen[6] und Jacques Bonvin haben in Frankreich, dem Land mit den meisten Schwarzen Madonnen, erstmals kunsthistorische Vergleiche angestellt und herausgefunden, daß sich alle Schwarzen Madonnen in bestimmten Punkten ähneln. Den beiden Autoren folgend, können auch Laien recht einfach

17

lernen, offensichtliche und gut getarnte Fälschungen von echten Schwarzen Madonnen zu unterscheiden. Dies ist notwendig, um hinter ihre ursprüngliche Bedeutung zu blicken.

Schwarze Madonnen der romanischen Zeit sind vom Aussehen her ein Archetyp, der Maria als machtvolle dunkle Königin auf einem Thron *(Vierge en majesté)* verkörpert, eine Form, die man auch mit dem lateinischen *sedes sapienter*, Thron der Weisheit, bezeichnet hat. Um die Macht der Mutter zu unterstreichen, ist Jesus meist verschwindend klein und ganz in der Mutter aufgehend dargestellt. Seltsam dabei ist, daß er kaum als Kind auf ihrem Schoß sitzt, sondern in den meisten Fällen wie bei der berühmten Notre-Dame d'Orcival als miniaturisierter erwachsener Mann, der durchaus älter als 33 Jahre sein kann. Trotzdem erscheint die Mutter, die ihn hält, in der Blüte ihrer Jahre. Sie, wie manchmal auch ihr Kind, hat eigenartig verlängerte Finger und immense Hände, die in keiner vernünftigen Proportion zum Körper erscheinen und immer wirken, als wollten sie schützen oder Kraft übertragen, denn die Mutter hält sie oft in Abstand vom Kind.

Riesenhand und starrer Blick

Aufgrund von Darstellungen aus der gleichen Zeit ist heute bekannt, daß Maler und Bildhauer im Mittelalter durchaus in der Lage waren, Proportionen genau abzubilden und an hohen Fassaden sogar derart kunstgerecht zu verzerren, daß dem in der Tiefe stehenden Betrachter der Eindruck vollkommener Harmonie entsteht. Daß die Madonnen ursprünglich in großer Höhe angebracht wurden, ist schon deshalb unwahrscheinlich, weil die übrigen Körpermaße nicht dazu geeignet wären. Überlange Finger und Riesenhände an sonst überaus harmonischen Skulpturen auszuschnitzen, muß also Programm gewesen sein. Eine besonders mysteriöse Madonna befindet sich auf einem der ältesten Glasfenster im Straßburger Münster, umgeben von segnenden Heiligen. Seit Generationen wundern sich die Besucher, warum eine ihrer hocherhobenen Handflächen hell, die andere dunkel ist. Ob sich an dieser

Stelle nur das Glas zersetzt hat oder der Maler sie in voller Absicht arbeitete, wurde nie untersucht. Sicher war auch die berühmte dunkle Königin von Le Puy nicht die einzige, deren Gesicht schwarz, die Hände aber weiß angemalt worden waren.

Ähnliche Handvergrößerungen und Betonungen findet man in katharischen Darstellungen[7], aber auch in der islamischen Symbolik, die bis in die heutige Zeit überdauert hat: die *keff Mériem* (Hand Marias) wird in maghrebinischen Ländern wie die Hand der Mohammed-Tochter Fatima als Amulett gegen den »bösen Blick« hochgeschätzt. In der Tat spielen Hände im Mittelalter symbolisch eine große Rolle, die sich in den verschiedenen Religionen sogar gleicht. Die Kreuzritter, die die christliche Handsymbolik der adligen Höfe kannten und sicher mit der jüdischen Bedeutung der rechten Hand als *Shekinah*[8] in Berührung gekommen waren, mußten im Kontakt mit dem Islam feststellen, daß sich die Vorstellungswelten der Handdeutungen nicht grundlegend unterschieden. Für die Ritter selbst war die »Hand der Gerechtigkeit« das Emblem der französischen Monarchie, sie legten ihren Vasalleneid mit dem Ritual der *immixtio manuum*[9] ab, bei dem der Vasall seinem Lehnsherrn oder der Minneritter seiner Minnedame seine Hände in die ihren legte, um von diesen Händen umschlossen zu werden in einer Szene der Kraftübertragung.

In der islamischen Welt, aus der einst Kreuzritter der Legende nach die dunklen Statuen mitgebracht haben sollen, sind Auge und Hand als Symbole des Schutzes bis in magische Bereiche miteinander verbunden. Die Hand ist stellvertretendes Zeichen für die Person, sie kann besitzen und Gefühle vermitteln. Auch im Koran[10] wird von der Hand Gottes oder sogar den »zwei Händen Gottes« gesprochen in Verbindung mit der göttlichen Souveränität *mulk* oder *malakut*, einem Begriff für »Königreich«. Zeitgleich mit den Schwarzen Madonnen entstehen die islamischen Kosmogonien der Mystiker Ghazali (1058–1111) und Sohrawardi (1115–1191), die sich mit dem Dualismus zweier Welten auseinandersetzen, von denen eine Malakut ist. Sind vielleicht sogar vorislamische Formen einer

Schwarzen Madonna erkennbar? Die Ursprünge dieses Symbols könnten in älteren Zeiten liegen, wenn man die Deutungen der »verdorbenen Hände« durch Jean Markale[11] auf die thronenden dunklen Königinnen überträgt als Zeichen für eine »Bildnerin«, die nicht Mensch und nicht Gott ist, aber eine »Baumeisterin der Anderswelt« mit wahrhaft königlichen Eigenschaften.

In der christlichen Welt ist ebenfalls die Hand mit dem Auge verbunden: Wie letzteres kann sie sehen, ja sogar sprechen. Die Hand auszustrecken oder gar aufzulegen, bedeutete, Energie und Kraft zu übertragen, ein Vorgang, der in alten Zeiten als androgyn verstanden wurde, weiblich wie männlich, gebend und empfangend. Im 3. Jahrhundert wurde das Ritual in seiner Ursprünglichkeit von einer christlichen Frauengruppe in Rom praktiziert, die geschworen hatte, künftig ohne Männer in einer Gemeinschaft zu leben. Um ihren Eid zu bekräftigen, baten sie den Bischof, das alte Ritual der Kraftübertragung an ihnen zu vollziehen. Nicht lange danach wurde dieses Handritual verboten, mit der Begründung, man könne sonst die Weihe männlicher Priester und die der unverheirateten Frauen nicht mehr unterscheiden[12]. Die Hände der dunklen Königinnen, die sich meist auf ihr Kind, oft aber auch zum Betrachter hin richten, bergen in ihrer multireligiösen Symbolik Zündstoff für eine Kirche, der die Schöpfung durch eine weibliche Majestät, die magische Kraftübertragung und Initiation durch Maria, aber auch ihre Übertragung auf Jesus ein Dorn im Auge der Orthodoxie sein muß.

Die übrigen Teile der Skulpturen bergen ähnliche Widersprüche. Die kostbaren, edelsteinbesetzten Kleider, Kreuze, Kronen und Weltkugeln, so meint Bonvin, seien allesamt spätere Beigaben. Die echten Schwarzen Madonnen jedoch seien mit keinerlei christlichen Symbolen versehen. Im Gegenteil, oft sind es ganz und gar heidnische Symbole, die Thron und Maria schmücken. Der Thron mit seinen geheimnisvollen Symbolen ist die wichtigste Gemeinsamkeit aller Statuen.

Schwarze Madonnen sollten eindeutiger romanische Madonnen heißen, denn sie werden ausschließlich zwischen dem 11. und beginnenden 13. Jahrhundert hergestellt. Alle anderen

Statuen sind Nachahmungen, sorgsame Übertragungen eines Symbols oder böswillige Fälschungen geldgieriger Besitzer. Kein Zufall können ihre Maße sein. Während Ursula Kröll meist rund 80 Zentimeter Höhe angibt, haben Huynen und Bonvin genaue Messungen mit und ohne Thron verglichen. Was zuerst anmutet wie ein Rechenspiel, erstaunt mit seinen Parallelen zum Wissen eingeweihter Baumeister der Romanik. Bonvin[13] nennt als Mittelmaß aller echten Schwarzen Madonnen ein Verhältnis von 70 Zentimetern Höhe zu 30 Zentimetern Breite und 30 Zentimetern Tiefe, das jeweils nur um wenige Zentimeter oder nur Millimeter variiert. Überraschender aber sind die Maße der Mutter allein: Maria mißt fast immer zwischen 63 und 68 Zentimeter. Bonvin hält es für alles andere als einen Zufall, daß solch eine Madonna mit Annäherung an die Zahl 0,6356600 der heiligen Elle der Ägypter und der hachemitischen[14] Elle von 64 Zentimetern entspricht, aber auch der Goldenen Zahl der Kathedralen (0,618) nahe kommt. In der romanischen Bauweise spielten Zahlensymbolik und das Wissen der Proportionen eine immense Rolle, so daß sich mit Sicherheit hinter den Maßen der Schwarzen Madonnen eine tiefere Bedeutung versteckt.

Heilige Hölzer

Schwarze Madonnen sind fast immer aus Holz geschnitzte Statuen. Nach Bonvin ist der Großteil aus Zedernholz, einem im keltischen Kopfkult heiligen Baum und darum in Frankreich bekannt, oder aus phönizischem Wacholder, einem Strauch, der in der französischen Camargue weit verbreitet war. Zedern und Wacholder, botanisch miteinander verwandt, gelten schon seit der Antike wegen ihres starken Gehalts an bestimmten ätherischen Ölen als insektenvernichtend und desinfizierend, werden also weder vom Holzwurm noch von anderen Insekten befallen und verrotten kaum.

Die Ägypter verwendeten deshalb Harze und Öle der Zeder als Heilmittel, aber auch zum Einbalsamieren ihrer Mumien, die nicht selten in Zedernsärgen bestattet wurden. Die

Selten werden romanische Madonnen in Stein gehauen, wie Notre-Dame auf der Stele des elsässischen Odilienberges, die einem Künstler der Rosheimer Kirche aus dem 12. Jahrhundert zugeschrieben wird.

Zeder selbst als einer der wichtigsten ägyptischen Orakelbäume sollte mit ihrem Ächzen und Wispern der schweren Zweige die Stimme des eingeschlossenen Osiris wiedergeben. Auch die Kelten schätzten das Holz für Truhen zur Aufbewahrung ihrer wertvollsten Gegenstände und konservierten mit den Harzen ihre Schrumpfköpfe. Zedern- und später als Ersatz Wacholderholz galten im gesamten Mittelmeerraum, Nordafrika und dem Orient als derart heiliges Holz, daß weite Landstriche durch Raubbau und Abholzung bis heute verkarstet sind. Die Libanonzeder galt den Hebräern als wiedererstandener Paradiesbaum, und Moses' Stab, mit dem er das Meer teilte, Quellen suchte und Schlangen vertrieb, soll ebenfalls aus einem Zedernast geschnitzt gewesen sein. Aber auch im profanen Bereich war die Zeder beliebt: Als Baustoff für Häuser, Konservierungsstoff für griechische Weine, als Medizin, Einbalsamierungsharz für Tote und Verhütungsmittel wurden die Qualitäten der Zeder gepriesen[15].

Die immer wieder im Zusammenhang mit der Zeder auftauchende Bedeutung zwischen Leben und Tod faßt der Schweizer Baumheilkundler René A. Strassmann in Worte, die uns bei der Deutung der dunklen Königinnen aus Zedernholz wiederbegegnen werden: »In alten Unsterblichkeitsriten ist die Zeder der Ort des Grabes. Sie ist zugleich Mann und Frau und damit die erlöste Verschmelzung der Geschlechtlichkeit. (...) Sie ist die Kundalini unter den Bäumen, und ihre Kraft vermittelt die Kraft des Auflebens der einzelnen Stufen und deren Ausrichtung zur Ganzheit hin.«[16] Das im Mittelalter bereits seltenere, kostbare duftende Holz mit seinen Konnotationen zu Tod und Wiedergeburt, Androgynität und schöpferischer Energie machte aus den dunklen Königinnen schon vom Material her einen symbolisch-rituell bedeutsamen Gegenstand. Andere Madonnen wurden aus Eiche, Birnbaum, Walnußholz oder Linde geschnitzt, es gibt aber auch Hinweise auf einen schwarzen Meteoriten[17] und eine geheimnisvolle Mischung aus Tonerde mit »Metallpartikeln«. Die beiden letzteren werden Aufschluß über die antiken Ursprünge geben können, aber auch die Hölzer in ihren symbolischen Bedeutungen sind nicht nur wegen ihrer Verarbeitungsqualitäten gewählt.

Die Prototypen

Auch wenn die Madonna von Tschenstochau in Polen heute als eine der meistbesuchten Schwarzen Madonnen der Welt gilt: Schwarze Madonnen sind niemals Ikonen. Die Verwechslung in Volksmund und Medien, kräftig unterstützt von der katholischen Kirche, entstand, weil Legenden diese Ikonen als vom Evangelisten Lukas selbst gemalt verbrämen wollten. Lukas mußte deshalb gleichzeitig als Schöpfer der dunklen Königinnen in Holz herhalten, um ihre Heiligkeit und Unantastbarkeit zu betonen, die kirchlicherseits immer wieder aufgrund seltsamer Rituale in Frage gestellt wurde.[18] Ikonen sind ein völlig eigenständiges Medium mit eigenem Symbolgehalt.

Die ersten Prototypen Schwarzer Madonnen waren über und über goldglänzend oder zumindest silbern oder kupferfarben und dienten zur Aufbewahrung von Reliquien. Einziger schriftlicher Beweis dafür ist der Codex Claramontanus[19], der beschreibt, wie Bischof Étienne II. um das Jahr 946 den Kleriker Aleaume anweist, eine Maria in menschlicher Gestalt als kostbar geschmückte Reliquienstatue zu fertigen, die ihm »Helferin und Hüterin seiner Seele« sein solle. Damit ist er seiner Zeit weit voraus, denn Reliquienschreine in Menschenform oder gar als Mutter Gottes hatte es bisher nicht gegeben. Unüblich ist auch, daß der Bischof die Statue für eigene Seelenarbeit verwenden will und erst zweitrangig an die Gläubigen denkt. Wahrscheinlich hatte Étienne II., zuvor Bischof von Conques, dort die noch heute weltberühmte thronende Ste. Foy bewundert und zum Vorbild genommen. Die goldene edelsteinbesetzte heilige Foy wird einer der Schlüssel zum Geheimnis der Schwarzen Madonnen sein, ebenso wie die königliche Maria Bischof Étiennes, von der leider nur noch die Zeichnung im Codex Claramontanus erhalten ist[20]. Ebenso ist die Frage nie gelöst worden, warum das im Rücken, Hals oder Herzen befindliche Reliquienloch entgegen aller Traditionen absichtlich unzugänglich gemacht wurde und ob es Zufall ist, daß in den meisten die »Haare der Maria« oder geheimnisvolle Stoffetzen gefunden wurden.

Reliquienzauber

Haare werden seit altersher mythologisch und symbolisch mit der Persönlichkeit und manchmal sogar Seele dessen identifiziert, der sie trägt oder trug. Wie die Fingernägel galten sie in verschiedensten Kulturen als ein Teil des Menschen, von dem man sich zwar trennen kann, der aber immer aus dem gleichen

24

Körper gewachsen ist. Der Brauch, eine Locke der Kinder aufzubewahren, Liebeszauber mit Locken des Partners, das Tragen von Skalps und Schrumpfköpfen oder neuzeitliche Voodoozauber – sie alle beruhen auf dem Glauben, daß ein kleines Stück der Persönlichkeit und deren spezielle Energie in den Haaren konserviert bleibt. Wie stark dieser Glaube wirkte, beweist die Tatsache, daß Menschen im Mittelalter, die man an den Pranger stellte, oft geschoren wurden. Vor allem die Kirche schien die Zauberkräfte der Haare zu fürchten, denn der Papst persönlich mußte dem gefangenen Merowinger-Thronfolger Dagobert II. die Haare scheren[21], um ihn zu entmachten, Frauen wurde nachgesagt, ihr Haar sei voller Hexenkräfte und müßte daher bedeckt bleiben, und die Inquisitoren bemühten sich vor der Folter, ihrem Opfer die Körperhaare zu scheren, um seine angebliche Zaubermacht zu brechen. Wegen ihrer Haare geriet auch die Königin von Saba, eines der Vorbilder der Schwarzen Madonnen, in späteren islamischen Schriften in Verruf, in denen König Salomon erschreckt erkennt, daß die Frau über und über behaarte Beine hat: das Zeichen für eine starke magische Macht[22].

Entsprechend diesen Mythen wurden in der Zeit der Reliquienverehrung Haare zum begehrtesten Objekt. In ihnen, so glaubte man damals, seien alle Wunderkräfte des oder der Heiligen konzentriert, ja die Haare wurden zum Substitut der Persönlichkeit und ihrer Macht zu Lebenszeiten. In ihnen verehrten die Gläubigen die Lebenskraft, denn durch das Einfallen des Leichnams schien es, als könnten allein Haare und Nägel nach dem Tod noch wachsen. Haare waren ein Zeichen der Sonne, ein Symbol der Könige und Priester, die ausschließlich das Privileg behielten, sie nicht zu schneiden. Immer wieder berichteten Chronisten und Beobachter, daß in den dunklen Thronenden Haare eingeschlossen waren, eingelegt in ein kleines zylinderförmiges Loch in der Herzgegend oder dem Solarplexus, manchmal gar mit einem Bergkristall »verstöpselt«, der als Lupe ins Innere diente. Restaurateure fanden bei der Statue von Ste. Foy ein solches Reliquienloch in der Form eines vierblättrigen Kleeblattes. Einstimmig wundern sie sich aber auch darüber, daß dieses Reliquienloch durch die Marouflage-

Binden vollkommen verdeckt und unzugänglich gemacht wurde – ein Schutz für die wertvollen Haare der Mutter Gottes?

Konnten es im symbolisch-religiösen Sinn die Haare der Mutter Gottes gewesen sein? Die langen Haare einer Frau galten frühen Christen wie Paulus als notwendige Verhüllung und Schleier gegen weibliche Reize, aber keinesfalls als heilig, denn wie sie ihre Schönheit mit Haaren verdecken mußte, hatte die Frau auch ihre verführerischen Haare in Flechten zu legen und im Gottesdienst zu verstecken. Die Ansichten des Paulus[23] verschärften sich im Mittelalter, lange offene Haare waren Hexenzauber, sollten angeblich Stürme und Blitze entfesseln können und Männer gegen ihren Willen binden. Konnte sich in einem derartigen Umfeld die Verehrung der Haare Marias durchsetzen? Es war möglich, denn bevor sich die Ansichten über Hexenhaar endgültig durchsetzten, galten lange Haare in der Minnezeit als Schönheitsideal der edlen und herzensguten Frau, wurden Marien als Notre-Dame mit wallendem Haar geschnitzt. Aus der gleichen Zeit stammen die zahlreichen Darstellungen der Maria von Magdala, die gerade wegen ihrer oft körperlang dargestellten Haare verehrt wurde. Keiner der Beobachter der Reliquienlöcher wagte bisher, eine kühne These auszusprechen: Die einst als heilig geltende Haarreliquie könnte absichtlich versteckt worden sein, als sich die Ansichten des Paulus und der Verächter weiblicher Schönheit in der kirchlichen Kunst durchgesetzt hatten. Nur eine exakte archäologische Altersbestimmung der Reliquien und Marouflage-Binden könnte dieses Geheimnis lüften.

Reliquien waren heilende Objekte und Kraftüberträger, die den Pilgerinnen und Pilgern offen zur Verfügung standen. Sie wurden berührt, geküßt und sichtbar zur Schau gestellt. War ein Berühren wegen der Vergänglichkeit des Fundstücks nicht möglich, schafften die Kleriker weniger gefährdeten Ersatz: durchsichtige Schreine, wertvolle Tücher als Umhüllungen, Statuen in Reichweite oder kostbare Behälter. Die Übertragung der Energie des Heiligen auf die Gemeinde geschah durch körperlichen Kontakt, zumindest Sichtkontakt, unzählige abgewetzte Statuen und gläserne Behälter zeugen davon. Faujas de

St. Fons, der die Schwarze Madonna von Le Puy gründlich untersuchen konnte, belegte schriftlich, daß auch die dunklen Königinnen einst berührt werden durften und vor allem an Kopf und Gesicht derartige Abnutzungsspuren zeigten, daß sie regelmäßig neu geschwärzt werden mußten. Wie alle neugierigen Forscher wurde jedoch auch er daran gehindert, das Loch für die Reliquie genauer in Augenschein zu nehmen.

Erst neuzeitliche Restauratoren oder Augenzeugen der Zerstörungen solcher Skulpturen entdeckten, daß die Madonnen auf dem Thron dieses stets gut verborgene Loch besitzen. Der Kult Maria Magdalenas, aber auch die Minne wurden von der Kirche zur Häresie erklärt, die Anhänger verfolgt – Frauen hatten nun eine züchtige Haartracht zu zeigen. Zu dieser Zeit tauchen keine offen sichtbaren Reliquienlöcher mehr auf, und die Methode der Marouflage und ihre schwarze Bemalung verbreitet sich. Wer hat die Haare der Maria so gut versteckt und für jede öffentliche Verehrung durch Berührung unzugänglich gemacht? Waren es die Häretiker, weil sie Verfolgungen fürchteten und den Verlust ihrer Reliquie? Oder war es die Kirche der Verfolger, die die Skulpturen der romanischen Baumeister zwar nicht zerschlagen konnte, ohne Volksempörung auszulösen, wohl aber unkenntlich machen und umwidmen?

Farben als Chiffren

Wenn die Technik des Versteckens von Reliquien tatsächlich erst nachträglich angewandt wurde, ist die Schwärzung der Madonnen dann überhaupt ursprünglich? Die meisten Restauratoren gehen davon aus, daß viele der Schwarzen Madonnen in der Urfarbe ihres langsam nachdunkelnden Holzes aufgestellt wurden, allenfalls mit einer Bemalung der Kleider. Wie also wurde die einst goldglänzende Madonna, deren Dunkelheit von Gesicht und Händen lediglich durch den Kontrast mit der natürlichen Farbe des Holzes zustande kam, tatsächlich schwarz? Diejenigen Schwarzen Madonnen, die ihre Farbe von Anfang an haben, sind nur in ganz seltenen Fällen direkt mit Farbe bemalt, sondern in der romanischen Technik der

»Marouflage« gefärbt. Dabei werden feine Gipsbinden mehr oder weniger mit Leim bestrichen, fest um den Holzkorpus gewickelt und angedrückt, bis die Formen sichtbar werden. Sind sie getrocknet, werden sie übermalt – in diesem Falle also an Händen und Gesicht mit schwarzen Pigmenten.

Wie wichtig den romanischen Künstlern der Symbolismus bis ins kleinste Detail war, der ihr Werk zu einem heiligen Archetyp erhob, beweist die Tatsache, daß sie für die dunklen Madonnen nicht irgendwelche Gipsbinden benutzen durften. Das Gewebe stammte immer von den Mumienbinden oder Leichentüchern bekannter Heiligenreliquien. In der Romanik gab es keine reine Dekorationskunst: Jedes Bauwerk, jede Statue, ja jede Farbe hatte ihre hintergründige Bedeutung, war ein Lehrstück des Wissens ihrer Schöpfer. Die Holzschnitzer hätten ihre Madonnen einfacher direkt bemalen können. Warum wählten sie den beschwerlichen Weg der Marouflage-Technik und die sicher noch schwierigeren und vor allem teuren Beschaffungsmethoden der Leichenbinden? Dieses aufwendige Werk, das einmal das Allerheiligste einer Kirche schmücken sollte, erinnerte doch eher an ein neuzeitliches Voodooritual als an christlich dogmatisches Schaffen.

Ebenfalls Jacques Bonvin[24] ist es zu verdanken, daß die originale Farbgebung der gesamten Statue erkannt und von der Kirchendogmatik beeinflußte Beschreibungen früherer Autoren zurechtgerückt wurden. Bonvin zeigte, daß alle Schwarzen Madonnen, seien sie mit oder ohne Marouflage hergestellt, grundsätzlich in Rot und Grün gekleidet sind und nicht, wie sonst in kirchlichen Darstellungen üblich, mit dem bekannten Marienmantel in Blau. Als einzige noch in dieser Originalbemalung perfekt erhaltene thronende Königin nennt er die aus dem 12. Jahrhundert stammende Notre-Dame de la Ronde in Chazeuil (Allier) in ihrem dunkelgrünen Kleid und roten Schleier, Farben, die sich am Thron wiederholen und im roten Kleid des erwachsenen Miniaturjesus einen Kontrast finden. Ähnlich gut erhalten ist die sogenannte »Rosa Mystica« (mystische Rose) von Buschhoven im Rheinland, eine *Vierge en majesté* mit rosigen Wangen aus dem 12. Jahrhundert. Sie trägt rote Schuhe, einen rotgoldenen Schleier und goldenen Unterschleier sowie ein grünes Kleid. Auch die Madonna von Meymac zeigt in Spuren diese Farben.

In Rot und Grün gewandet sind die auf alten Kirchenfenstern dargestellten Marien in Majestät in Chartres und im elsässischen Rosheim, dessen berühmte romanische Kirche einst Notre-Dame geweiht war. Kleid und Mantel wechseln oft die Farben, doch scheint das eigenartige Grün, das häufig einen kräftigen Blaustich hat und heute durch Zerstörung der Farben fahl, manchmal fast schwarz wirkt, im Vordergrund zu stehen. Und immer sind es die Farben der Mutter, die das Gesamtbild dominieren, während die unscheinbare Jesusfigur entweder weiß gekleidet ist oder sich eine Farbe der Mutter an ihm wiederholt.

Augen-Blicke

Besonders auffällig an der archetypischen Kleidung der Mutter ist der streng geometrische, nach vorn ausgerichtete Faltenwurf von Schleier oder Mantel und Kleid. Seine fast parallelen Bahnen ähneln verblüffend neolithischen Steinstelen mit sogenannten Bogengravuren, wie sie vom asiatischen und afrikanischen bis in den europäischen Raum vorkommen. Solche Stelen, wie die aus Tiberke in Dänemark, wurden erstmals von O.G.S. Crawford[25] in der Zeitschrift *Antiquity* als Archetyp einer neolithischen Augengöttin identifiziert. Was haben megalithische Gravuren auf einem Kleid der Gottesmutter zu suchen? Ist der Vergleich zwischen den Falten einer steinernen Augengöttin und einer romanischen Madonna nicht zu weit hergeholt? Tatsächlich gibt es zwei auffallende Gemeinsamkeiten. Die thronenden Königinnen der Romanik haben einen seltsam starren Blick, obwohl die Künstler der Zeit zu einer Gestaltung von weit mehr Ausdruck fähig gewesen wären. Tatsächlich aber fixieren die Madonna und oft auch ihr Kind einen weiter entfernten Punkt in der Krypta. Dieser Punkt wurde im Bauwerk sorgfältig gewählt und barg eines der tiefsten Geheimnisse der dunklen Königinnen, das in späteren Zeiten der kirchlichen Lehre widersprochen haben muß, denn mit einemmal wurden die Schwarzen Madonnen umgestellt und von ihren ursprünglichen Plätzen entfernt. Während heute die dunklen Königinnen eher vor Kunsträubern in Sicherheit gebracht werden müssen, hatten sie früher ihren Platz einzig aus dem Grund wechseln müssen, weil die Verbindung zwischen dem Ort und der Statue etwas an sich hatte, das der orthodoxen Kirchenlehre widersprach.

Madonnenplätze

Solche Plätze waren nicht zufällig gewählt. Sämtlichen Legenden über Schwarze Madonnen ist gemeinsam, daß die Statuen wie die antiken Göttinnen selbst ihren Platz bestimmt haben und teilweise sogar verschwunden sein sollen, wenn der Priester sich nicht an die Vorgabe halten wollte. Bonvin erzählt die außergewöhnliche Geschichte der Notre-Dame de la Ronde[26], deren Name »Unsere Dame von der Runde« auch »Unsere Dame des Rundtanzes / Rundgesangs« bedeuten kann und die in ihrem prachtvollen Rot, Grün und Gold eher einer stolzen und hübschen Minnedame mit einem erwachsenen König auf dem Schoß ähnelt als einer kirchlichen Statue. Die Madonnenmajestät, die heute in der Kapelle des Schlosses von Chazeuil (Departement Allier) steht, sollte einst einer moderneren Ausführung weichen, von der sich der Priester mehr Pilgerinnen und Pilger erhoffte. Doch in einer dunklen Nacht habe die schöne Königin die Mode-Madonna auf die Erde geworfen und den Thron wieder selbst eingenommen. Der Mesner habe daraufhin seltsam reagiert: Die neuangefertigte Maria wieder an ihren Platz stellend, wollte er die alte Ausgabe in einen Schrank einschließen. Doch zuvor soll er die Schwarze Madonna tatsächlich ausgepeitscht haben, um ihr Respekt aufzunötigen.

Die Geschichte, die so sehr an Mythen erinnert, in denen vorchristliche Göttinstatuen aus ihren Tempeln geraubt oder zerstört werden sollten, während die Plünderer im Namen des Christentums oder anderer Religionen im wahrsten Sinn des Wortes aus einer »Heidenangst« heraus überreagierten, ist damit nicht zu Ende. Denn wie eine majestätische Göttin verläßt Notre-Dame de la Ronde die Kirche, in der sie mißhandelt wurde. Sie zeigt sich in einer Ulme einem Hirten, der sie auf ihren angestammten Platz in der Kirche von Agonges[27] mitnehmen will, aber dadurch verschwindet die Madonna wie durch Zauber. Epidemien und Katastrophen suchen den Ort heim, der seine göttliche Königin nicht zu würdigen wußte, bis Notre-Dame sich eines Tages wieder einem Hirten in einem Weißdornstrauch zeigt, dem heiligen Busch keltischer Göttinnen. Dieser weiß offensichtlich besser um die alten Traditionen und Bedürfnisse der Madonnen Bescheid, denn er erkennt, daß der Weißdornbusch auf einem Hügel wächst, dem »Hügel der Runde«. Notre-Dame de la Ronde bezieht bald die von ihr angeordnete Kapelle am Weißdornbusch. Noch bis zur Zeit der Französischen Revolution sollen bei der fortan eingesetzten Bußprozession Priester und Mesner von ihrer Gemeinde zur Strafe gegeißelt worden sein.

Die Ortswahl der Madonnen war mehr als eigenartig: Die dunkle Königin suchte sich grundsätzlich bedeutende megalithische Plätze oder zumindest keltische Heiligtümer aus, die sie entweder von Ochsen oder unschuldigen Menschen wie Kindern, jungen Frauen oder Hirten finden ließ. Ein bereits in heidnischen Zeiten heiliger Baum, mit Zauberkräften ausgestattetes Wasser und ein Megalith mußten vorhanden sein, damit sich die Majestät ihren Wohnort abgelegen von jeder Zivilisation wählte. Hier war es einmal nicht die Kirche, die nur die alten heidnischen heiligen Plätze besetzte, um sie auszumerzen, hier blieb das vorchristliche Erbe des Platzes in der dunklen Statue fest verankert und sichtbar. Nicht die Klerikalen suchten sich die Orte für Notre-Dame aus, um sie gewaltsam zu christianisieren, es war die einfache Landbevölkerung, noch »unverbogen« von Dogmatik und tief verwurzelt in den alten Traditionen, die durch Visionen dorthin geführt wurde. Kaum ein Zufall kann es sein, daß noch heute exisitierende Rituale um berühmte Schwarze Madonnen wie lebendige Relikte aus dem Neolithikum erscheinen, ja sogar Daten benannt werden, die an heidnische Feste gemahnen.

Visionen vom heiligen Hain

Besonders bezeichnend für romanische Madonnen ist die Eigenschaft des Fundortes, der in der Legendenschreibung über die Visionen einfacher Menschen in vielen Fällen als mit einem »Dornbusch« bestanden aufgeführt wird. Hier ist nicht sosehr der brennende Dornbusch der Bibel gemeint, dessen Allegorie in jenen Zeiten ohnehin eher den Klerikern bekannt war, sondern ein einheimisches Gewächs, wohlbekannt bei der von keltischen Traditionen beeinflußten einfachen Landbevölkerung: der Weißdornbusch oder Schwarzdornbusch keltischer Göttinnen oder noch häufiger die Stechpalme[28], einer der wichtigsten Feenbäume des Mittelalters – ursprünglich wie der Holunder der Göttin Hel geweiht. Alle drei Büsche waren Grenzpflanzen, sogenannte Hagsträucher, im materiellen wie spirituellen Sinn. Daß die Chronisten des Mittelalters hartnäckig darauf beharren, daß die dunkle Königin nicht Priestern und Bischöfen Visionen schenkte, sondern den einfachen, ungebildeten Kindern, jungen Frauen, Hirten und Bauern, hatte Methode.

Es bedurfte Menschen, die mit dem Herzen sahen, nicht derer, die gebildete Dispute über staubigen Pergamentrollen abhielten, um hinter die Botschaft der Madonna und ihrer heiligen Plätze zu schauen. Es bedurfte noch nicht einmal großer Anstrengung, denn was ein Weißdornbusch oder eine Stechpalme seit Jahrtausenden darstellte, das wußten eher die Beerensammlerinnen, Holzschnitzer und Kräuterkundigen als die gebildeten Liturgen in den reichen Kirchen. Den einfachen Menschen genügte das strahlende Bild einer Vision, die sich ins Herz, ihr inneres Buch einbrannte – genauso wie es den mittelalterlichen Pilgern ein ganzes Universum an Bildern und inneren Welten erschloß, wenn sie andachtsvoll die Krypta dieser dunklen Madonna betraten, umgeben von Weihrauch und Zedernduft, Blumen, Gold und Edelsteinen und dem Spiel der wenigen Farben im Dunkel der künstlichen Nacht.

Eine der wichtigsten Stechpalmen-Madonnen ist die Notre-Dame d'Arfeuilles oder Notre-Dame des Houx[29] aus dem 13. Jahrhundert im französischen Arfeuilles (Allier), einem alten keltischen Straßenknotenpunkt und später gallo-römischen Heiligtum. Begg vermerkt, diese Schwarze Madonna, 1938 stümperhaft in Fleischfarben restauriert, sei wie alle Madonnen ihrer Art verehrt worden für die Wiedererweckung von Neugeborenen und als Heilerin von Blindheit und Lähmungen. Gefeiert wurde sie am dritten Februar: dem Heiligentag des St. Blaise (Blasius), nach Mariä Lichtmeß und der Wintersonnenwende dem bedeutendsten Tag im Kalender der dunklen Königinnen. Kinder erweckte auch die Notre-Dame de l'Épine (Notre-Dame des Dornbuschs) von Avioth (Meuse) aus dem 12. Jahrhundert, die später geweißt und bis heute lapidar Notre-Dame von Luxemburg genannt wurde. Im Zusammenhang mit den vorchristlichen Wurzeln der romanischen Madonnen geben diese beiden Skulpturen wertvolle Aufschlüsse. Die einst dunkle Königin des Weißdornbuschs von Avioth konnte sich laut Legende zur Warnung rot verfärben und erweckte die toten Kinder an einem den Kelten heiligen Brunnen – kein Wunder, daß die Madonna ursprünglich Notre-Dame de St. Brice hieß – nach einem Heiligen, der die alte keltische Quellgöttin Bricta oder Brixta ersetzen und maskulinisieren mußte. Bis ins Jahr 1624 wurden laut Bonvin 138 Wiedererweckungen urkundlich belegt, und Ean Begg zufolge soll dieses Ritual erst im »Zeitalter der Vernunft« 1786 beendet worden sein[30].

Es ließen sich noch mehr dunkle Königinnen aus einem der drei Dornbüsche nennen, denen allen gemeinsam ist: Sie erwecken verstorbene Kinder zum Leben und helfen unfruchtbaren Frauen, ihre Feste liegen an einst heidnischen Daten, und die Rituale erinnern verdächtig an vorchristliche Zeiten. Fast immer findet oder befand sich ein sogenannter Kindlesbrunnen aus keltischen Zeiten in ihren Kapellen und Kirchen, und nicht selten treten die männlichen Heiligen St. Blaise (Blasius), Schutzpatron der Tiere, und St. Roch (Rochus), Schutzpatron gegen die Pest, neben ihnen auf. Der Schlüssel zum Verständnis aber liegt in ihrem einstigen verehrten Wohnort – keineswegs eine prachtvolle Kirche, kein steinerner Tempel, sondern ein Busch, ein Baum, wie im druidischen Hain der allerheiligste Platz der Madonna.

Aus dieser Zeit stammt auch die zweite Bezeichnung der Stechpalme, die in Frankreich immer noch zuweilen *chêne vert*, (immer)grüne Eiche, genannt wird und dadurch zu unzähligen Verwechslungen vor allem in der esoterischen Literatur geführt hat. Der Baum der Wintersonnenwende, neben Lichtmeß eines der wichtigsten Eckdaten der romanischen Madonnen, schien in der gallischen Mythologie mit der echten Eiche zusammen als eine »bisexuelle Einheit« aufgefaßt worden zu sein: jene mit an Menstruationsblut erinnernden Beeren der Stechpalme als weiblicher Aspekt, die Eiche als männlicher. P. Martin-Civat[31] hat aus der gallischen Göttin dieser Bäume eine *Mère l'Eusine* konstruiert, die in die Sagengestalt der Melusine übergeht. Obwohl seine Herleitungen ethymologisch umstritten sind, gibt es tatsächlich Verbindungen zwischen einer namenlosen keltischen Göttin, Melusine und den Schwarzen Madonnen.

Die Chroniken über die Visionen der einfachen Landbewohner nicht ernst zu nehmen und sie überlegen lächelnd ins Reich der Märchen abzuschieben, hieße demnach, sich wertvoller Hinweise zu berauben. Gerade bei Visionen und Legenden schwingt eine psychische Erfahrungsebene mit, die Wichtiges aussagen kann über die Symbole des kollektiven Bewußtseins und die tatsächlich noch lebendigen Reste alter Mythen in der jeweiligen Zeit. Die ersten dunklen Thronenden suchten sich ihr Heiligtum nicht in Krypten, sondern in der Natur. Von Fachleuten ist oft gemunkelt worden, solche Visionen seien lediglich ausgeschmückte Berichte darüber, wie die wegen der Christianisierung versteckten Madonnen von Neugierigen und in der Natur arbeitenden Menschen zufällig und in großem Staunen wiedergefunden wurden. Dies stimmt sicher zum großen Teil, und es ist auch denkbar, daß eine kleine Statuette ein ideales Versteck in einer jahrhundertealten Eiche findet. Eine Skulptur von mindestens 70 Zentimetern Höhe jedoch, mit Thron und zerbrechlichem Kind, würde kaum von logisch denkenden Menschen in einem Baum versteckt werden. Wenn die Madonna in Legenden ihren Platz in diesen Bäumen selbst zu suchen scheint und Menschen diese Geschichten so ausschmücken, daß sie meinen, die Skulptur sei

sogar aus deren Holz geschnitzt, obwohl es ganz augenscheinlich nicht der Fall sein kann, deutet dies lediglich auf Folgen-
des hin: Die Schwarzen Madonnen der Dornbüsche sind symbolisch mit dem Baum und dessen Bedeutungskreis verbunden – ein Zusammenhang, den die Baumeister der Romanik
genau beachteten, wenn sie in ihre Krypten den Kindlesbrunnen einbezogen und die alten Baumgötter auf blattrankenver-
zierten Pfeilern um das Allerheiligste gruppierten.

Die heidnische Madonna

Die majestätische Mutter auf dem Thron, deren Hände in Über-
länge ein älteres Kind oder einen Miniaturmann nicht immer
umfangen, sondern in einigem Abstand umgeben, und die gemeinsam mit diesem Kind einen bestimmten Punkt in der
Krypta fixiert, hatte in ihrer ursprünglichen Ausführung und
der Motivation ihrer Schnitzer also nichts mit christlicher Dogmatik gemeinsam. Zum Glück ist bis heute die Beschreibung
der wohl berühmtesten dunklen Königin, der Notre-Dame
du Puy, erhalten, die 1793 von Revolutionären auf den Scheiterhaufen geworfen wurde. Sie stammt von dem französischen
Geologen Faujas de Saint-Fons, der das Glück hatte, im Jahre
1777 dreimal eine genaue Analyse der Statue durchführen zu
dürfen, wobei er – wie er in seinem Bericht über die erlosche-
nen Vulkane der Region[32] süffisant immer wieder bemerkt –
die Aufsichtspersonen austrickste und auch das untersuchte,
was man ihm verboten hatte unter die Lupe zu nehmen. De
Saint-Fons und seiner unstillbaren Neugier, gepaart mit wis-
senschaftlicher Genauigkeit, ist es nicht nur zu verdanken, daß
die heutige Notre-Dame du Puy eine recht ähnliche Kopie
wurde, sondern vor allem, daß heute ein schriftlicher Beleg
und Zeichnungen vorliegen, die beschreiben, wie die echten
Statuen aussahen, bevor sie durch Kopien ersetzt wurden.

Faujas de Saint-Fons war davon überzeugt, daß an dieser
Statue nichts Christliches zu erkennen war, daß im Gegenteil
Symbolik und Ausführung in geradezu häretischer Weise an
alte Göttinnen erinnerten. Besonders viele Parallelen fand er

*Eine thronende Madonna zeichnete die Äbtissin
Herrad aus dem Kloster Hohenburg, Odilienberg,
im berühmten Codex Hortus Deliciarum (Wonne-
garten) aus dem 12. Jahrhundert.*

zu ägyptischen Kunstobjekten und schrieb, es handele sich
wohl eher um »eine Statue von Isis mit Osiris, die man in eine
Madonna verwandelt hatte«.[33] Er hielt dies für besonders
wahrscheinlich, weil der Felsen von St. Michel-du-Puy einst
einen bekannten Dianatempel zu seinen Füßen barg, an einem
Ort, an dem zur Römerzeit wahrscheinlich Isis verehrt wurde.
Solche Isisheiligtümer, die später in Dianatempel umgewandelt wurden und in der gallischen Vorvergangenheit einer keltischen Muttergöttin geweiht waren, finden sich im heutigen
Frankreich sehr oft und verraten sich meist durch die Silben
Luss oder Liese[34] im Namen.

Die seiner Meinung nach sehr alte Statue aus Zedernholz fiel dem Forscher besonders durch ihre Gemmen und Schmuckstücke auf, die sich von den später hinzugefügten Pilgergaben, wie Edelmetallherzen, falschen Steinen und Bergkristallen auffällig unterschieden. Der Forscher beschreibt einen antiken Karneol mit Tiefgravur, umgeben von teilweise emailliertem Gold, auf dem ein nackter Apollon, in der Rechten einen Lorbeerkranz, sich mit der linken Hand auf eine Säule stützt, auf der eine Lyra liegt. Viel spannender erschien ihm jedoch die eigenartige vergoldete Kupferkrone in Helmform, die von einer moderneren Krone verborgen wurde, ursprünglich jedoch mit einem mehrreihigen Perlenschmuck allein den Kopf bedeckte. Vier eindeutig antike Kameen sind auf der alten Krone angebracht, davon ein Frauenkopf im Relief, den er als eine »Julia« interpretierte, und ein klassisches Männerprofil. Zwei Kameen hätten die »Größe eines Ecus von drei Livres« gehabt. Der Kopf einer Löwin füllte die eine vollkommen aus. Auf der anderen erkannte de Saint-Fons den Kopf und Vorderkörper eines Pferdes. Ein nackter Mann mit kurzem Umhang und »einer Mütze nach Art der Parther« präsentierte einem auf einem Thron sitzenden Mann in gleicher Kleidung ein kleines nacktes Kind. Die kunstvoll in einen Onyx-Achat gearbeitete Szene, in der ein Wildschwein zu Füßen des Thrones lag, interpretierte der Mann des 18. Jahrhunderts als die Geburt des Adonis. Gleichzeitig fiel ihm auf, was moderne Forscher heutzutage bestätigen: Krone, Kameen und Karneol sind ausschließlich von roten und grünen Steinen, meist Nachbildungen von Smaragden und Rubinen, umgeben.

Dem Erkunder heimischer Vulkane ist es auch zu verdanken, daß genauere Aufschlüsse der Marouflage-Technik aus der Geschichte bestätigt werden. »In der Art ägyptischer Mumien«, schreibt er, sei die Statue von Kopf bis Fuß vollständig mit feinsten Binden umhüllt worden, die, zuerst mit weißer Gouache grundiert, in dicken Temperafarben bemalt wurden. Gesicht und Füße waren schwarz, die Hände jedoch weiß, das Kleid bis zum engen Gürtel in blaustichigem Grün gehalten, verziert mit weißlich gelben Ornamenten, der Rock in ockerartigem Rot mit weißen Rauten bemalt. Die Öffnungen und Säume strahlten in Gelb, während das Kind eine dunkelrote Tunika mit Gürtel trug. Auffällig waren für de Saint-Fons hier die kleinen gleichschenkligen Kreuze, die er mit Hieroglyphen auf der Tafel der Isis vergleicht[35].

Man bestätigte ihm, daß das abgeschilferte Gesicht, an dem die Binden in sehr schlechtem Zustand waren, immer wieder schwarz übermalt würde, weil die Pilger es durch ihre Berührungen entfärben würden. In seiner Neugier entnahm der Forscher in einem unbeobachteten Moment eine Holzprobe und hob die Binden an: Die geklebten Bänder formten am ganzen Körper eine doppelte Umhüllung wie bei ägyptischen Doppelsärgen. Nur der Kopf bildete eine Ausnahme. Unter der Krone lag ein »normaler schwarzer Stoff« auf einer Umhüllung von schwarzen seidenen Bändern, die wiederum auf einem »Fadengewebe« ruhten. Als man dem Forscher verbot, die drei Umhüllungen abzunehmen, bohrte er heimlich und vorsichtig mit den Fingern nach, fühlte darunter alte, rissige und verbackene Marouflage-Bänder und meinte daraufhin, der Kopf sei ohne Haare und Ohren geschnitzt worden. Seine Finger stießen dabei auf ein etwa kleinfingergroßes »halbzylindrisches Relief« vom Halsansatz bis in den Nacken der Madonna, das seiner Meinung nach bei genauer Untersuchung das Geheimnis lüften würde, daß diese Figur »nicht immer ein Abbild gewesen ist, das dazu bestimmt war, die Mutter Gottes zu repräsentieren«.[36]

Ein Phänomen jedoch, das bei allen echten dunklen Königinnen in Erscheinung tritt, konnte sich der überlegte Analytiker nicht erklären: Warum sind die Gesichtszüge dieser Frau bis ins Extrem verlängert und völlig entgegen allen Regeln der Proportion dargestellt? Warum werden die Augen, die aus einer raffinierten Sphärentechnik in Glas oder aus geschliffenen Achaten eingelassen waren, derart überbetont, in einem Ausdruck, der im besten Fall ein Starren beinhaltet, aber auch als erstaunt, überrascht, gar erschreckt wiedergegeben wird? Warum sind die Hände der dunklen Thronenden fast immer überlang, viel zu groß und in diesem Fall weiß, während Kopf und Füße schwarz bemalt sind? Warum findet sich kein einziges christliches Kreuz, kein einziges Marien- oder Kirchen-symbol an den originalen Statuen? Warum werden die Ma-donnen mit vorchristlichen Malereien und Schmuckstücken verziert, und weshalb bemühen sich die Priester späterer Jahr-hunderte, ihre Farben Grün und Rot zu übertünchen und zu verstecken? Fragen über Fragen, die nur beantwortet werden können durch die Geheimnisse, um die die romanischen Bau-meister und Künstler wußten und die sie gezielt nutzten – denn Kunst um der Kunst oder Dekoration willen gab es in der Romanik nicht. Bis ins kleinste Detail, bis in Material, Farbe, Form und Maß mußten die Werke in vielschichtiger Symbolik eine Botschaft verkörpern, die entsprechend der Philosophie des Mittelalters in erster Linie eine initiierende Wirkung haben sollte. Geschrieben und gemalt wurde diese Philosophie in Farben.

Abbildung Seite 41: *Notre-Dame de Marsat. Die bemalte Walnußholzstatue aus dem 12. Jahrhundert vereint heidnische Rituale der Antike und christliches Brauchtum noch heute. Prozessionen und brennende Wachsräder erinnern an Initiationen im Dunkel der Geschichte.*

2
WEGE UND ORTE
DER INITIATION

Als ich aber das heilige Haus der Artemis sah,
das sich bis in die Wolken erhebt,
stellte es die anderen Wunder in den Schatten.
Antipater von Sidon

Spiel mit Licht und Dunkel

Historiker nennen das frühe Mittelalter gern die »dunklen Jahrhunderte«, und wenn man heute eine der kargen, dickwandigen romanischen Kirchen betritt, scheint dieser Begriff in Stein gewachsen zu sein. Winzige Rundbogenfenster, manchmal eher Schießscharten einer Burg gleich, filtern die Strahlen der Sonne und fächern sie in diffuse helle Bänder auf, die die klobigen grauen Mauern treffen, als habe hier niemals Freude und Licht geherrscht. Tritt man gar nach der Besichtigung einer goldfunkelnden Barockkirche in die asketische Strenge einer romanischen Krypta, meint man, in die Tiefe dunkler Erdhöhlen versetzt zu sein. Doch das Dunkel, mit dem wir heute romanische Bauwerke erleben, täuscht.

Die einst farbenfrohen Fresken wirken, wenn sie überhaupt den Zerstörungen der Zeit entkommen konnten, inzwischen blaß und trübfarbig. Einstmals bedeckten sie Wände und Decken, heute schockieren sie moderne Besucher, wenn sie in all ihrer Leuchtkraft restauriert wurden. Als kitschig werden sie von ihnen oft empfunden – so grellbunt kann das Mittelalter doch gar nicht gewesen sein! Die Romanik war jedoch tatsächlich knallig bunt. Farben mußten leuchten, wie von der Sonne verstrahlt, überhöht durch Gold und Silber, Kupfer und Bronze. Denn der Mensch der Romanik fürchtete das Dunkel. Dunkel war es in den Hütten der Armen, die sich kaum ein paar kleine Flammen leisten konnten, schwarz hieß die Pest, und düster waren die Aussichten nach Hungersnöten und Kriegen. Dunkel waren die Kutten der neuentstehenden Orden, die Armut und Enthaltsamkeit predigten gegen das Geprasse der Oberen, und schwarz waren die allesverschlingenden Teufel und Monster, die zur neuen Endzeit der Jahrtausendwende aus allen Winkeln der Kirchen drohten. Düster war das Klima, das sich in den ersten Jahren des zweiten Jahrtausends in Regensommern und frostklirrenden Wintern erschöpfte, dunkel die Rache des Jüngsten Gerichts.

Der romanische Mensch sehnte sich nach Licht und Farbe. Burgherren ließen teure Stoffe und Wandbehänge weben, tafelten von Geschirr aus Edelmetallen, das mit funkelnden

Edelsteinen besetzt war. Wer es sich leisten konnte, trug Stoffe, die glitzerten und glänzten und in ihrer Farbenpracht einem Kirchenfenster in nichts nachstanden. Denn das Licht war göttlich, so wie der Satan schwarz war, Licht und Farbe verhießen Paradies und Himmelreich. Am perfektesten aber beherrschten das Spiel mit Licht und Schatten die Baumeister jener Zeit. Wer einmal in einem Kloster wie Le Thoronet (Var) im Gegenlicht den Altar betrachtet hat, in der Abbaye de Fontenay (Côte d'Or) aus dem Eingang des Kapitelsaals heraustrat oder das Strahlen der Fenster in San Juan de Ortega in Kastilien kennt, für den verschwindet die Düsterkeit, die uns über romanische Bauwerke vorgegaukelt wird. Kein Fenster ist zufällig angeordnet. Das Spiel des Lichts ergeht sich in tiefen Symbolen, wie im berühmten Kloster Vézelay in der Bourgogne, wo die Seitenfenster mittags kleine Sonnen in den Mittelgang der Kirche malen, in kosmischen Zahlen von Erde und Himmel spielend.

Romanische Baumeister schwelgten in Symbolik und Lichtspiel. Die Fenster mit ihrem satten Kobalt, sonnigen Gelb, samtenen Rubinrot, mistelfarbenen Blaßgrün neben fast grellem Smaragd waren die Öffnungen zum Himmel. Die kleinen Rundbogenfenster, auf den ersten Blick düstere Nischen, öffneten sich nach außen wie nach innen im Winkel und dienten damit nicht nur hervorragend dem Frostschutz. Wie blinzelnde Augenlider oder ein dunkles Papier mit einem winzigen Loch fokussierten sie auch das Licht, umrissen es scharf und projizierten es gezielt auf das gewünschte Objekt. Getroffen von den Fächern diffuser Sonnenstrahlen erstrahlten Fresken in ihrer prachtvollen Farbausstattung, grellbuntes Paradies gegen düster schwarze Höllen, dazu goldenes, edelsteinbesetztes Gerät gegen die Schatten der Kapellen. Der Mensch der Romanik schien süchtig nach Farben, Glimmer und Pracht. Der heiligste Platz in der Kirche, das Symbol der Göttlichkeit, war reines Licht, eingetaucht in die Helligkeit immenser Bleiglasfenster. Der Pilger, der seinen Gang durchs Deambulatorium antrat, begann im Nachtdunkel und fühlte mit einem Blick quer durchs Kirchenschiff bereits die Verheißung des Lichts im Chor.

Abstieg in die Angst

Aber die meisten Pilger waren auf dem Weg in die Krypta mit ihrer oft hochgerühmten Schwarzen Madonna. Das Allerheiligste lag hier – im Dunkel der Nacht: Notre-Dame de la Nuit. Die Pilger auf dem Weg in die Krypta entfernten sich vom göttlichen Licht. Schwarz und Dunkel waren gefürchtet als Farben der Teufel, die die Sünder auf Fresken und Skulpturen wie wilde Monster verschlangen. Es brauchte Mut, dem Schwarz zu begegnen. Der Eintritt in die Krypta war kein leichter. Diesen Schritt tat man nicht »eben einmal« zur Besichtigung. Um den Ort der totalen Dunkelheit zu betreten, brauchte es Courage, den Sieg über die eigenen Ängste, Nachtmahre und Schattendämonen, die im Mittelalter so lebendig waren wie auf einem Gemälde von Hieronymus Bosch. Der Schritt über die Schwelle war ein Schritt ins Niemandsland, bedurfte der Gewöhnung, während das Herz noch vor Angst raste. Langsam kamen die Schatten näher, drang das Dunkel auf den Pilger ein.

Wie es so ist bei Ängsten, denen man sich bewußt und mutig stellt, auch bei dieser gab es einen Punkt, an dem sie sich auflöste und sich die befreiende Erkenntnis Luft machte: Das Dunkel ist gar nicht schwarz. Der Pilger, der seine wahrhaft höllische Angst besiegte, wurde auf eine höhere Stufe gehoben: Dunkel wich Halbdunkel, die Unterwelt der Krypta der Zwischenwelt, in der alles möglich war, in der sich Schatten und Licht durchwoben wie ein dichter grauer Schleier. Langsam konnte der Pilger die Augen öffnen, die sich an den Grad der Helligkeit in der Krypta gewöhnt hatten. Die Schatten lösten sich auf, die schwarzen allesverschlingenden Löcher wichen wohlproportionierten Wänden, die skelettartigen fahlen Gegenstände wuchsen sich zu akanthusbewachsenen Pfeilern aus. Wagte es der Pilger nun, seine Augen ganz zu öffnen, war er umfangen von der Pracht eines Raumes, dessen Ebenmaß und Kreuzbogengewölbe ihm die Geborgenheit eines alten Erdbauches vermittelten, den Schutz einer dunklen Grotte oder Höhle, die all ihre Schrecken verliert, weil sie den Pilger wie eine Mutter umfängt.

Der Mensch, der sich akklimatisiert hat an die Welt zwischen Licht und Schatten, die Welt zwischen den Zeiten, wird plötzlich von der Schönheit edelster Arbeiten durchdrungen: der Reliquienschreine in Form kleiner Häuser, kostbarer Rahmen voller Edelsteine, von Gefäßen in Gold. Wie in der Höhle Ali Babas staunt er über die glimmernden und glitzernden Schätze, wagt sich vor – und steht vor ihr: Karg, in dunklem Holz gearbeitet, majestätisch stolz, sitzt die Schwarze Madonna auf ihrem Thron. Doch der Pilger mit den nun in der Dunkelheit scharfen Augen, wird vom Glanz des dunklen, hochpolierten Holzes fast geblendet, empfindet Ehrfurcht vor der Statue, deren Kleider die himmlischen Farben des Paradieses zeigen, deren Mantel oder Zierat oft in hellstem Gold gleißen. Wahrhaftig eine Königin, vor der er seine Knie neigt, Königin der Erdgrotten und Krypten, mit dem Versprechen des Paradieses. Der Pilger, der langsam wieder seine Augen erhebt, immer noch benommen von der Wucht der Erfahrungen in dieser Krypta, begegnet dem Blick seiner Madonna. Die bunten Glassphären mit ihren leuchtenden Augen ziehen seinen Blick an, verschlingen ihn und werfen ihn zurück. Starr, geradeaus gerichtet, zielstrebig, sogar erschrocken – die Angst des Pilgers spiegelnd –, auf einen ganz bestimmten Punkt. Ein Punkt, der sich meist Meter vor der Statue befindet, ein Punkt, den auch das Kind fixiert, als wolle es gleich einen Zauber aussprechen.

Der Pilger tritt zurück. Unwillkürlich weicht er Schritt für Schritt rückwärts ins unbekannte Dunkel, dem er jetzt zu vertrauen gelernt hat, weicht zurück, bis er genau auf diesem Punkt mit der Schwarzen Madonna im direkten Blickaustausch steht. Er fühlt sich eigenartig. Vier Pfeiler umgeben ihn, vier Pfeiler mit seltsamen Männerfiguren. Mal strecken sie weit ihre Zunge heraus, mal wachsen ihnen lianenartig Blätter und anderes Grün aus dem weitgeöffneten Mund. Der Pilger erschauert, versteht. Denn der romanische Pilger weiß noch, was die Bildersprache bedeutet. Er versteht und erlebt unter den Blicken der dunklen Königin und der starrenden Wilden etwas, das in der oberirdischen Kirche so nicht möglich wäre, nicht in keiner Messe der Welt. Denn die Krypta ist die in Stein gebaute Messe mit ihrem Höhepunkt, das letzte Ziel aller Pilger, das Allerheiligste aller Kirchen, das schon geweiht wird, bevor die oberirdische Kirche auch nur steht. Die Kirche mit all ihrer komplizierten Symbolik ist der Kopf, die Krypta der Bauch, die Schwarze Madonna das Herz. Wer aus ihr wieder auftaucht, hat erfahren und gefühlt, was sich oberirdisch seinem Geist mitteilen will. Es ist das Geheimnis der Initiation.

Heilige Geometrie

Eine romanische Kirche als spirituellen Einweihungsort und gleichsam virtuelles Abbild innerer seelischer Vorgänge sehen zu wollen, ist keine esoterische Verstiegenheit. Das romanische Mittelalter kannte keine Trennung zwischen Spiritualität und Wissenschaft, zwischen Religion und Alltag. Während nur kleinen Eliten die wundervollen Illuminationen mönchischer Buchkunst zugänglich und lesbar waren, blieb den Architekten der Kirchen, Abteien und Klöster die Aufgabe, ihre Botschaften für alle lesbar in Stein abzubilden. Die meisten der Baumeister und Architekten dieser Zeit waren selbst Mönche, später bildete sich ein eigener Orden der Bauhütten, die meist Maria als Notre-Dame geweiht waren und sicher auch Frauen in dieser scheinbaren Männerwelt[37] aufnahmen. Architektur und Geometrie waren heilige Wissenschaften, die in einem idealen Abbild die Verhältnisse zwischen dem himmlischen Kosmos und dem irdischen, materiellen Dasein abbildeten. Menschsein und Göttlichkeit, die höheren Welten und die Materie, aber auch die Passage zwischen den Sphären wurden in mathematischen Formeln und steinernen Formen ausgedrückt.

Das wichtigste Amtsinsignium und gleichzeitig Werkzeug des Baumeisters war sein Stab, der mit genau 124,72 Zentimetern Länge den ganzen Menschen als Materie und Körper abbildete. 555 Einheiten von je 0,2247207 Zentimetern faßte solch ein Stab, und dreimal die Fünf galt damals als magisches Wissen. Fünf Zacken hatte nämlich das Pentagramm, das die Freimaurer heute noch als Zeichen führen, ein Zeichen für die goldenen Maße des Menschen im Kosmos, das so eindrucksvoll und vielsagend von Leonardo da Vinci in der Quadratur des Kreises abgebildet wurde. Der gesamte Mensch in seinem Idealmaß lag auf dem Stab des Baumeisters, von der Fußspitze bis zur Fingerspitze. Denn legt man die romanischen Maße von einem Fuß, einer Elle, einer Spanne, einer gespreizten Hand mit Daumen und einer Handbreit aneinander, kommt man wieder genau bei 124,72 Zentimetern aus. Das Maß aller Dinge war also der Mensch, die materielle Welt.

Die Mathematik der heiligen Geometrie gab Baumeistern und Architekten die Möglichkeit an die Hand, Materie und irdisches Dasein mit dem Heiligen und Göttlichen zu konfrontieren. Gott mußte perfekt sein, frei von den Eigenschaften, die die Menschen in ihrer Welt gefangen hielten. Und doch mußte Gott auch etwas sein, das in allem, sei es spirituelle oder rein körperliche Materie, vorhanden und enthalten war. Gott also war der reine Punkt, unergründbar winzig und gleichzeitig in unendlicher Ausdehnung in unendlich vielen Formen enthalten. Seine Welt, der Bereich der spirituellen Realität, war so perfekt wie er – ein ausgedehnter Punkt, ein Kreis. Wie der Kreis in romanischen Kirchen den spirituellen geheiligten Raum des Chores als Analogie zum Himmel bildet, stellten die Baumeister ihm mit dem Rechteck und Quadrat die materielle Welt entgegen. Dabei bedienten sie sich uralter Symbole der Menschheit, die bis in die Steinzeit zurückgehen. Viel war darüber gemunkelt worden, von wem die Bauhüttenmeister der damaligen Zeit eingeweiht wurden und aus welchen okkulten Quellen ihr Wissen wohl stammen mochte. Kilometer von Buchtexten versuchten, das Wissen der Baumeister und späteren Freimaurer auf altägyptische und hebräische Geheimgruppen zurückzuführen, mehr vernebelnd als entschleiernd.

Warum gibt es die seltsamen Übereinstimmungen zwischen der Pyramide des Cheops und dem Straßburger Münster? Warum soll der Tempel Salomons, der auf einen alten Göttin-Tempel zurückgeht, so sehr angeblich geheimen Botschaften einer romanischen Abtei ähneln? Die Antwort klingt deshalb so enttäuschend und nicht mehr marktkräftig, weil sie so einfach und natürlich ist. Jeder, der die Geometrie auf ihre Grundprinzipien zurückführt und sieht, daß Mathematik eine der vielen Arten des Menschen ist, den Kosmos zu beschreiben und abzubilden, landet früher oder später bei den archetypischen Formen des Neolithikums, beschreibt Welt und Göttliches zwar in einer komplizierteren Sprache, aber mit den gleichen Bildern, die schon die Steinzeitmenschen dafür benutzten: Punkt, Kreis, Linie und Viereck. Wer sich auf diese natürliche Geometrie einläßt, erkennt unweigerlich die Goldene Zahl und die Cheopsmaße, Wunder von Baumeistern verschiedenster Kulturen, die noch imstande waren, Natur zu beobachten und in Stein zu übertragen[38]. Die heilige dreimalige Fünf des Baumeisterstabs oder das Pentagramm der Bauhütten sind kein okkulter Zauber für eingeweihte Eliten – sie sind eine der Formen, die am häufigsten in diesem Ebenmaß von der Natur produziert werden[39], vor allem in dem, was vom Menschen angewandt werden konnte – den Heil- und Giftpflanzen und nährenden Beeren. Die Architektur, die sich dieser Geometrie bediente, war keine abgesonderte oder gar okkulte Wissenschaft, sondern eine Technik, das Heilige und die Natur zu spiegeln, für Verstand und Herz gleichermaßen sichtbar zu machen.

Pfad der Initiation

Deshalb geschieht Initiation in einer romanischen Kirche nicht nur mit dem Herzen in der dunklen Krypta, sondern auch durch die ausgeklügelte geometrische Mathematik des Kirchenschiffes. Kirchen waren im Mittelalter nicht von Stühlen verstellt und hatten keine verschlossenen Türen: Sie waren zum Abschreiten eines kreisförmigen Pilgerweges gebaut, ermunterten durch ihre Perspektiven zu ständiger meditierender Bewegung, bei der nichts dem Zufall überlassen blieb und jede Tür, jede Öffnung ihre ganz eigene Wirkung hatte – nicht nur auf das Gefühl, sondern auch auf den Verstand der Menschen. Es ist heute durch Umbauten der Kirchen und Sperrungen des Chores nicht immer leicht, den alten Pilgerweg nachzuvollziehen, ja selbst die meisten Altäre mußten aufgrund des 2. Vatikanischen Konzils die alten Kraftorte verlassen, Krypten wurden durch Heizungsanlagen oder gar Tiefgaragen gestört. Am ehesten läßt sich der alte Weg der Initiation[40], den die Kirche spätestens seit dem Ende der Gotik den Pilgern verwehrte, in einer der unbekannteren, eher vergessenen kleinen romanischen Kirchen auf dem Land nachvollziehen. Die Autoren Bonvin und Trilloux, die als Geobiologen das Initiationssystem der romanischen Kirchen erforscht haben, sprechen dabei nicht zu Unrecht von einem dreifachen Weg, der immer auch ein Weg in die Krypta der Schwarzen Madonnen ist.

Solche Pilgerwege mit den »unwissenschaftlichen« Erkenntnissen von Radiästhesisten[41] zu verbinden und mit Mathematik und Geometrie zu vergleichen, ist durchaus legitim, weil der mittelalterliche Mensch in solchen Zusammenhängen lebte. Eine Pilgerreise und ihre Initiation sind ein Vorgang, der sich unabhängig von Ratio und Bewußtsein im Innersten des Menschen spiegelt und doch auch rational aufgearbeitet werden kann. Ohne analysierenden Verstand bleibt eine Initiation reine Ekstase, ohne die Erlebnisse »jenseits« des Verstandes eine leere Ritualhülse. »Es gibt zwei Wege in der Kirche und drei Arten, sie zu durchschreiten. Der erste ist ein Parcours der Regeneration und der Heilung, der zweite ein Weg zur spirituellen Öffnung«, schreiben Bonvin und Trilloux[42] und erklären: »Und es gibt drei Arten, diese zu durchschreiten, je nachdem, ob man Priester, Pilger oder Initiierter ist.«

Einfache Pilger betraten Kirchen in ähnlicher Weise wie manche Touristen, die Kirchen für ihr Fotoalbum sammeln: relativ unbeteiligt zunächst, angefüllt mit festen Vorstellungen, gefangen im Alltag. Sie hatten sich wegen eines Vergehens einen Ablaß zu verdienen, waren oft gezwungen zur frommen Reise, um nicht im Kerker oder in völliger Armut zu landen. Nicht alle waren fromm oder durch Messen zu beeindrucken. Um so wichtiger wurde die Aufgabe des Baumeisters, sie durch Linien- und Lichtführung, durch Skulpturen und Statuen in Erschauern und Andacht zu versetzen. An die alten heiligen Wege erinnern nicht nur Labyrinthe, wie das berühmte in Chartres, sondern vor allem das alte Kinderspiel Himmel-und-Hölle, das nahezu perfekt den Grundriß einer romanischen Kirche mit dem Pilgerweg ins Allerheiligste spiegelt. Narthex heißt der Vorraum hinter der Tür, wo sich die Besucher der Kirchen äußerlich an die relative Dunkelheit gewöhnen und innerlich auf einen Ort des Heiligen einstimmen mußten.

Zwischen Himmel und Erde

Geobiologen sprechen oft von einem sogenannten »Schwellenstein«[43], der genau entgegengesetzt zur übrigen Kirche gepolt war und damit die Pilger regelrecht »entladen« und »leermachen« konnte für die Energien, die im kreisrunden »himmlischen« Sektor der Kirche warteten. In der Krypta und in kleinen Kirchen habe sich dieser Stein entweder direkt im kleinen Torbogen oder im Mittelgang befunden. Solche Steine waren alles andere als Rutengeherlatein, denn die Baumeister markierten sie genau durch Unterschiede in Form und Größe, Farbe oder sogar Gravuren besonderer Zeichen. Einen solchen Stein findet man heute noch im Straßburger Münster als Schwelle in der südlichen Pforte, die die Pilger zu betreten hatten, während das wundervoll ausgestaltete Mitteltor der Westfassade, die berühmte »Porte des Initiés«[44], nur Initiierten vorbehalten war. Vom Straßburger Münster ist bis auf Reste zwar nur noch die gotische Kathedrale erhalten, doch eignet sich seine Untersuchung besser als die der heute bekannteren Kirchen wie Chartres oder Orcival, um das Geheimnis der Schwarzen Madonnen zu lüften. Denn das Münster Notre-Dame von Straßburg besaß nicht nur eine berühmte Schwarze Madonna, es verbindet auch wie keine zweite Kathedrale das Wissen der alten Baumeister durch die Zeiten mit dem vorchristlichen Heiligtum einer Quellgöttin der keltischen Triboquer lebendig bis heute.

Die Bauloge von Straßburg »L'Œuvre de Notre-Dame«[45] war die berühmteste ihrer Zeit und ist auch heute in Frankreich einzigartig, weil sie niemals aufgehört hatte zu existieren und während all der Jahrhunderte niemals von der Bildfläche in Geheimnisse oder den Dunstkreis verschlossener Eliten verschwunden war, die manche Geheimgesellschaften als Rechtfertigung für einen lückenlosen Stammbaum bemühen. Im Jahr 1050 von Papst Leo IX. als eine Art Stiftung angeregt,

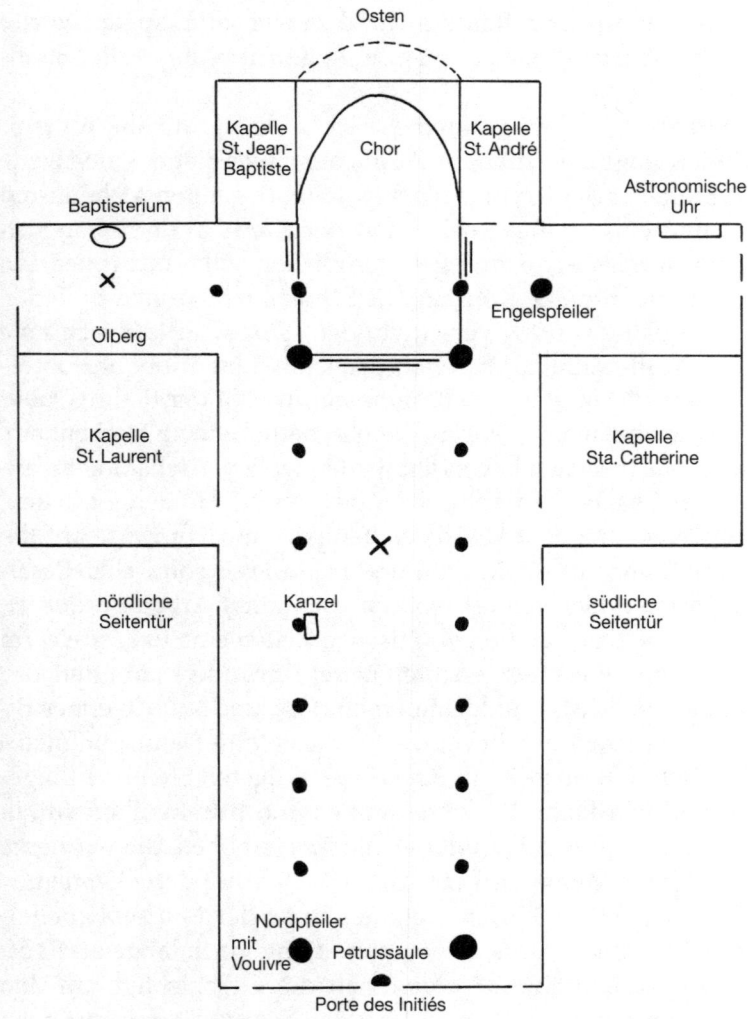

Plan des Straßburger Münsters.

wurde sie endgültig am 31. August 1204 von Hugo von Slege-
ren ins Leben gerufen, bald kirchlicher Kontrolle vollends entzogen und dem Magistrat Straßburgs unterstellt. Von dort
ging der Ruhm der Kathedralenbauer auf der Schwelle zwischen Romanik und Gotik in alle Welt, 1439 sorgte der höchste
Turm der damaligen Welt mit 142 Metern für Aufsehen, bevor

er von Köln übertroffen wurde. Zwanzig Jahre später wurde die Straßburger Loge zur »Grand Loge Suprême«[46] aller Steinmetze Europas.

Straßburg ist ein Sonderbeispiel in bezug auf die romanischen Königinnen auf dem Thron, denn hier gibt es eine zweite Krypta unter der Krypta, in der laut Stadtlegenden Alchemisten aus und ein gegangen seien und der Kardinal de Rohan sich heimlich mit Cagliostro[47] getroffen haben soll – nur unter den Augen der dunklen Königin. Die Schwarze Madonna ist leider, wie so viele, spurlos verschwunden. Trotzdem läßt sich eine Reise in die grauen Vorzeiten der keltischen Triboquer unternehmen, die an dieser Stelle auf einer Insel in der Ill ihre Quellgöttin in einem heiligen Hain verehrt hatten, einem Buchenhain, wie es die örtlichen Legenden wissen wollen. Archäologen fanden Weihegaben an keltische Wasser- und Höhlengottheiten, Reste eines späteren keltischen Tempels und Hinweise auf die Göttin Roma, die mit Merkur und Herkules in römischen Besatzungszeiten hier verehrt worden war. Sankt Arbogast, der irische Mönch, der in merowingischen Zeiten eine Einsiedelei im Hagenauer Forst eingerichtet hatte[48], gründete inmitten der Bäume zunächst eine kleine Holzkirche und wurde erster Bischof von Straßburg, bevor die Kirche »Notre-Dame« im merowingischen Königssitz in einen beständigeren Steinbau umgewandelt wurde, in der Romanik neu und prunkvoll erbaut, in der Gotik schließlich zu der Kathedrale erhoben, die wir heute mit all ihren Veränderungen durch die Jahrhunderte kennen.

Die heilige Quelle der Triboquer hinter der Andreaskapelle – heute »Seminarbrunnen« genannt, diente noch lange als Taufwasser. Weit ominöser hören sich die Geschichten um den Kindlesbrunnen[49] an, der in der Nähe des Südportals nur noch an einem eingelassenen Steindeckel ausgemacht werden kann, denn gar zu heidnisch galten seine Wirkungen, so daß ihn der Priester der Kathedrale im Jahre 1766 zuschütten ließ. Einen Soldaten soll er im 17. Jahrhundert zu einem unterirdischen See unter der Kathedrale gelockt haben, in ein Labyrinth der Tiefen, das der umherirrende Mann nie wieder verließ. Ähnlich wie Charon, der Fährmann der Unterwelt, wollen Menschen in Legendenzeiten einen Bootsmann dort gesehen haben.

Als die Christianisierung abgeschlossen war, diente der Kindlesbrunnen dazu, totgeborene Kinder so lange zu erwecken, bis sie getauft waren und wenigstens mit diesem Segen sterben durften. Die Vorgeschichte aus heidnischen Zeiten hört sich allerdings wesentlich lebenslustiger an: Freundliche Gnome bevölkerten die Unterwasserwelt der Kathedrale und fischten aus den Tiefen kleine Babys, die sie dann ab 1870 dem berühmten Storch zum Weitertransport an ihre zukünftigen Eltern weitergaben. Es wird sich bei der Untersuchung der vorchristlichen Wurzeln der Schwarzen Madonnen zeigen, daß der Kindlesbrunnen einst ihre heilige Quelle war und in vielen romanischen Krypten zu finden ist.

Ein anderer wichtiger Punkt im Zusammenhang mit dem Pilgerweg und den dunklen Königinnen ist der sogenannte »Menhirplatz«, den französische Radiästhesisten so nennen, weil er wie ein perfekt plazierter Menhir die Kreuzung von mindestens zwei Wasseradern auf einer besonders hohen Konzentration von magnetischen Erdnetzen und sogenannten kosmischen Netzen aufweist. In romanischen Kirchen befindet er sich meist hinter dem Altar in Richtung Osten und soll die Eigenschaft haben, ein Zuviel an negativer Energie nach außen zu leiten, ein Grund, warum man in jenen Zeiten Liebespaare davor warnte, im Bereich dieser Energien flanieren zu gehen. Ein Grund aber auch für die Baumeister, eine Linde[50] an die Ostwand von Kirchen zu pflanzen, ein Baum, der ihnen als eine Art »Blitzableiter« in die Tiefen der Erde zur sogenannten Vouivre galt. Ein Dolmenpunkt dagegen, der wie in Chartres durchaus aus einem echten Dolmen bestehen konnte, wurde von mindestens einer Wasserader der Länge nach durchlaufen und galt als Platz für Transformation, angeregt durch die Kräfte der Erdtiefen. Selten finden sich auf den Menhirpunkten noch die echten Megalithen wie der sogenannte Fieberstein von Le Puy, der Dolmen in Chartres oder der Kindlesstein am Lac de la Maix, die das Heiligtum einer romanischen thronenden Madonna erst begründeten. Meist verwendete man sie als Kreuzsockel oder kennzeichnete den Punkt wie in Straßburg durch die kunstvolle Petrussäule mit dem vielsagenden Schlüssel am Haupttor.

Mysterien der Wasser

Die Pilger auf dem Weg von der Kirche der Welt (Hauptschiff) in die Kirche des Himmels (Chor) und schließlich hinunter in die Erdtiefen der Krypta mußten mehrere Wasseradern überschreiten, deren Lage so wichtig für die spirituelle Landkarte einer Kirche war, daß, wie Trilloux und Bonvin untersuchten, Kirchen entweder abweichend von der Himmelsrichtung gebaut oder solche Wasseradern mittels kunstvoller Kanäle umgeleitet wurden. Die französischen Geobiologen fanden sogar heraus, daß romanische Baumeister Wasser in trockenen Gebieten durch Kanäle aus Flußkieseln unter den Kirchen symbolisch nachahmten[51]. Regelmäßigkeiten im Aufbau konnten sie ebenfalls an mehreren Kirchen aus der Romanik erkennen: Meist gelangte der Pilger schon auf der Höhe des Westportals über die erste Wasserader, begleitet von steinernen Skulpturen, die das Thema des biblischen Jordan variierten, des im spirituellen Sinn reinigenden Flusses, der vorbereitete für die Initiation. Ein weiterer unterirdischer Wasserlauf soll nahe der Westpforte oder in der Kirchenachse den profanen vom heiligen Raum trennen und eine dritte Wasserader war zu überschreiten, bevor man das Allerheiligste betreten durfte.

Weil diese Wasseradern so wichtig für den Einweihungsweg waren, sorgten die Steinmetzen mit ihren Skulpturen dafür, daß auch ein nicht begabter Laie sie orten konnte: Drachenfiguren und Nixen an den Kapitellen der Pfeiler bezeichneten nicht nur die genaue Stelle, unter der das unterirdische Wasser floß, sondern gaben Wissenden durch die Anordnung genauere Auskünfte. Die schlangenartigen, manchmal gehörnten Drachen und fischschwänzigen Halbmenschen, allesamt Abbilder der alten gallischen Göttin Vouivre[52], breiteten dann ihre Flügel aus, wenn Radiästhesisten von einer »kosmischen Strahlung« sprechen, wurden zum Fisch-Drachen, wenn die Energie eher tellurisch war. Punkte, an denen sich die beiden Energien trafen und in einer Art Hieros Gamos[53] von Erde und Himmel vereinigten, sind ebenfalls leicht an den Kapitellen auszumachen: Im Straßburger Münster ist es der Pfeiler mit

In gotischen Kathedralen kennzeichnet die steinerne Vouivre,
die auf die gallische Drachengöttin Nwywre zurückgeht,
wichtige Punkte unterirdischer Energien und Wasseradern.

dem Fischmann, der an der Brust der Fischfrau saugt und das
Kapitell mit den beiden sich gegenüberstehenden Vouivren,
die linke fischartig, eingerollt und mit geschlossenen Flügeln,
die rechte vogelähnlich, mit Krallen und geöffneten Flügeln.

Die aufsteigende Vouivre als Kraft war ein Punkt, der in keiner Krypta mit einer Schwarzen Madonna fehlen durfte. Es
handelt sich um eine Eigenheit im Magnetfeld, auf deren ein-
deutige Bezeichnung man sich niemals einigen konnte: französische Geobiologen nennen die Stelle irreführend *puits dru-
dique*, was druidischer Brunnen oder druidischer Schacht
heißen kann, jedoch weder etwas mit Druiden noch mit Wasser zu tun hat. Anschaulicher sind die Ausdrücke »kosmotel-
lurischer Kamin« oder »Vortex«[54], die zu beschreiben suchen,
daß sich hier die Energien von Erde und Himmel in einem
ständigen Austausch befinden, die Magnetfelder durchdringen. Radiästhesisten erklären damit die alten Mythen der auf-
steigenden Vouivre als Energie der Erdtiefen, die sich in einem
Hieros Gamos und ständig fließendem Austausch mit den
Energien des Kosmos befindet, in ältesten Mythen als Sonne

dargestellt und später in die frauenfeindliche Legende der mittelalterlichen Drachenritter gekleidet, die die alte Göttin nicht mehr lieben, sondern töten, weil ihre ungebremste Lebensenergie und Erotik inzwischen als Sünde galt[55].

Im übertragenen Sinn ist der Vortex also ein Punkt in der Natur, in dem die Ureinheit aller Anfänge, das ewige Androgyn, in einem ständigen Ineinanderfließen und Sich-Lösen gefeiert wird. In der oberen Kirche findet man diese Stelle im Allerheiligsten, dem Chor. Nicht zufällig deckten sich die Plätze, denn die Krypta, die zuerst da war, liegt in romanischen Kirchen unter dem Chor. Barg sie eine der dunklen Königinnen auf ihrem Thron, durften zwei besondere Plätze unmittelbar neben der Schwarzen Madonna nicht fehlen: die heilige Quelle, der Kindlesbrunnen auf der einen Seite, der sogenannte kosmotellurische Kamin auf der anderen Seite. Jetzt wird auch deutlich, warum viele romanische Madonnen genau dort in Zusammenhang mit Stechpalmen in Erscheinung treten, wo später ihre Krypta gemauert wird: Die Stechpalme oder »(immer)grüne Eiche« ist seit dem Altertum als Blitzbaum par excellence bekannt und entwickelt sich als sogenannter »Strahlensucher« am prächtigsten auf den Hieros-Gamos-Punkten der Vouivre.[56]

Wie der Austausch zwischen Erde und Himmel, Vouivre und Sonne, vereinigte sich die weibliche Stechpalme mythisch mit der männlichen Eiche, ein Vorgang, der so wichtig war, daß der christliche Poet Aristotus Valaoritis die Stechpalme zum »bösen Judas« unter den Bäumen herabwürdigte, der das Kreuzholz spendete und fortan von Christen als unglücksbringend angesehen wurde. Ganz ließ sich die Heiligkeit des Baumes niemals tilgen, denn obwohl die Beeren der Stechpalme als hochgiftig gelten, sind sie zumindest als Zierde auf dem berühmten Dessert der Wintersonnenwende, der *bûche de Noël*, nicht wegzudenken, und brennen die Franzosen daraus einen Schnaps, den sie für ein magisches Wasser halten. In der Kirche von Meaux (Seine-et-Marne) haben die stacheligen, immergrünen Blätter ebenfalls ihre vorchristliche Bedeutung bewahrt, denn dort zeigen die Stechpalmen-Blattfriese offensichtlich den Verlauf tellurischer Energien an. Eine romanische

Madonna gab es in Meaux zwar nicht, doch stammt die Statue der bronzenen Jungfrau laut Begg aus dem *castrum* des Ortes und stellte eine gallo-römische Göttin dar[57].

Das Spiel der Energien

All diese erdmagnetischen Besonderheiten wußten die romanischen Baumeister derart zu nutzen, daß sich um die Originalplätze der Schwarzen Madonnen regelmäßig ein Dreieck abbildet: Im Allerheiligsten um die Madonna auf dem Thron lag zur einen Seite der Vortexpunkt, der die tellurischen Kräfte nach oben brachte, zur anderen Seite die heilige Quelle, die wie bei den Druiden als »Erdung« benutzt wurde, d.h. ein Übermaß an kosmischer Energie nach unten in die Tiefen der Erde ziehen sollte. Die Pilger, frei gemacht durch den Schwellenstein, näherten sich dem Bereich dieser Energien und beschrieben vor der dunklen Königin einen kleinen Kreis von Reliquie zu Reliquie, um schließlich wieder auf ihrem Ausgangsplatz zu stehen. Eingang und Ausgang dieses Kreises waren identisch mit dem Flecken, den die Madonna so geheimnisvoll anstarrte, bis sich die Gläubigen unwillkürlich darauf zurückzogen. Doch ist dies nicht alles Aberglaube, esoterische Ideenspielerei oder gar pure Einbildung?

Wissenschaftlich sind Abweichungen von der Norm des Erdmagnetfeldes tatsächlich nicht so genau meßbar, wie es die Ergebnisse von Geobiologen vermuten lassen, obwohl die Meßinstrumente immer genauer werden und Dinge erfassen, die Naturwissenschaftler noch vor ein paar Jahren vehement bestritten hätten[58]. Man könnte diese besonderen Punkte in der Tat leicht ins Land der Mythen abschieben, wenn nicht die Baumeister der Kirchen und Kathedralen sie immer wieder genauestens markiert hätten, in einer Sprache und Symbolik, die in nicht nur einer, sondern in allen Kirchen zutreffen, die seit der Romanik nicht grundlegend verändert wurden und in ihrem Urzustand rekonstruiert werden können. Schwieriger wird es mit den Schwarzen Madonnen, die ihren Aufenthalt in der Geschichte oft wechseln mußten, sei es, um dieses aus heidnischen Zeiten stammende Wissen der Architekten zu verschleiern, sei es wegen Umbauten der Kirchen, durch Kriege und Zerstörungen oder wie heute aufgrund von Sicherheitsmaßnahmen gegen den organisierten Kunstraub, der in den letzten Jahren vor allem romanische Madonnen betrifft.

Um beim Beispiel Straßburg zu bleiben: Dieser Konversionspunkt, der in den Kreis vor der Madonna hinein- und aus ihm herausführt, ist selbst noch an den Bodenplatten aus dem 19. Jahrhundert ersichtlich, im Mittelgang nahe dem Altar der Krypta zwischen den letzten Stuhlreihen befindet er sich ausgerechnet an der Stelle, unter der sich die alten Bischöfe in einer noch tiefer gelegenen Krypta wie in einer vorgeschichtlichen Erdmuttergrotte bestatten ließen. Die heilige Quelle ist ebenfalls genau markiert. Natürlich finden sich solche durch natürliche Gegebenheiten bestimmten Punkte nicht ausgerechnet dort, wo sich ein Kirchenschiff erstreckt. Doch nutzten die Architekten jener Zeiten zum einen die älteren megalithischen Heiligtümer, die solche Regelmäßigkeiten noch widerspiegeln, zum anderen bedienten sie sich einiger Kunstgriffe, wie die Logenmitglieder der Bauhütte von Straßburg. Um die Vouivre-Plätze mit der Schwarzen Madonna in Einklang zu bringen, schachteten sie die Krypta versetzt zur Kirche aus, so daß der heutige Altar der Krypta schon außerhalb der eigentlichen Kirchenmauern steht.

Die geheimen Zeichen

Andere Möglichkeiten der Markierung sind Skulpturen, deren symbolische Bedeutung jedem mittelalterlichen Menschen in Fleisch und Blut übergegangen war. Die Art der Fischwesen bezeichnete den Zustand der unterirdischen Energien, Engel behüten wichtige Übergänge, wie der Engel mit der nach unten gekehrten dreiteiligen Amphore in Straßburg, der den Übergang zwischen dem »materiellen« und »spirituellen« Teil der Kirche bewacht, seine rechte Hand in symbolischer Geste mit der linken verschließend. Den alten Menhirpunkt markiert wie ein aufragender schmaler Stein die gotische Petrussäule, den

Hieros Gamos zwischen kosmischen und tellurischen Energien erklären die beiden sich gegenüberstehenden Stein-Vouivren, die eine fischähnlich ohne Flügel, die andere mit Vogelkrallen und Flügeln. Dort, wo die Energien am stärksten fließen, ließen die Steinmetze eine Bodenplatte ein, die sich in Größe und Form von den anderen unterscheidet, man sieht von ihr gleichermaßen gut zum Mittelfenster des Chores wie zur berühmten Rosette. Aufgrund von Renovierungen weniger leicht zu finden ist ein sehr starker Energiepunkt vor dem Ölberg, auf den eine seltsame Maria weist. Es ist eines der ältesten Fenster der Kathedrale, Maria streckt darauf dem Betrachter, wenn er am richtigen Ort steht, eine weiße und eine dunkle Hand entgegen.

Die Untersuchungen, die sich für das Straßburger Münster machen lassen, sind in jeder romanischen Kirche, in jeder gotischen Kathedrale möglich, neuere französische Literatur zeigt, daß die Baumeister und Steinmetzen jener Zeiten einem eigenen Kodex verhaftet waren und aus gemeinsamen Quellen für Symbolik, Geometrie und die Einbeziehung magnetischer Felder in die Architektur schöpften. Modern könnte man ihre Gestaltungsarbeit eine Art europäisches Feng-Shui nennen – das mit den Drachenkräften der Erde, des Wassers und der Energie der Sonne in einer ganz eigenen Weise arbeitete –, die aus der europäischen Megalithzeit über die Kelten bis ins Mittelalter überlebte und aus Gründen der katholischen Orthodoxie in der ausgehenden Gotik auch von den Logenmitgliedern endgültig aufgegeben wurde – gleichzeitig mit dem Ende der Schwarzen Madonnen. Als die romanischen Skulpturen der Mutter Gottes auf dem Thron in ihrer Blüte standen, war ihre Verehrung ohne die seltsam anmutenden Energiepunkte nicht vorstellbar. Was aber konnte deren Anordnung für die Initiation der Pilger bedeuten? Sie hatten ihre Angst in einem doppelten Sinn zu überwinden: Sie mußten die Furcht vor der Dunkelheit bekämpfen und den Mut aufbringen, über den Schwellenstein zu treten, diese Schwelle zwischen lichter oberirdischer Welt und unterirdischer Düsternis, die gleichzeitig Schwelle war zwischen dem Menschen, beladen mit all seiner Alltagsenergie, und dem Menschen, der auf der anderen Seite entlastet, frei und leer hervortrat.

Wendepunkt im Kreis

Auf dem Höhepunkt der Anbetung der thronenden Mutter stand der nunmehr »leere« Mensch auf dem Konversionspunkt, dem spirituellen Symbol von Anfang und Ende des Lebenskreises, dem Erdpunkt, an dem alles offen war. Vor sich die geheimnisvolle dunkle Königin, war er noch frei zu entscheiden, wohin der Weg führen sollte. Zur Seite mit dem Kindlesbrunnen, der die himmlischen Kräfte in die Erdtiefen zog, als Lebenswasser Tote erwecken konnte und als Taufwasser eine Initiation besiegeln? So positiv und anziehend dieser Brunnen wirkte, barg er doch immer den Tod in sich, denn wer in seinem Wasser getauft werden wollte, mußte zuerst einen, wenn auch symbolischen Tod sterben, das alte Leben hinter sich lassen, und bereit sein, zu neuen Ufern aufzubrechen.

Oder sollten sich die Suchenden dem anderen Kraftpunkt zuwenden, dem »druidischen Brunnen« der Vouivre, wo die Kräfte aus den Tiefen der Erde hochstiegen, um sich mit den himmlischen zu verbinden? Die Vouivre galt im Mythos als nicht weniger schrecklich und schön, denn sie war die Göttin, die auch den Kindlesbrunnen bewachte und vom König vor dem Hieros Gamos ebenfalls den Tod-im-Leben verlangte, die Transformation, die vorbereitete für das Fließen ihrer erotischen Lebenskräfte. Stark waren die Kräfte der Erde, aber sie konnten genauso zerstörerisch sein. Hilfesuchend werden sich die Pilger an die Schwarze Madonna gewandt haben, die ihr Kind genau in der Mitte zwischen beiden Plätzen hielt und in den Linien ihres Gewandes[59] zwischen beiden hin- und herzufließen schien. Denn die dunkle Königin war die Hüterin beider Orte, sie war die alte Göttin des Kindlesbrunnens, die die Toten erweckte, sie war die alte Vouivre, die sich aus den düsteren Urtiefen schlängelte, der Vereinigung mit dem Himmel entgegen, das Lichtkind gebärend, dessen Symbolträger in christlichen Zeiten das Lichtkind der alten Wintersonnenwende, Jesus Christus, wurde. Sowohl in christlicher wie in heidnischer Symbolik ist die dunkle Königin also die Düsternis, die in sich das Licht der Welt trägt, das scheinbare Schwarz nur, das alle Farben dieser Welt in sich birgt. Was verspricht diese so unorthodoxe Maria den Pilgern, die, wie auch immer sie ihren Kreis abschreiten mögen im Angesicht der Unsterblichkeit versprechenden Reliquien, doch immer wieder am gleichen Ort landen – in den Armen der Vouivre, vor den überdimensional großen Händen der Madonna?

Schwarz, Rot und Grün

Dem geheimnisvollen Transformationspunkt entsprechen weitere Symbolbereiche, die die Pilger des Mittelalters kannten. Es sind zum einen die Riten und Feste um die Schwarzen Madonnen, zum anderen erklärt die ursprüngliche Farbsymbolik einiges, das in engem Zusammenhang mit der damals hoch im Kurs stehenden Alchemie stand. Die Farben der Schwarzen Madonnen sind nicht zufällig oder aus Gründen der Dekoration gewählt, denn sie stimmen genau mit den Farben der kirchlichen Rituale überein, aber auch mit den Farben, die die Alchemisten im Zusammenhang mit der Erzeugung des Steins der Weisen hervorhoben. Schwarze Madonnen konnten auch weiße Hände zeigen, die gläserne Maria in Straßburg segnet mit einer dunklen und einer hellen Hand. Übereinstimmend aber sind immer die Farben Grün und Rot, oft goldverbrämt, die zwischen Kleid und Mantel durchaus wechseln dürfen, während Jesus entweder in eine einfache weiße Tunika gekleidet ist oder die Farbe der mütterlichen Kleidung spiegelt.

Eigentlich sind diese Farben ein Fauxpas mittelalterlicher kirchlicher Darstellungslehre. Die Nebensächlichkeit Jesu bzw. das völlige Aufgehen in der Mutter waren neu. Die Farbe Gold blieb normalerweise der Darstellung Gottes oder göttlicher Eigenschaften vorbehalten und war ein starkes, die Sonne betreffendes Symbol. Mit Rot und Schwarz tritt es immer wieder zusammen an der Gestalt auf dem Thron auf, aber auch an den Gewändern. Die weißen Hände galten in der romanischen und gotischen Farbsprache[60] als Symbol eines höchsten Wesens, das kräftige Rot als Farbe weltlichen und religiösen Königtums, aber auch als starkes Symbol der Liebe. Besonders auffällig aber wirkte das mal leicht ins Bläuliche, mal ins Schwärzliche spielende Grün, das die Vegetation und Regeneration der dunklen Erde im Vorfrühling mit ihren ersten zartgrünen Keimen nachahmte. Jean-Pierre Bayard, intimer Kenner der Baukunst des Mittelalters, geht sogar so weit, Schwarz und Grün als Bedeutungsträger zu vereinigen: »Oft mit Grün verbunden, manifestiert es [das Schwarz] sich als eine ewige und schöpferische Substanz; es symbolisiert die Göttlichkeit, die den Menschen aus dem Schoß der Erde regeneriert und ihm eine neue Vision mitteilt. Das Leben geht dem Tod voraus, aus dem Tod entspringt das Leben.«[61]

Warum mußte die liebliche helle Madonna der Gotik, die in ihrer überirdischen Reinheit als ewige Jungfrau eine in Ungnade gefallene dunkle Mutter in der Blüte ihrer Jahre verdrängte, auf einmal einen blauen Mantel tragen? Warum wurde die Symbolik der grünen Farbe, die immer gepaart mit Rot auftauchte, plötzlich derart geächtet? Von der Jahrtausendwende bis ins 12. Jahrhundert war die Paarung Grün-Rot bei der thronenden Madonna noch so wichtig, daß beispielsweise die Notre-Dame von Rosheim (Elsaß) in ihrer keltisch-romanischen Pracht, der einst die Kirche St. Pierre-et-Paul geweiht war, nicht nur ein grünes Kleid unter dem roten Mantel trägt, sondern sie sogar einen grünen Heiligenschein über dem Kopf hat, der nur ihr vorbehalten war. Die Lösung des Geheimnisses könnte in einem der wichtigsten Rituale und Feste der Schwarzen Madonnen liegen: die Lichtmeßfeier, bei der die Farbe Grün ebenfalls eine tragende Rolle spielte. Im Kalender bezeichnete sie das Ende der dunklen Jahreshälfte und war das zweite Lichtfest nach der Mittwinternacht, nach deren astronomischen Gegebenheiten viele Kirchen mit romanischen Madonnen ausgerichtet sind.

Die ältesten Riten um die Schwarzen Madonnen sind alles andere als katholisch. In Marseille, der alten phönizischen Kolonie mit Artemisheiligtum, bedeutend noch in der Römerzeit und wiederauflebend als Kreuzfahrerhafen, brachte man der dunklen Königin wie Artemis kleine Kuchen dar, die *navettes*, Schiffchen, genannt wurden, denn wie ihre vorchristlichen Vorbilder war die Schwarze Madonna auch Behüterin der Seefahrer und Retterin aus Seenot und Stürmen[62]. Ähnlich

heidnisch ging es in Lyon zu, wo laut einer Sage die Marien-
kapelle von Fourvière, dem alten Forum der Römer, im Jahr
840 direkt aus einem Venustempel aufgestiegen sei. Ob die ursprüngliche Madonna von Fourvière, die 1562 von den Huge-
notten zerstört wurde, eine echte schwarze war, läßt sich nicht
mehr sagen, doch ähneln sich ihre Traditionen[63]. Sie ersetzte
einst die Madonna von Ferrabo[64], die wiederum nichts anderes
war als die heidnische Statue einer alten Fruchtbarkeitsgöttin,
die der römischen Göttin Copia[65] ähnelte. Ob Copia, vielleicht
sogar die Kybele von Lyon, die Göttin von Ferrabo oder die
gleichnamige Madonna: Zur Wintersonnenwende sollen ihnen allen die Frauen Lyons Kerzen, Früchte und Tiere geopfert
haben. In der Art der römischen Lupercalien mit ausgelasse-
nen nächtlichen Festen soll eine ganze Reihe Schwarzer Madonnen zusammen mit dem heiligen Blasius (St. Blaise) in den
Nächten um Lichtmeß bis in die erste Februarwoche gefeiert
worden sein – die sogenannten Bonnes Mères, eine Anspielung auf die römische Bona Dea[66].

Neben dem Lichtfest des Mittwinters ist Lichtmeß noch
heute das wichtigste Fest der Schwarzen Madonnen. Auffällig
dabei ist, daß die Kerzen, die den dunklen Königinnen in den
Krypten geweiht werden, oft von grüner Farbe sind. Hunderte
von Riten mit grünen Kerzen sind allein in diesem Zusammenhang in Frankreich überliefert, meist werden sie in Kreis-
form vor dem Thron aufgestellt. Bei der Kerzenprozession von
St. Victor in Marseille trugen Frauen mit grünen Kerzen das
Licht aus der Krypta in die Straßen, während in Marsat und
Moulins, der Grenzstadt der Arverner, aber auch in Montpellier und Montferrand große grüngefärbte Wachsräder zu den
Sonnenwenden entzündet wurden. Gregor von Tours war im
6. Jahrhundert schon derart beeindruckt von diesem seltsamen
Ritus in Marsat, daß er sein Erlebnis schriftlich verewigte, das
die feuerlodernd helle Krypta in ihm hinterließ, deren Lichter
die düstere Oberkapelle in absolute Finsternis stürzten.

Alte Riten und Begleiter

Das symbolisch bedeutsame Grün setzt sich in eigener Form in der Krypta auf den Pfeilern fort. Genauso, wie immer wieder die Heiligen Blasius, Rochus oder Amadour um die dunklen Königinnen auftauchen, werden die Skulpturen oft von Pfeilern mit dem »Grünen Mann« begleitet, einem Männergesicht, das von Zweigen und Blättern umgeben war, dem manchmal sogar Zweige aus dem weit geöffneten Mund wuchsen oder der nur die Zunge herausstreckte. Der Grüne Mann, auch Green George, Jakob im Grünen, Wilder Mann oder Maikönig genannt[67], war niemand anderes als der Heros der alten Göttin, ein Frühlingsgeist, identisch mit dem Gehörnten der heute noch in Abbots Bromley gefeierten Hirschhochzeit im Ritual des Horn Dance. Um seinen Aufenthalt in einer Kirche zu rechtfertigen, wo ihn die romanischen Baumeister gern an einem den Lebensbaum darstellenden Pfeiler einmeißelten, verband man die Fruchtbarkeitsriten des Grünen Georg und seiner rituellen Opferung als Jahresheros mit der Kreuzigung und Auferstehung Jesu, die damals noch zum alten Ostervollmond gefeiert wurde.

Der Grüne Mann verband sich im Frühling im Hieros Gamos mit der dunklen Erdgöttin, der Göttin der Tiefen, der Vouivre. Die römischen Orgien der ersten Februarwoche, hervorgegangen aus dem sabinischen Matriarchat, zeugen davon genauso wie die heute noch lebendigen Maibräuche. Wie stark diese Verbindung zwischen dem gehörnten Wilden Mann der Wälder und der Schlangendrachin der unterirdischen Grotten im Bewußtsein blieb, zeigt die Verballhornung des Arnold von Villanova im 18. Jahrhundert, der erklärte »daß Hirsche bekanntlich die Wirkungen des Alters umkehren und ihre Jugendlichkeit wiederherstellen könnten, indem sie sich ganz einfach ›von Vipern und Schlangen ernähren‹«. Bevor sich aber der Grüne Mann und die Erdgöttin Vouivre vereinigten, durchlief der Heros ein Ritual der Transformation, erlebte seinen eigenen Tod-im-Leben[68], den die Pilger in stark vereinfachter und nur noch rein meditativer Form in der Krypta als Lebensdrama unter christlichen Vorzeichen erkennen sollten.

Wenn die romanischen Baumeister bewußt den vorchristlichen Mann der Wälder als Skulptur in den Krypten darstellten, war es dann auch möglich, daß die von ihnen geschaffenen Schwarzen Madonnen genauso vorchristliche Bedeutungen in die Kirche bringen sollten? Es kann dabei wohl kaum von Zufall die Rede sein, daß die thronenden Mütter in so verschiedener Hinsicht an die alte Vouivre erinnern, daß ihnen Opfer gebracht wurden, wie einst den Liebesgöttinnen, daß ihre Rituale mit den Grünen Kerzen und die drei männlichen Heiligen derart an die Frühlingsriten des Hieros Gamos erinnern, zumal die gnostischen Häretiker, die damals das Land überzogen, ebenfalls das Bild einer göttlichen Lebensschlange kannten.

In Murat zündet man nicht nur grüne Kerzen zu Ehren der Notre-Dame an, sondern kleidet sie eigens in ein grünes Festgewand, genauso wie die Notre-Dame de Saint Victor in Marseille. Bonvin weiß zu berichten, daß die Gläubigen jene grünen Lichtmeßkerzen besonders sorgfältig hüten, da sie nicht nur zur Totenwache verwendet würden, um den Übergang ins Totenreich zu erleichtern, sondern vor allem vor dem Blitz bewahren sollen: »Man weiß, daß die Farbe Grün auf der Ebene der Schwingungen die Eigenschaft hat, gewisse Kräfte zu neutralisieren und die Schwingungen des Pendels umzukehren.«[69]

Schwarze Madonnen stehen als symbolhafte Verkörperungen einer Frauengestalt in der Blüte ihrer Jahre. Sie sind keine Greisinnen, wie es manche neuere Literatur behauptet[70], aber auch keine unschuldigen Jungfrauen mehr, denn sie haben bereits geboren. Ihr erster wichtiger Feiertag und die Geburt Jesu zur Wintersonnenwende zeigen: Sie sind die Frauen der dunklen Jahreshälfte, die das Lichtkind gebären, das zu ihrem zweiten Fest, Lichtmeß, der Öffentlichkeit präsentiert wird. Hinter ihnen steckt die alte Symbolik der Göttinnen, mit denen sich all die Heroen im Frühling vereinigen, deren Erinnerung unter dem Sammelbegriff Grüner Mann bis in die Krypten romanischer Kirchen bewahrt wurde. Die Schwarzen Madonnen sind fordernd, ob als Maria oder als vorchristliche Göttin: Wer sich ihnen nähern will, muß seine Ängste besiegen, eine innere und äußere Schwelle überschreiten, die wohlgeordnete lichte

Welt hinter sich lassen, um den kleinen Tod zu sterben, der eine echte Transformation erst möglich macht. Initiation erfährt, wer es wagt, der dunklen Königin ins starrende Auge zu blicken, das Auge der Vouivre, die alles sieht. Nur wer seine eigenen inneren Dämonen besiegt hat, die Einschränkungen der Welt übertritt und furchtlos den Drachinkuß wagt, wird mit einer Neugeburt belohnt, einer Wiedergeburt, wie sie in rein äußerlichem Sinn von Schwarzen Madonnen von jeher den totgeborenen Säuglingen gespendet wurde.

Dafür sind die Farben Grün und Rot in Verbindung mit dem Schwarz der Madonna Programm: Im Angesicht des Vergehens (Schwarz) und der Vereinigung in göttlicher Liebe (Rot) bedeutete grüne Kleidung den Zauber des Neuwerdens und Wachsens. Nicht nur Feen sollen ursprünglich grün gekleidet gewesen sein, auch ihre Geliebten hatten zum Hieros Gamos Grün zu tragen; viele Maibräuche, bei denen sich Männer mit Zweigen und Blättern umhüllen, zeugen noch heute davon. In den meisten vorchristlichen Traditionen ist die Farbe Grün als Symbol von Fruchtbarkeit und dem Wachsen und Erneuern der Natur zu den Festen des Jahresbeginns heilig. Als dementsprechend verpönt galt die Farbe bald in klerikalen Kreisen, wo Grün zur Farbe der Hexen und des Todes im negativen Sinn wurde, Unglück bringend und abscheulich, denn sie verknüpften »die Farbe mit der oftmals bei alten Riten praktizierten Promiskuität«[71]. Für die Schwarzen Madonnen war Grün die wichtigste Farbe – unverzichtbar schmückte sie entweder Kleid oder Mantel der Madonna, manchmal war sogar ihr Heiligenschein grün. Sie ist deshalb einer der wichtigsten Anhaltspunkte, in Verbindung mit den Lichtmeßritualen auf mögliche vorchristliche Spuren der dunklen Marien zu stoßen.

Abbildung Seite 67: *Notre-Dame de Chastreix. Ein Geheimnis blieb bis heute die Madonna mit der übergroßen linken Hand. In Verbindung mit einer Templerkomturei versprach sie Freiheit. Die heute durch eine Kopie ersetzte Originalstatue wurde 1987 nach der Restauration gestohlen.*

3
EIN MULTIKULTURELLER TRAUM

Religion teilt uns als Menschen,
Spiritualität vereint uns.
Alice T. Crowe,
African Spirituality Network

Traditionen und Zauber

Immer wieder wird in der Literatur leichthin behauptet, die Schwarzen Madonnen seien in Wirklichkeit vorchristliche Göttinnen oder zumindest deren Nachfahrinnen in direkter Linie – und weil sie einst der Legende nach von Kreuzrittern ins Land gebracht worden seien, gäbe es durchaus Vorgängerinnen im Nahen Osten und im Orient. Ganz so einfach ist die Lösung des Rätsels nicht, denn durch modernste Datierungsmethoden und kunsthistorische Vergleiche wissen wir heute, daß die wenigsten dunklen Königinnen vorchristlichen Zeiten entstammen, sondern tatsächlich in katholischen Skulpturenwerkstätten entstanden, ja selbst viele romanische Madonnen aufgrund von Zerstörung oder Raub nur noch als Kopie existieren[72]. Die rein materielle Betrachtung des Problems reicht nicht aus, denn zumindest die Symbolik der romanischen Meister geht oft auf heidnische Zeiten zurück.

Was ist unbewußt in ihre Arbeit eingeflossen, was haben die damaligen Architekten absichtlich wider alle Dogmatik in den Kirchen versteckt? War das Christentum der ersten Jahrtausendwende möglicherweise sehr viel offener, als wir es heute ahnen? Oder benutzten die Auftraggeber heidnische Metaphern lediglich als leere Formeln, wie einen »mittelalterlichen Werbespot«, um die Menschen in die Kirchen zu locken, die hartnäckig ihre alten Rituale in der Natur feierten? Erstaunlich in diesem Zusammenhang ist, daß die meisten und berühmtesten Schwarzen Madonnen genau dort auftauchen, wo Frankreich am längsten heidnisch ausgerichtet war und bis heute vorchristliche Traditionen und Rituale innerhalb des Katholizismus lebendig sind und koexistieren. Diese – wohl oder übel – tolerierte Offenheit den alten Symbolen gegenüber spricht für eine zumindest rudimentäre Bewahrung alten Wissens, das der herrschenden Meinung nach »zurechtgebogen« wurde. Die neueste wissenschaftliche Hypothese über die Kreuzfahrerimporte klingt dadurch noch plausibler: Man geht davon aus, daß die Kreuzfahrer einige Madonnen zwar aus Palästina mitgebracht hatten, daß sich aber dort unter den fränkischen Auswanderern parallel die gleiche Schnitzkultur entwickelt hatte wie im Heimatland.

Die meisten Menschen, die schon vor den Kreuzzügen ins Heilige Land emigriert waren, stammten aus den Provinzen mit den berühmtesten Schnitzerschulen Schwarzer Madonnen. Die Ausarbeitung menschlicher oder gar göttlicher Skulpturen war wie alle bildlichen Darstellungen allerdings weder Muslimen noch Juden erlaubt. Eine direkte und ungebrochene Traditionslinie von vorislamischen und vorjüdischen Göttinnen zu behaupten, ist deshalb unmöglich. Denkbar wäre allein eine Überlieferung durch Splittergruppen, die sich den großen Religionen und ihrer Dogmatik nicht verpflichtet fühlten. Hatten solche Häretiker den außerordentlichen Boom der dunklen Königinnen in Palästina angeregt? Warum wurden so viele Schwarze Madonnen angeblich ausgerechnet von Templern gestiftet und von den sie unterstützenden Benediktinern im Gefolge von Bernard de Clairvaux (1090–1153) verehrt? Warum ist das Wissen um die dunklen vorasiatischen Göttinnen in diesem Zusammenhang noch derart lebendig, obwohl es besserem Wissen um Islam und Judentum widerspricht? Die beste Methode, das Geheimnis zu lüften, besteht darin, erst einmal die heimischen »Überreste« etwaiger vorchristlicher dunkler Königinnen zu rekonstruieren, um sie dann mit vorislamischen und vorjüdischen Traditionen zu vergleichen.

Solch ein Schlüssel zum Wissen der vorchristlicher Bedeutungen ist nicht nur die »Hexenfarbe« Grün, sondern auch das Lichtmeßfest in seiner so eigenen Ausformung an den Orten der Schwarzen Madonnen. Inzwischen mußte das heidnische Grün der Madonnen vielerorts weichen, die einzige, die in Farbgebung und Ausdruck noch heute der grüngewandeten Frühlingsjungfrau ähnelt, ist die ursprünglich bei einem Weißdornbusch auf einem runden Hügel verehrte Notre-Dame de la Ronde in Chazeuil (Allier). Das eigenartig bläulich-schwärzliche Grün ihres Gewandes hat im Lauf der Jahre gelitten und muß etwa im 12. Jahrhundert natürlicher geleuchtet haben. Die Lichtmeßkerzen, die diese Tönung wieder aufnahmen, galten deshalb in einer Zeit, in der sich Reste des heidnischen Wissens in Aberglauben verkehrten, als besonders magisch.

Sie wurden deshalb auch als wundersames Heilmittel gegen eine Krankheit namens *mal des ardents* oder *feu de l'enfer*[73] angepriesen, bei der der Mensch sich von Feuer verzehrt fühlte, bis ihm seine Glieder schwarz wurden und abstarben. Heute vermuten Mediziner darunter eine Art Vergiftung durch den Getreidepilz Mutterkorn, die ein Absterben des Gewebes zur Folge hat[74] und auch die Ursache des Hexenwahns von Saalem in den Vereinigten Staaten gewesen sein könnte. In der Stadt Arras schlug die Krankheit schlimm um das Jahr 1100 zu, es bildete sich 1106 eigens eine »Confrérie de Notre-Dame des Ardents«, die die Aufgabe hatte, die dunkle Madonna »der Brennenden« und ihre Kerzen zu hüten, deren Wachs Heilerinnen auf die Wunden tropften und zu einem magischen Trank verarbeiteten[75]. Andere alte Chroniken sprechen im Zusammenhang mit Lichtmeß von Kreisprozessionen um die Stadtmauern, die vor allem in Pestzeiten schützenden und heilenden Charakter haben sollten.

Man erzählt sich, daß am 7. September des Jahres 1008 Maria aus einer Lichterscheinung heraus einen roten Faden auf die Stadt Valenciennes geworfen hatte, der sich als Schutz vor der Pest um die Mauern legte und dem Entsetzen ein Ende bereitete, das in wenigen Tagen 8 000 Tote gefordert hatte. Prozessionen, die das Wunder des roten Lebensfadens der alten Schicksalsgöttinnen nachschritten, gab es auch in Lille, Tournai und Nivelles. Andere Schwarze Madonnen, wie die von Avioth (Meuse) oder vom Lac de la Maix (Vosges) werden gepriesen, weil sie verstorbene Kinder mit dem Wasser ihrer Kindlesbrunnen und heiligen Quellen zum Leben erwecken konnten. Diese Eigenschaft antiker Todesgöttinnen wurde von Kirchenseite immer mehr heruntergespielt, bis nur noch eine kurze Erweckung mit Hilfe männlicher Engel zum Zweck der Taufe übrigblieb. Frauen, die nicht gebären konnten oder deren Kinder von der gütigen Schwarzen wiedergeboren waren, pilgerten an Lichtmeß mit Lichtern zur Madonna, spendeten Kerzen in Krypten oder Blumenkränze und schwimmende Lichter dem heiligen See der Todesmutter. Denn die dunkle

Göttin, die Tote wiedergebären konnte, war auch die Spenderin neugeborenen Lebens, Hüterin von Anfang und Ende, Sinnbild für den immerwährenden Kreislauf des Lebens und der Natur.

Heidnische Freudenfeste

Was aber verbirgt sich hinter dem Lichtmeßfest der dunklen Königinnen mit ihren grünen Wunderkerzen, roten Lebensfäden und Stadtprozessionen, ihrem magischen Lebenswasser, den geopferten Broten und Kuchen, vor allem aber drei männlichen Heiligen, die immer wieder zu diesem Fest in Erscheinung treten und deshalb in den Krypten auch als Skulptur oder Malerei auftauchen: St. Blaise, St. Roch und St. Amadour?

In Rocamadour (Lot), einem der ältesten Zentren der Verehrung Schwarzer Madonnen und einem der wichtigen Pilgerziele auf dem Weg nach Compostela, finden sich nicht nur alle drei Heiligen, sondern vor allem die Lösung um den zwielichtigsten unter ihnen, den heiligen Amadour, dessen Körper Benediktiner unversehrt 1166 gefunden haben wollen, obwohl niemals bewiesen werden konnte, daß Amadour je gelebt hatte. Sein Name klingt nicht gerade katholisch: *amator*, der göttliche Liebhaber, mußte besonders kräftig »gegen den Strich gebürstet« werden, um den religiösen Konventionen zu entsprechen.

In einer haarsträubend unlogischen Schriftauslegung identifizierte man den unbequemen Heiligen mit dem biblischen Zacchäus und verlegte seinen verräterischen Namenstag auf den von Bernard de Clairvaux. Die Gläubigen sollten vergessen, daß Amadour im Berry noch als der wilde gallorömische Gott Silvanus, einer Analogie zum Geliebten der römischen Fauna und der sabinischen Lupa, verehrt wurde, sein eigentlicher Festtag auf den ersten Mai fiel, an dem die ursprünglichen Götter von Rocamadour sich vereinigten: Belenus, der Sonnenheros, und die dreifache Göttin Sulevia-Iduenna-Minerva, später gallorömische Venus. Mit der Verschiebung auf den Namenstag des Bernard de Clairvaux (20. August) hinterließen die Geschichtsfälscher eine eher verräterische Fährte:

Bernard, der die körperliche Liebe nicht ausschließende Mönch mit seiner fast erotischen Minnesprache, verehrte die Madonna von Rocamadour besonders, deren heilige Stadt zu einem der bedeutendsten Zentren der Troubadoure werden sollte: mit Amadour als Schutzheiligem der Minne.

Ähnlich zwielichtig wirkt der heilige Rochus, der von einem Hund oder – wie in Meymac – von einer kleinen schwarzen Frau begleitet wird und an einer Wunde erkannt werden kann, wie sie der König der Fischer trägt. Im realen Leben soll er aus Montpellier stammen, sich als Heiler im katharischen Norditalien aufgehalten haben, als Spion verurteilt worden und 1327 im Alter von 32 Jahren gestorben sein[76]. Es klingt konstruiert, daß der Begleiter der Schwarzen Madonnen in einer Zeit leben soll, als deren Zeit zu Ende ist, daß selbst sein Heiligentag erst im Jahr 1913 von der Kirche auf den 16. August verlegt wird – in unmittelbarer Nachbarschaft zu St. Bernard und St. Amadour, die allesamt ihren Platz finden um den alten Feiertag vorchristlicher Göttinnen, den heutigen Tag Mariä Himmelfahrt. Ist wenigstens der heilige Blasius ein »orthodoxer« katholischer Heiliger? Mitnichten, denn seine reiche Legende läßt sich am einfachsten auf einen vorchristlichen Geliebten der Göttin zurückführen. Begg nennt ihn zu Recht »eine Art Erdmutter männlichen Geschlechts«, »Begleiter der Lady der Unterwelt«, der in späten christianisierten Fassungen zum Schreiber Merlins gemacht wird, der vom Gral erzählt.

Das Bild des Grals erscheint nicht nur in seiner Todeslegende, nach der sieben Frauen sein Blut aufgefangen haben sollen, sondern auch in den alten Schädelzaubern, die vorwiegend im Schwarzwald und den Vogesen ausgeführt wurden. Der einstige Gral der Göttin wurde in Leimbach bei Thann durch die Reliquie des Blasius, seinen mondversilberten Schädel, ersetzt, aus dem der Meßwein ausgeschenkt wurde. Die alten Bannzauber keltischer Kopfkultzeiten nutzte die Kirche durch das Kreuzen geweihter Lichtmeßkerzen, die noch heute vor Kopfschmerzen und Kehlkrankheiten schützen sollen[77] – am Tag des 3. Februar. Spätestens damit ist klar, wer sich hinter St. Blaise verbirgt, dessen Name nicht umsonst an den

Wolfgott Blez erinnert: Das heidnische Vorbild des Heiligen, der möglicherweise gar nicht gelebt hat, ist der Geliebte der römischen Göttin Fauna, der sabinischen Lupa, die beide als heilige Febronia in den katholischen Namenstagskalender eingingen.

Febronia hieß einst Juno Februata und war die Schutzherrin der Liebesleidenschaft *(febris)*[78], der im Februar eine Woche der Orgien gewidmet war. Vorbild war die sabinische Wölfin Lupa, deren Wolfsgeliebter, in Gallien Blez genannt, als St. Loup christianisiert wurde und deren Fest, die Lupercalien, mit ihren Reinigungsprozessionen als katholisches Lichtmeß adaptiert wurden. Die Verbindung zwischen Fauna und ihrem Geliebten Faunus, dem Herrn der Tierwelt, dessen Rolle St. Blasius mit seinen Tierschutzzaubern übernehmen muß, wurde zur gleichen Zeit gefeiert. Sie war in Gallien die Bona Dea, die Gute Göttin, die den Schwarzen Madonnen mit dem Namen Bonne Mère, Gute Mutter, ihren Namen gab. Wieder schließt sich ein Kreis: Februus, der Geliebte der Februata, die als eine lustvolle Göttin der Unterwelt und Erdtiefen ähnlich der Proserpina verstanden wurde, gesellte sich in gezähmter Form als St. Blaise zur dunklen Madonna der romanischen Krypten.

Daß sich diese Tradition bis in ehemals germanische Regionen verbreiten konnte, lag daran, daß der gleiche Tag im Monat Hornung als das Fruchtbarkeits- und Friedensfest des Disablot[79] für den fruchtbarkeitsbringenden Thor und die Liebesgöttin Freyja gefeiert wurde. Die Namen änderten sich je nach Region und Tradition, doch die Göttin und ihr Geliebter, mit deren Vereinigung der Beginn der Wachstumsperiode gefeiert wurde, glichen sich in Bedeutung und Riten in ganz Europa. Selbst das Ende der orgiastischen Woche, die das neue Aufkeimen des Lebens und den Beginn der Ackerbauperiode feierte, ist noch in kirchlichen Riten in mißdeuteter, aber klarer Form erhalten: Am Tag der heiligen Dorothée in Ostfrankreich, dem 6. Februar, wird begleitet von Lampionzügen eine riesige Stroh- und Lumpenpuppe auf einem Wagen durchs Dorf gezogen und in der Dorflinde aufgehängt. Damit zieht endgültig der Frühling nach dieser Woche der Lichter ein. Die klerikale

Verunglimpfung der Göttin, die einst als Statue auf einem Prunkwagen der Stadtprozession folgte, führte dazu, daß Dorothée von jedem Bewohner beschimpft werden darf, bis sie in der gleichen Nacht oder der Nacht des ersten Karsonntags auf dem Scheiterhaufen verbrannt wird.

Das Fest selbst, die alten Lupercalien, diente laut Barbara G. Walker sogar dazu, Inquisitionsrichtern ein Vorbild für ihre seltsamen Ideen vom Hexensabbat zu liefern. Dabei griffen sie vor allem das Bild des Ziegenbocks als Teufel und Hexengott inmitten sexueller Ausschweifungen auf, denn bei den römischen Orgien seien in der heiligen Wolfshöhle Ziegenböcke geopfert worden, mit deren Blut sich junge Männer benetzten. In ungegerbte Ziegenfelle gehüllt, hätten Priester Frauen mit Ziegenlederriemen zum Zweck eines Fruchtbarkeitszaubers auf die Hände geschlagen, Männer und Frauen hätten der Lust gefrönt und ihre Kleider vertauscht[80]. Dieser Brauch findet sich in ganz Europa wieder und wurde nicht selten auf Ostern verschoben, wie der *śmigus dingus* in slawischen Ländern, wo am Ostermontag Männer Frauen mit Wasser bespritzen und deren Beine rituell mit Birkenzweigen schlagen, denn in den kälteren Breiten Polens, wo diese Tradition noch lebt, beginnt erst zu diesem Zeitpunkt die Wachstumsperiode. Wenn sich das Wissen um die Lupercalien also bis ins 14. und 15. Jahrhundert gehalten hatte, mußten die heidnischen Riten um die Schwarzen Madonnen Klerikern ein besonderer Dorn im Auge gewesen sein.

Christianisierung einer Orgie

Dementsprechend spät – erst im 5. bis 7. Jahrhundert – wurden die heidnischen Vorbilder endgültig in ein rein christliches Ereignis umgewandelt und im Gegensatz zu ähnlichen Umwidmungen gleich mit drei Eigenschaften versehen: dem Lichtfest, einer Reinigung und einer Bußprozession. Die bei den Schwarzen Madonnen noch lebendigen Lichtrituale kamen direkt aus der heidnischen Orgienszenerie, aber auch die Bußprozession war vorchristlichen Stadtumschreitungen zum

Zweck der Weihe oder des Schutzes, den sogenannten Amburbalien, abgeschaut. Weil die Christinnen nicht aufhörten, den Marien auf dem Thron Sonnenräder anzuzünden und die »Schiffchenkuchen« zu opfern, die einst Aphrodite-Venus oder Isis so schätzten, weil die Menschen, die unter Pest, Seuchen und Hungersnot litten, eher dem roten Faden einer göttlich scheinenden Maria und ihren Stadtumrundungen zu Ehren der Göttin mit der Mauerkrone vertrauten, mußte die Verchristlichung als Lichtmeß eine besonders starke Moralisierung erfahren.

Die Schutzprozession war schnell in eine Bußprozession katholischen Stils umgeformt, das Datum aber brachte erst die Idee: Vierzig Tage nach der kirchlich festgesetzten Geburt Christi mußte sich Maria jüdischen Gebräuchen nach einer Reinigung unterziehen, bevor sie als Frau und Mutter mit Jesus den Tempel betreten durfte. Wie praktisch, daß auch die Heiden und Anhängerinnen der Göttin Brighid für ihr Imbolc-Fest eine Reinigungszeremonie kannten und der 2. Februar als einziger Tag dieses Monats nicht auf irgendeinen Heiligen verwies, den man als Geliebten der Göttin der Februarien identifizieren konnte. Die vom Gebären unreine Frau Maria rückte mit den dazugehörenden Bußprozessionen derart in den Vordergrund, daß es beim Trullanum, einem Konzil in Konstantinopel, zum Eklat kam: Nicht alle Mitglieder wollten nämlich anerkennen, daß auch die Mutter Gottes in Unreinheit geboren hatte, wie man dies allen Frauen zuschrieb. Die Kleriker einigten sich auf eine neue Hülle: Lichtmeß, *Hypapánte* (Begegnung) oder wie heute In *Praesentatione Domini* (Präsentation des Herrn). Seit den sechziger Jahren unseres Jahrhunderts schließlich ist auch die Macht Marias geschmälert worden, indem man alle ihre Feste[81] offiziell zu »Herrenfesten« deklarierte und als liturgische Festtage des Handelns Jesu endgültig jeder weiblichen Konnotation beraubte.

Orgiastische Göttinnen wie die noch matriarchale Lupa[82], wie Fauna und Juno Februata, schimmern somit durch das Hauptfest der Schwarzen Madonnen durch. Direkter und doch nicht offensichtlich scheint die Verbindung der dunklen Thronenden mit den alten Göttinnen, die mit einer Mauerkrone erscheinen: wie Tinnit, die karthagische Astarte, oder Kybele, die zuerst in Form eines schwarzen Steins verehrt worden war. Wenn Schwarze Madonnen jedoch vor Pesttod und Epidemien bewahren, Frauen mit Fruchtbarkeitsproblemen Kinder schenken oder verstorbene Neugeborene wieder zum Leben erwecken sollen, handelt es sich eindeutig nicht mehr um Maria, die hier verehrt wird, sondern um ihre dunklen Vorgängerinnen, wie die altnordische Hel, die zur Frau Holle wurde, die altgriechische Hekate, die zurückgeht auf die altägyptische Heqit oder die keltischen Göttinnen Brighid und Morgaine. Denn bei den ganz und gar heidnischen Ritualen vor den Kindlesbrunnen und -quellen oder auf den Kindlessteinen[83] der Megalithzeit, beteten und beten die Frauen nur notgedrungen die dort zur Weihe aufgestellte Schwarze Madonna an, die in sämtlichen äußerlichen Details doch so wunderbar ihren alten dunklen Göttinnen ähnelt.

Visionen im Schnee

Tatsächlich sind die romanischen *Vierges en majesté*[84] Mariendarstellungen, die sich einer kirchlichen Verfälschung der Vorbilder heidnischer Göttinnen am längsten entzogen. Der französische Historiker Yves Chiron hat in seiner bahnbrechenden Untersuchung der Marienerscheinungen in der Geschichte nachgewiesen, daß es Visionen der dunklen Mütter bereits vor dem Konzil von Ephesos im Jahr 431 gegeben hatte, obwohl erst seitdem[85] offiziell erlaubt war, Maria als Theotokos, als Gottesgebärerin, zu verehren. Die Visionen von Maria verbreiteten sich nach dem Konzil zwar sprunghaft, doch gab es in Le Puy bereits im Jahr 47 n. u. Z. eine Erscheinung einer angeblichen Maria, in einer Zeit, in der das Christentum noch längst keinen Einzug in die Region gehalten hatte[86]. Es ist in Le Puy denn auch keine Schwarze Madonna, die der Frau namens Vila erscheint, sondern eine »Jungfrau[87]« unbekannter Herkunft. Vila, unheilbar am Fieber erkrankt, hatte auf dem damaligen Mont Anis, dem Berg der schwarzen Göttin Annis, den sogenannten Fieberstein, einen megalithischen Dolmen,

*Irische Mönche schufen die Miniatur einer
der ersten thronenden Madonnen im Pracht-
kodex des »Book of Kells«. Das Evangeliar
entstand am Ende des 8. Jahrhunderts.*

aufgesucht und war darauf eingeschlafen. Die dunkle Jungfrau, von der sie träumte, wird Annis gewesen sein, mitten im
Schnee soll sie am 11. Juli gestanden haben, begleitet von einem Hirsch, der mit seinem Geweih den Boden ritzte. Vila
wird in späten Legenden nachgesagt, sie habe darin einen Bau-
plan Marias für die Kirche gesehen, doch ist belegt, daß damals nur ein heiliger Bezirk umgeben von hölzernen Palisaden
errichtet wurde, um den Dolmen, der Vila heilte, zu schützen.

Die Erscheinungen solcher vorchristlicher »Schwarzer Madonnen« zusammen mit einem Hirsch und Schnee haben derart Methode, daß die Kirche den 5. August zum »Maria-

Schnee-Fest« deklarierte, obwohl alle Erscheinungen von Madonnen im Schnee archäologisch nachweisbar niemals zu einer derartigen Kirchengründung geführt hatten. Dunkle Jungfrauen in Begleitung eines Hirsches waren immer in ungewöhnlichen Schneenächten des Sommers um den 1. August herum auf einem vorchristlich heiligen Hügel erschienen: in Rom, wo heute die Kirche Santa Maria Maggiore auf der Höhle der Magna Mater steht, in Le Puy beim Dolmen der Schwarzen Madonna, aber auch auf den Plätzen der Notre-Dame des Vignes, Notre-Dame de Ris und Notre-Dame de Nouillan[88]. Die von der Wicca-Naturreligion inspirierte Literatur hat aus dieser Paarung zwischen Göttin und gehörntem Tier oder Gott eine hierogamische Begegnung zwischen Weiblichem und Männlichem gemacht, die heilige »Hochzeit« zwischen der Priesterin als Vertreterin der Göttin und ihrem Heros, dem zukünftigen König. Obwohl es solche Ritualverbindungen tatsächlich im alten Asien gab, ist die Übertragung dieser Symbolik auf die Schwarze Madonna mit ihrem Hirschen zu kurzsichtig und historisch falsch. Es gibt keinerlei Belege dafür, daß die dunklen Königinnen je in diesem Sinn verstanden wurden, als weibliches Pendant zum männlichen Hirschgeliebten, dem »gehörnten Gott«.

Sehr viel älter nämlich ist die Deutung des Hirsches als Bote der Anderswelt oder Unterwelt, als Tier, das zwischen den verschiedenen Welten von Toten und Lebenden, aber auch zwischen allen inneren Welten schamanischer Kulturen mühelos wechseln kann. Seit seiner Darstellung in der steinzeitlichen Höhle von Lascaux in Frankreich begleitet der Hirsch die Welten fern unserer Realität und später die Göttinnen der Unterwelt, aber erst dualistisch denkende Kulturen machten aus ihm den männlichen Geliebten. Ursprünglich ist der androgyne Hirsch der Bote, der Verkünder, der den geheimen (Bau-)Plan der Göttin kennt. Schnee im Sommer, ein weißer Hügel im August: Dies wird zunächst ein beobachtetes Naturphänomen gewesen sein in Gegenden, in denen schneebedeckte Gipfel über warme Ebenen ragen. Es ist aber auch der plötzliche Einbruch, das Katastrophale und Unerwartete, das den Tod der frisch grünenden Natur in sich birgt. Die furchtbare schwarze Göttin des Untergangs zeigt sich den Heilung Suchenden, offenbart all ihre Macht und Schrecknisse, indem sie die Natur zum Erkalten, zum Stillstand zwingt. Der Hirsch, einerseits Teil ihrer selbst, andererseits ein Aspekt, der es versteht, den göttlichen Ratschluß in Menschensprache zu übersetzen, den Plan in die Welt zu zeichnen, leitet die Vision ein, führt in die Anderswelt und in den eigenen erlebten Tod. Erst wenn es den Gläubigen gelingt, die Weisheit der göttlichen Idee zu begreifen, Tod und Vergehen als unverzichtbaren Anteil des Lebens und Chance des Neubeginns zu erkennen, gewährt ihnen die Schwarze Madonna Heilung und damit auch eine Initiation. Ob auf einem heidnischen Hügel oder in einer Kirche: Das Mysterium der Schwarzen Madonna ist die geistige und manchmal sogar körperliche Wiedergeburt der Initianten.

Diese Initiation, die über eine Begegnung mit dem Sterben oder Vergehen zu einem Neubeginn führt, ist im Gegensatz zu einem auf eine sexuelle Vereinigung reduzierten Hieros Gamos ein androgyner Ritus der Seele. Ean Begg hat wie andere Forscher auch akribisch versucht, all die Namen von Göttinnen zu rekonstruieren, die hinter der Schwarzen Madonna stecken und deren zentralstes Ritual die sexuelle Vereinigung gewesen sein soll. Eine solche Vorgehensweise eignet sich zwar für eine Enzyklopädie, engt aber die Größe dessen, was hinter den dunklen Königinnen steckt, auf bloße Etiketten ein. Warum entsteht ein solches Durcheinander zwischen Hel und Tinnit, Astarte, Kybele, Fauna und Lupa? Weil all diese Namen nichts anderes sind als regional und sprachlich geprägte Schubladen für Aspekte des Numinosen, das in den Denkschemata einer aus Kategorien bestehenden Welt erst vollständig werden kann, wenn sich der weibliche Teil, die Göttin, mit dem männlichen Geliebten vereinigt. Aber schon bei der genauen Betrachtung alter Riten fällt auf, daß dieses Bild nicht stimmt: Während der Lupercalia tauschen Männer und Frauen ihre Kleider, als Transvestiten feiern sie eine heilige Vereinigung: Frauen mit Männern in vertauschten Rollen, Männer mit Männern und Frauen mit Frauen, unkenntlich gemacht durch die falschen Hüllen. Begg nennt nicht umsonst auch den heiligen Blasius eine »Erdmutter männlichen Geschlechts«, die sich als Geliebter zu der Schwarzen Madonna gesellt. Es geht nicht um heterosexuellen weltlichen Sex zur Vereinigung geschlechtlicher Unterschiede. Wenn das Geschlecht bei der Hierogamie äußerlich keine Rolle mehr spielt, die Gesellschaftnormen im Kleidertauschritus aufgelöst sind wie bei den Lupercalien, dann steht die Liebe der Seelen im Vordergrund, die Freiheit, männliche und weibliche Aspekte in jeder und jedem zu erkennen und in mystisch spiritueller Liebe »ineinanderzufließen«, die auch den Körper nicht ausspart.

Die Schwarzen Madonnen mit ihrem reichen heidnischen Symbolhintergrund wurden nicht im Lauf des 13. Jahrhunderts verdammt und versteckt, weil sie zu sehr die Sexualität in den Vordergrund hoben – sie wurden zu gefährlich, weil sie ein Symbol androgyner Wesen waren, einerseits alles andere als geschlechtlich, andererseits beides enthaltend: Mann und Frau. Die Verschmelzung mit ihrem androgynen Wesen, künstlerisch ausgedrückt in den hageren, brustlosen Frauenfiguren mit fast männlich-herben Gesichtszügen, überhöhte das Körperliche und führte in Welten jenseits der menschlichen Hülle. Einmal befreit vom dualistischen Denken, wird klar: Alle heidnischen Göttinnen, die hinter den dunklen Thronenden erscheinen, sind in ihrer Zeit als Androgyne verstanden worden, als Allerheiligste. Schwarz wurden diese Göttinnen, als die Gesellschaft, die sie verehrte, sich vor nicht eindeutiger Geschlechtlichkeit zu fürchten begann.

Macht der Drachengöttin

Weder männlich noch weiblich, trotzdem beides enthaltend, so waren die Urgöttinnen der frühesten Steinzeit, die sich in Mythen mit ihrer eigenen schöpferischen Kraft in Gestalt einer Schlange selbst befruchteten, um das Weltenei zu gebären. Später waren es die Göttinnen, die ebenfalls keinen Mann zum Gebären brauchten oder einen Mann, der sich als Teil ihrer selbst verstand. Sie wurden deshalb zu »Baumeisterinnen« ernannt, konnten doch nur sie aus dem eigenen Innern erbauen und schöpfen. Als Stifterinnen von Städten und Schützerinnen der Siedlungen krönten sie Mauern in Form einer königlichen Krone. Den Göttinnen mit der Mauerkrone aber sind zwei Eigenschaften gemeinsam: Immer gibt es bei ihnen eine bestimmte Zeit, in der ein Mann sie nicht anblicken darf oder ein Tabu, das ihm zu brechen nicht erlaubt ist. Wer es dennoch tut, gefährdet Stadt und Nachkommen. So gefährlich wurden die Göttinnen mit dem Tabu und der Macht über Leben und Tod, daß man in allen Kulturen dunkle, schwarze Nachtwesen oder ekelerregende Dämonen aus ihnen machte.

Die bekannteste Gestalt aus dem europäischen Raum, die die Metapher Schwarze Madonna mit Sinn füllte, ist die »Fee« Melusine, der man die Existenz als Göttin teilweise noch heute abspricht, weil ihre Legende aus dem 14. Jahrhundert stammt. In Frankreich verfaßte Jehan d'Arras, in England Couldrette eine Familiensaga der Grafen von Lusignan, nach der Melusine ihrem Gatten verboten hatte, sie im Bad zu betrachten. Dann nämlich verwandelte sie sich in eine Frau mit Fischunterkörper oder Schlangenunterleib, peitschte das Wasser mit ihrem symbolischen Phallus und war sich selbst genug. Wer sie liebte, mußte sie ohne Hinterfragen akzeptieren, wie sie war, ein Schwur, den auch Aphrodite, Artemis, Athene oder Ertha als ewig unverheiratete Göttinnen von ihren Geliebten verlangten. Selbst die Neugier ihres Gatten, der sie nackt im Bad erwischt, tötet Melusine nicht, denn das Tabu der Nacktheit ist eine spätere Einfügung mönchischer Autoren. Noch in der Minnezeit ist es üblich, daß einzig dem Geliebten das Privileg zusteht, die Frau ganz nackt zu sehen, während es für den Ehemann als Unglück bringend gilt[89]. Unverzeihlich wie ein keltischer *geis*, ein Tabugelübde, aber ist es, Einzelheiten über diese Frau in der Öffentlichkeit zu verbreiten, ihr Geheimnis zu verraten.

Als Melusines Mann das Tabu bricht, indem er der Welt draußen von der wundersamen Verwandlung erzählt, bricht er den Schwur, den alle Feen und Andersweltgeliebten von ihren Rittern verlangen, wie die Fee von Lanval im gleichnamigen »Lais«[90] der Marie de France: der christlichen Welt mit ihrer Ehemoral nie eine Beziehung preiszugeben, die Bindungsbesitzstand nicht kennt, untergeordnete weibliche Rollen ablehnt. Lusignan verrät nicht Eigenheiten seiner »Ehefrau«, er verrät eine ganze Welt, den alten Kosmos der Seelenliebe, die alte Religion der göttlichen Vereinigung jenseits von kirchlich sanktionierten Bindungen. Je nach Legendenfassung der in biblischen Kommentaren schwelgenden Schreiber wird Melusine entweder zum Nachtmonster, die Mauern der Stadt einreißend und Kinder fressend, oder im besten Fall zur unglücklichen Gattin, die als schreckliche Drachin mit Fischoder Vogelkörper umherfliegen muß und nur des Nachts ihre eigenen Kinder tränken darf. Sie, einst als überaus intelligente und um geheime Techniken wissende Baumeisterin von Städten und Kirchen gepriesen, hatte ihrem Mann Raimondin gezeigt, wie er seinen Besitz mit Hilfe eines rennenden Hirsches oder dessen in Streifen geschnittener Haut abgrenzen konnte, ein Ritual, das über die bretonische Saga des Guénièvre-Geliebten Yder, des späteren katholischen Heiligen Edern, aus wahrscheinlich megalithischen Zeiten überliefert worden war. Doch die Fee, die als Göttin mit Mauerkrone auch Herrin des Hirsches ist, wie die Schwarze Madonna, muß als von christlicher Moral geächtete Vouivre die heimischen Mauern und Kathedralen verlassen.

Melusine, die androgyne Königin mit dem Kind, das sie nährt, Erbauerin von Städten und Schutz, war – unter welchem Namen auch immer – ursprünglich eine Göttin. Auch hinter ihr steckt die Vouivre aus gallischen Zeiten, desgleichen die Göttin hinter Dahud, der legendären bretonischen Erbauerin von Ker-Is[91], die keltische Morgane, die Baumgöttin Eusine, aber auch alle drachen- und schlangenartigen, vogelkrallenbewehrten »Dämoninnen«, wie Lilith, Medusa, Gelo, die Empusa, Echidna, Pandora oder Medea. Die Melusine der mittelalterlichen Legenden, die wie die Lieder der Marie de France um Feen und Ritter ihren größten Erfolg in der Blütezeit der Schwarzen Madonnen feierten, sind ein europäisches Phänomen, die Figur, der die Stammutter der Lusignan ihren Namen gegeben hat, taucht als Archetyp in der Nähe besonders gefährlicher Gewässer auf.

Sie ist die Notre-Dame de la Nuit, der heute noch auf dem 15 Meter tiefen Lac de la Maix Lichter und Blumen gespendet werden, sie ist die Meerjungfrau und Nixe, die sich ihre Geliebten in der Menschenwelt sucht und sie mit ihrer eigenen Welt und entsprechenden Tabus konfrontiert, deren Bruch zum Tod führt. Selbst in der ostfriesischen Krummhörn taucht sie auf: als das »Engelke up de Mür«[92], die Baumeisterin mit der Krone, die alte Seegöttin, die sowohl fliegen als auch schwimmen kann und so ambivalent ist wie die Natur des Meeres: verschlingend und furchtbar – nahrungspendend und segensreich.

Melusine wurde zum ersten Mal im 16. Jahrhundert von Theophrastus Bombastus von Hohenheim, berühmt unter dem Namen Paracelsus, im Zuge seines alchemistischen Werkes zum teuflischen *succubus* degradiert:»Die Melusinen sind Töchter der Könige, verzweifelt an ihren Sünden. Satan holte sie und transformierte sie in Gespenster, in böse Geister, in schrecklichen Spuk und scheußliche Monster.«[93] Schließlich erscheint auch das Engelke mit den Äpfeln der Eva als wollüstige »Frau Welt«, obszön, herrschsüchtig, Partnerin des bösen »Herrn der Welt«. Mit dem Niedergang der alten dunkel-hellen Göttinnen müssen auch die Schwarzen Madonnen ihre Krypten verlassen, vergessen, in der Erde verscharrt, mutwillig zerstört oder in die sanft-braven Farben der unbefleckten Madonna umgemalt, fristen sie fortan ein Dasein ohne jede Macht und Bedeutung.

Als Sagengestalt Melusine oder als Wappen-Engelke macht man der dunklen Schönen immer wieder die Existenz als Göttin streitig. Hinter beiden Figuren steckt jedoch dieselbe phönizische Astarte, der im Heiligtum der Schwarzen Madonna von Marseille die schiffchenförmigen Kuchen namens *navettes* geopfert wurden, die die Königin Dido von Karthago als Tinnit anbetete und die bei den Griechen als Aphrodite Euploia, die Schutzpatronin der Seefahrt mit ihrem Delphin, verehrt wurde. Was ein gewisser Gaetulicus im 1. Jahrhundert n.u.Z. auf diese Meeres- und Liebesgöttin dichtete, könnte ihnen allen gewidmet sein:

Hort vor Klippen im Meer,
dir leg ich den wenigen Kuchen
und dies schlichte Geschenk
meiner Verehrung hierher.
Morgen will ich die Wogen
des Jonischen Meeres durchfahren,
meine Eidothea ruft
zu ihrem Busen mich hin.
Fächle mir freundliche Schimmer
aufs Schiff wie über die Liebe,
Herrin des Ehegemachs,
Kypris, und Herrin der See.[94]

Die »Schwärzung« der Göttin, die die Liebenden zusammen-
führte und das Meer wie deren Seelen aufwühlen oder beruhi-
gen konnte, geschah erst in Zeiten, als die freie Liebe gegen die
allgemeine Gesellschaftsmoral verstieß, die Macht der weiblichen Göttinnen von deren angeblichen Vätern wie einst von
Zeus beansprucht wurde. Die Göttin, umherstreifend mit Eros,
ungebunden und eigenmächtig handelnd, wurde in die dunklen Bereiche der Seele und des Götterhimmels gedrängt: Als
Aphrodite Tymborochos (Grabräuberin) ähnelte sie Lilith, als
Aphrodite Skotia (die Dunkle) und Aphrodite Melainis (die
Schwarze) war sie die Herrin der Friedhöfe, ihr heilig Zypressen, Myrte, Granatapfel und Lotus. Direkt aus einem Aphro-
dite-Mythos wurde schließlich das Bild der Madonna im Rosenhag gestaltet: Zu Zeiten, als noch alle Rosen weiß gewesen
sein sollen, stach sich Aphrodite, als sie Adonis zu Hilfe eilen
wollte, an einem Dorn, ihr Blut soll die Rosen rot gefärbt haben, ein Vorgang, der auch mit dem Nektar des Eros gleichgesetzt wurde. Aphrodite mit Dorn oder in den Rosen wurde
deshalb zu einer beliebten Darstellung[95].

Vorislamische Geheimnisse

Als Ausdruck von Negativität wurde die dunkle Königin tatsächlich auch in später islamisch gewordenen Ländern erfolgreich geschwärzt und unterdrückt. Die vorislamische Welt

kannte die alte Göttin, die wie einst Kybele oder Aphrodite als dunkler Stein verehrt wurde, durchaus, doch sind Hinweise in der Literatur heutiger islamischer Länder kaum zu finden, oder wie im Fall nichtislamischer Autoren und Forscher entweder aus Unkenntnis der Kulturen oder aus ideologischen Gründen stark gefärbt oder verfälscht. Dies geht so weit, daß Gottheiten, deren Geschlecht von Archäologen als unbestimmbar und möglicherweise androgyn oder zwittrig angesehen wird, je nach religiöser Tradition der Autoren leichtfertig entweder zum Gott oder zur Göttin erklärt werden[96]. Tatsächlich kannte das vorislamische Pantheon der arabischen Völker, dessen »Olymp« in der Kaaba[97] von Mekka zu finden war, sowohl Göttinnen wie Götter, aber auch androgyne Gottheiten, die eher Naturkräfte ohne jedes Geschlecht symbolisierten. Um eine mögliche vorislamische »Urmutter« der Schwarzen Madonnen zu finden, ist ein Ausflug in dieses Pantheon unerläßlich.

Jahilia, »Zeitalter der Unwissenheit« wird die Epoche vor Mohammed (570–632) genannt, in der Mekka eines der wichtigsten »heidnischen« Heiligtümer der arabischen Welt war. Erst 1988 geriet das Wissen um vorislamische Göttinnen durch Salman Rushdie verstärkt ins öffentliche Bewußtsein, denn die sogenannten »satanischen Verse«, eines der größten Streitobjekte muslimischer Theologie[98], fehlen in den meisten Koranübersetzungen. Belegt wurden sie durch den Historiker Tabari (838–923) und seinen Zeitgenossen Ibn al-Kalbi, der die heute oft unterdrückte Hälfte als reguläre Gebetsformel des Clans der Qoraich an ihre Göttinnen erklärt. Die Verse sind deshalb von solcher Wichtigkeit, weil sie der einzige schriftliche Beleg innerhalb des Korans dafür sind, daß in Mekka unter anderen drei Göttinnen verehrt wurden. Der Koranübersetzung von Régis Blachère folgend, sprach Mohammed die Verse: »Habt Ihr gedacht an Al-Lât – und an Al-Uzza und Manât, diese dritte andere? – Sie sind erhabene Göttinnen – und ihre Vermittlung ist sicher erwünscht.«[99] In den bereinigten Koranübersetzungen fehlt die Antwort entweder oder ist durch andere Verse ersetzt[100]. Fünf weitere Gottheiten zitiert die 71. Sure, Vers 23 aus dem Mund Noahs über die »Ungläubigen«: »Und sie sagen (zueinander): Laßt eure Götter nicht im Stich. Und verlaßt weder Wadd noch Suwa' noch Yaguth und Ya'uq und Nasr.«[101]

Den Umbruch zwischen jüdischem, arabischem und orientalischem Heidentum zum Islam muß man sich in ähnlich fließenden Grenzen vorstellen wie die Bekehrung der Heiden zum Christentum. Auch wenn jede Religion ihre Jahreszahlen für dieses »Ereignis« aufweisen kann, ist der Prozeß immer ein langsamer, oft kriegerischer Kampf gegen die Gruppen, die als ungläubig angesehen werden, eine Überzeugungsarbeit, die die Menschen entfernter und schwer zugänglicher Landstriche nur schwer erreicht. Auch wenn Mohammed, der in christlichen und jüdischen Traditionen hochgebildete Prophet, im Jahr 610 in der Höhle Hira des heiligen Berges Nur[102] die ersten Verse des Koran empfangen haben soll, ist die neue Religion damit nicht etabliert. Im Gegenteil: Mekka, der alte heilige Knotenpunkt aller Karawanenwege hatte mit seinem Götterpantheon auch wirtschaftlichen Reichtum angezogen. Die reichen Stämme von Mekka verbündeten sich spät mit dem Clan der Qoraich, aus dem Mohammed selbst stammte, um die neue Religion zu bekämpfen.

Als Mohammed, Nachkomme aus dem Stamm der Qoraich, der die Wächter und Schützer des Göttinschreins in der Kaaba stellte, Allah predigt, stößt ihn der eigene Clan aus und verbannt ihn 622 nach Medina, heute einer der bedeutendsten islamischen Wallfahrtsorte mit einem Schrein der Fatima. Noch hat Mohammeds Religion wenige Anhänger, und unter den 76 Pilgern des Jahres 622 sollen nur drei Frauen gewesen sein[103]. In Medina werden bald 700 Juden geköpft, acht Jahre später rückt Mohammed mit 10 000 Soldaten gegen die Kaaba vor, um im Triumphzug alle heidnischen Gottheiten zu zerstören, deren Zahl je nach Quelle zwischen 360 und 365 schwankt – einzig ein Fresko Marias mit Jesus habe er laut Legende übriggelassen[104]. Eine beispiellose Zerstörung heidnischer Tempel und Idole folgt, Priester und Priesterinnen der arabischen Halbinsel sterben durch das Schwert, wie es der Historiker Ibn al-Kalbi im 9. Jahrhundert in seinen Chroniken festhält: »Die banu-Umamah, jeder seinen Speer nutzend, /

Wurden geschlachtet bei al-Waliyah, ihrer Wohnstätte; / Sie kamen, um ihren Schrein zu verteidigen und fanden doch nur / Löwen, die Schwerter schwangen, schreiend nach Blut. / Die Frauen von Khath'am schließlich wurden gedemütigt / von den Männern von Ahmas und erniedrigt.«[105]

Göttinnen in Mekka

Es lassen sich demnach Parallelen ziehen zwischen der Entstehung der drei großen Religionen Christentum, Judentum und Islam, die für die Kreuzritter und mittelalterlichen Menschen zum kulturellen Umfeld gehörten und deren Schriften von weit mehr Religionsfremden aufmerksam gelesen wurden als heute. Läßt sich daraus jedoch auch ein gemeinsames Urbild der Schwarzen Madonnen ableiten, auf das die Templer bei ihren Kreuzzügen gestoßen sein könnten? Eines läßt sich mit Sicherheit sagen: In der Zeit der arabischen Chronisten wie al-Kalbi ist das Wissen um die alten Göttinnen und Götter, die heidnischen Rituale und die Urbedeutung der Kaaba noch lebendig, werden die satanischen Verse zitiert und der Krieg gegen die heidnischen Priesterinnen und Priester in all seiner Unerbittlichkeit dargestellt. Al-Kalbi schreibt seine Chronik im 9. Jahrhundert, als aus dem maurischen Kalifat Spanien arabische Schriften in ganz Europa verbreitet werden, als der Kult der Schwarzen Madonnen die erste Blüte erreicht mit der La Moreneta im spanischen Montserrat[106] im Jahr 888 und der mit Spanien eng verbundenen Schwarzen Madonna von Rocamadour. Bot die arabische Kultur wirklich derart starke Parallelen, daß christliche Kreuzritter sich mit deren Inhalten identifizieren konnten, ja sogar dieses Wissen mit ihren Symbolen verbanden, oder gehört diese meist verwässert geäußerte Vermutung ins Reich der Märchen?

Die arabische vorislamische Religion war eine animistische, das heißt, alles wurde als vom Göttlichen beseelt empfunden: die Natur, Tiere, Pflanzen, Steine, aber auch Vorgänge, Rituale – der ganze Kosmos. Neben den Göttinnen und Göttern gab es andere Wesen, wie die Djinn, in heidnischen Zeiten freundliche und zauberkräftige Wesen ähnlich unseren Feen und Wichteln. Erst im Islam wurden die Djinn zu unsichtbaren bösen Feuerdämonen gemacht, nicht ganz erfolgreich, denn im Maghreb heißen sie noch heute al-Mumnîn, »die Gläubigen«, oder Hadûk an-Nass: »diese Leute da«[107]. Neben Statuen und Fresken aber war die höchste Darstellungsform einer Gottheit ein sogenannter Baitylos[108], ein aufrecht stehender Stein, oft kubisch und nicht selten aus Meteorgestein oder Basalt. Irrtümlich wurde immer wieder behauptet, die Heiden hätten sich Gott als Stein vorgestellt und somit einen Götzen angebetet. Die wenigsten können sich vorstellen, daß es zwischen der islamischen Meditation um den verborgenen Sinn der Göttlichkeit, die an der Mauer al-Multazam vor dem schwarzen Stein in der Kaaba abgehalten wird, und dem Verständnis vorislamischer Göttlichkeit, die sich jenseits aller Form im Stein als Kraft, aber nicht als Idol fokussiert, möglicherweise gar keine so großen Unterschiede gab.

Baityloi gab es unzählige im Vorderen Orient. Aber keiner war so berühmt wie jener, den die Pilger im Bait-Allah, dem Haus Gottes, in Mekka heute noch besuchen. Die Kaaba, die von Abraham und Ismail gebaut worden sein soll, beinhaltet in ihrer südöstlichen Ecke den seit frühester Zeit heiligen Schwarzen Stein, genannt al-Hadjâr al-Aswad. Auf einem etwa 15 Meter hohen und zehn Meter breiten Marmorkubus ragt der von Jahrhunderten, vielleicht Jahrtausenden menschlicher Berührungen polierte Schwarze Stein etwa 60 Zentimeter auf, seine einst zersprungenen Teile von einem Silberband gehalten. Das seidene schwarze Tuch, die Kiswah, die jedes Jahr erneuert wird, verhüllt den Stein. Eine spezielle Kiswah-Fabrik bestickt die Seide mit Koransprüchen in Goldfäden. Es ist derart kostbar mit seiner Größe von fast 14 mal 40 Metern, daß die Saudis im Jahre 1997 umgerechnet 4,5 Millionen amerikanische Dollar dafür ausgaben[109]. Der Stein, von den einen als gebranntes Umbra beschrieben, von anderen als schwarz mit rötlichem Schimmer und rötlichen wie gelblichen Partien, soll von einem Meteoriten stammen. Die Legende, die ein wenig an die Findevisionen der Schwarzen Madonnen im Schnee erinnert, will, daß sich der heilige Stein von selbst geschwärzt habe, vorher jedoch weiß wie Schnee gewesen sei – ein Vorgang, der sich bei der Oxidation von Meteoriten häufig beobachten läßt.

Die Göttin, die die vorislamischen Stämme Arabiens in diesem Baitylos verehrten, hieß Al'Lat,»die Göttin«, und hatte daneben noch ein wichtiges Heiligtum in Ta'if an der Straße in den Jemen. Hobal, Gott der Karawanenführer, wurde ähnlich wie in den Mythen anderer Völker und Religionen zuerst als Al'Lats Geliebter gesehen und später zu ihrem Vater erklärt. Herodot beschreibt die alte Göttin der Sonne als Aphrodite Alilat – tatsächlich hatten beide Göttinnen viel gemeinsam. Identisch aber ist Al'Lat mit der sumerischen Allatu, einem Beinamen Ereshkigals, einer chthonischen Muttergöttin und Göttin der Unterwelten. Sie scheint beide Gegensätze in sich zu vereinen: die Düsternis der Unterwelt und Erdtiefen mit dem Licht der Sonne, die Fähigkeit, den Tod zu bringen und alles auszulöschen, mit der Fruchtbarkeit, Neues zu schaffen und wachsen zu lassen. Was für europäische Breiten ungewohnt klingt, ist in den endlosen arabischen Wüsten verständlich, wo die Sonne derart machtvoll ist, daß sie töten kann, wo Sonnenfinsternis oder Dunkelheit durchaus als schützend empfunden werden können.

In diesen Eigenschaften ähnelt Al'Lat ganz den Schwarzen Madonnen mit ihren Mysterien des Lichtes in der Finsternis, eines Lichtes, das zerstören oder zusammensetzen kann. Wie die romanischen Madonnen ihr Lichtkind der Welt präsentieren, ist auch Al'Lat mit einem männlichen Lichtanteil verbunden: im Tempel von Hatra im Irak mit dem Sonnengott Shamash, aus dem in der Bibel Samson wurde, in Mekka mit Hobal, der einst eine rotleuchtende Statue gewesen sein soll. In den Tempeln der Nabatäer, deren Zentrum im heute jordanischen Petra lag, hieß der Geliebte Al'Lats Dusara oder Duchares. Dieser »Herr von Seir«, einst ein in einem schwarzen Steinkubus verehrter unbedeutender Berg- und Donnergott am Jebel Shara, entwickelte sich schließlich im Gefolge der Göttin zu einem Gott der Unsterblichkeit, umgeben wie Aphrodite-Mari von Delphinen, und den Trägern seiner Maske die Verschmelzung mit dem Göttlichen und Auflösung des Todes versprechend[110]. Eine frühe Vorgängerin Al'Lats könnte auch die unbekannte viergesichtige Göttin aus dem alten Babylonien des 18. bis 17. Jahrhunderts v. u. Z. sein, die aus Ishali im Irak stammen soll[111].

Exakt in der Haltung Schwarzer Madonnen, mit eher androgynem Ausdruck und einem langen Gewand, auf das symmetrisch nach unten verlaufend Wasserwellen eingeritzt sind, sitzt die Unbekannte auf einem kubischen Thron mit vier abgerundeten Ecken. Ihre vier Gesichter sind in die gleiche Richtung ausgerichtet wie die Seiten des Throns, überschattet werden sie von flachen Hörnern. Ganz besonders ungewöhnlich aber ist ihre hohe Krone, die Formen einer Tempelfassade zeigt, also eine Mauerkrone ist. In ihren Händen über ihrem Schoß trägt die geheimnisvolle thronende Majestät eine Vase, aus der Ströme von Wasser fließen, deren symbolische Bedeutung als Lebenswasser und Unterweltströme der Göttin den Kindlesbrunnen der Megalithplätze Europas entsprechen. Eines aber ist am auffälligsten an der aufrecht thronenden Göttin mit Mauerkrone: Die Bronzestatue ist vollkommen geschwärzt. Könnte die vorislamische Al'Lat, in ihrer abstraktesten Form als schwarzer Stein verehrt, ein früher Archetyp Schwarzer Madonnen sein? Wie sehen die beiden anderen Aspekte der dreifachen Göttin aus? Es wurden unterschiedliche Theorien über eine vorislamische Göttin Q're aufgestellt, deren Namen man aus dem Wort Koran rekonstruieren wollte und mit der griechischen Kore gleichsetzte. Es gibt keinen Hinweis auf diese Göttin, und die Gleichsetzung einer arabischen Göttin, die nicht in hellenistisch beeinflußten Gebieten auftaucht, mit einer griechischen ist noch dazu absurd.

Die Ergänzungen zu Al'Lat heißen Al-Uzza und Manât (Manatu), erstere gleichgesetzt mit dem Planeten Venus und ähnlich der Aphrodite-Mari eine Liebes- und Schutzgöttin, zweitere eine Göttin des Schicksals und Glückes, des Todes und der Bestimmung. Al-Uzza, deren Name soviel wie »die Mächtige, die sehr Erhabene« bedeutet, ist die alte Schutzgöttin des Clans der Qoraich, des Stammes Mohammeds, der das Pantheon von Mekka pflegte. Einer der wichtigsten arabischen Tempel dieser Quellgöttin stand in Nakhla (»Palme«) an der östlichen Karawanenroute ins heutige Bahraïn und zum Persischen Golf. Der heilige Brunnen in Mekka namens Zemzem, der 1997 zwei Millionen islamischen Pilgern Wasser spendete, wird schon zu Zeiten Al-Uzzas geflossen sein. Der Legende nach wurde er von Abrahams Frau Hagar entdeckt. In der Felsenstadt Petra taucht die Quellschützerin Al-Uzza zusammen mit der delphingeschmückten Aphrodite-Mari auf und als Herrin des Zodiaks mit Mond- und Blitzsymbolen und einer Krone. Auch Manât, die Göttin, die den Schicksalsfaden zerschneidet, fand sich in Petra, sie war sogar die Patronin der Nabatäerfestung und überlebte entsprechend lange fremde Religionseinflüsse als hellenistische Tyche und römische Fortuna. Beliebt war Manât an der Straße zwischen Yathrîb, dem antiken Medina, und Châm im heutigen Syrien, ihren Haupttempel mit einem schwarzen Stein hatte sie in Qudaïd.

Wie bei Al'Lat haben die anderen beiden Aspekte der dreifachen Göttin sehr viel ältere Ursprünge, die an die megalithischen und mythischen Vorfahrinnen der Schwarzen Madonnen erinnern. Einst eine Urschlangengöttin aus Ägyptens prädynastischer Zeit, hieß Al-Uzza dort Ua Zit, bevor sie zur Isis, der dunklen Thronenden wurde. Daß Isis eines der direkten Vorbilder der Romanischen Madonnen war, wird sich bei der Untersuchung der häretischen Strömungen des Mittelalters herausstellen. Al-Menat oder Manât schließlich ist ebenfalls direkt auf ein Vorbild schwarzer Madonnen zurückzuführen: Sie ist die Himmelsherrscherin, die Erde, das Licht, der Regen, die kanaanitische Banat, babylonische Baalat und Astarte von Byblos. Auch wenn es zu Zeiten der Kreuzzüge keine Darstellungen der alten Göttinnen mehr gegeben haben mag und der Islam solche bildlichen Formen auch längst nicht mehr erlaubte, müssen die Templer, die die Araber nicht nur bekriegten, sondern auch regen geistigen Austausch mit ihnen pflegten, zumindest etwas von den islamischen Heiligtümern mit den heiligen Steinen gehört haben. Sie müssen sogar, wie das in ihrem Herkunftsland auch der Fall war, mit den Archetypen einer zwar offiziell verbotenen, aber psychisch noch vollkommen lebendigen Kultur konfrontiert worden sein.

Schwarze Steine des Himmels

Die Verehrung der heiligen Schwarzen Steine ist eine Tradition, die dem vorchristlichen Europa, den vorislamischen und vorjüdischen Kulturen gemeinsam war. Entstanden aus neolithischen Kulten um die Welten- und Himmelsachse, die im scheinbar feststehenden Himmelsnordpunkt gesucht und ursprünglich als Baum oder Holzpfahl markiert wurde, galten außergewöhnliche Steine und vor allem die seltenen Meteoriten oder Vulkangesteine als besonders geheimnisvoll. Während nämlich das übliche Gestein als Knochen der Erdmutter verstanden wurde, kamen die Vulkangesteine noch flüssig aus ihrem Bauch, wurden aus den Tiefen der Vouivre-Drachin geboren und erlebten eine Metamorphose wie ein Lebewesen, bevor sie zu festem Gestein erstarrten. Noch bedeutender wirkten die Meteoriten – nicht nur, weil sie so selten zu finden waren, sondern weil sie aus dem fernen Himmel herabgestürzt waren, ein Gruß aus den tiefdunklen Götterwelten, ein Stück von den Sternen auf dem Gewand der Himmelsgöttin. Aufrecht stehend wie ein Menhir bargen sie das weibliche und männliche Geheimnis der Gottheit in einem, markierten die Weltenachse und Himmelsleiter, die Schamanen erklommen, um in andere Bewußtseinswelten zu wechseln, die Gläubige benutzten, um mit dem Göttlichen mystisch zu verschmelzen.

Die Schwarzen Steine, in semitischen Kulturen meist vierkantig und abgeflacht wie ein Kubus, wurden selbst nicht als Idol verehrt, sondern als Fokus göttlicher Energien, als Sitz und Thron der unsichtbaren Göttinnen und Götter. Erst jene, die die heidnischen Religionen nicht mehr verstanden oder sie bekämpften, degradierten die Steine zu primitiven Idolen und Abbildungen einer Gottheit. Die Gottheit selbst war transzendent, aber sie ließ sich während der Kommunikation mit den Menschen wie eine himmlische Majestät auf ihrem Thron nieder, schwarz und geheimnisvoll, angsteinflößend und ehrfurchterregend wie der Kosmos. Wo die schwarze Göttin auf ihrem Steinthron saß, lag nicht nur das Allerheiligste, sondern auch der Schoß der Welt, so fühlten es die Pilger in der Kaaba von Mekka, die Semiten im Heiligtum der Astarte in Byblos, so

wurde Ephesos[112] mit dem Schwarzen Stein der Artemis verehrt, Paphos mit dem Stein der Aphrodite oder Pessinos und
Rom mit dem Stein der Kybele, um nur die wichtigsten Stätten
zu nennen. Eine der vorislamischen und vorjüdischen Göttinnen wurde besonders bekannt als Urmetapher hinter der
Schwarzen Madonna: die sumerisch-babylonische Belet-ili
oder Baalat, identisch mit der kanaanitischen Banat: Aus ihr
wurde in der hebräischen Tradition Lilith, die dämonische erste Frau Adams. Warum ausgerechnet die aus dem Götterhim-
mel gestürzte Lilith heute mit Schwarzen Madonnen in Verbindung gebracht wird, zeigen die neuen Madonnentraditio-
nen nach C.G. Jung in den Vereinigten Staaten.

Es fragt sich, ob die inneren Bilder und Symbole tatsächlich
so verschieden sind, wenn die aus dem 8. Jahrhundert stammende Notre-Dame de la Pierre[113] in Sarrance aus einem
schwarzen Meteoriten gearbeitet, als Fruchtbarkeitsbringerin
verehrt und direkt auf dem alten Sternenweg nach Compostela plaziert wurde. Die Parallelen zwischen den dunklen Königinnen aus romanischen Schnitzerwerkstätten und den alten
Göttinnen vom Schwarzen Stein sind frappierend. Artemis-
Diana erscheint mit Hunden wie der Madonnenbegleiter Rochus, der gehörnte Aktaion wird von ihnen zerrissen. Aktaion
wird aus dem gleichen Grunde bestraft wie der Graf von Lusignan und Gatte von Melusine: Beide hatten trotz Verbot die
Göttin nackt im Bade beobachtet, laut Barbara G. Walker ein
alter Ritus, der nur den todgeweihten Königen gestattet war[114].
Die große Göttin, die als Bärin die *axis mundi*, die Weltenachse,
am Himmel bewachte, beschützte wie Melusine, wie Aphrodite-Mari und wie die Schwarze Madonna Seeleute und be-
herrschte das Wetter. Wie die Madonna der romanischen Baumeisterlogen galt sie als Herrin der Maße, wie die gallische
Vouivre konnte sie sich in eine drachenähnliche Schlange verwandeln und ringelte sich um den Weltenbaum mit seiner
weiblichen Lebensquelle, dem Hagbusch mit seinem Kindlesbrunnen.

Die heiligen Quellen

Schwangere Frauen pilgerten zu Artemis wie zur Schwarzen Madonna, unfruchtbare Frauen erflehten von ihr Hilfe. Neben dem Schwarzen Stein war es die niemals versiegende Quelle, die mit Baum und Stein eine Einheit bildete. Eine Legende berichtet, der Brunnen Zemzem in der Kaaba habe zu fließen begonnen, als Mohammed ein heidnisches Idol von ihm rückte. Die jüdische Tradition kennt eine ähnliche Erzählung, die berichtet, daß die Wasser der Abgründe hervorgequollen seien, als König David für den Tempelbau einen Stein weggeschafft haben soll. Jener Stein heißt heute »Eben Shetiyyah« (Stein der Gründung), und er liegt wie der Brunnen der Seelen, der »Birel-Arweh«, im Felsendom von Jerusalem, Heiligtum der Heiden, der Juden, der Christen, der Muslime, der *axis mundi*, von der aus Mohammed seine Himmelfahrt unternahm. Die Wasser der Abgründe, die babylonischen Abzu, Wasseradern der Vouivre und schöpfungsgeschichtlichen Fluten der Tiamat, der unerschöpfliche Brunnen der Al'Lat, der Kindlesbrunnen der Schwarzen Madonnen und ihre unermeßlich weiten unterirdischen Seen unter Kathedralen sind von der Bedeutung her ein und dasselbe. »Die Quelle am Fuß des Baums war ein Bronn der Weisheit oder der lebenspendenden Flüssigkeit *aurr*, die mit dem ›weisen Blut‹ der Großen Mutter gleichgesetzt werden kann«, schreibt Barbara G. Walker[115]. »Aurr war die stark mythologisierte, weibliche Lebensquelle, die dem Kula-Nektar der uterinen Quelle der Kundalini glich, als ob der mütterliche Baum, der das Universum trug, die Wirbelsäule der Mutter mit ihren zahlreichen Chakren gewesen wäre.«

Das milcherne Wasser der Lüste oder das Menstruationsblut der Göttin trug viele Namen: Ambrosia, Soma, ägyptisch *sa*, keltisch *dergflaith* – rotes Bier, Met der Königin und Göttin Mebdh (Maeve). Es war aber auch der rote Yin-Saft der Taoisten, das Elixier der Unsterblichkeit der chinesischen Mondgöttin Henge, die rote Ritualfarbe der neuseeländischen Maori, der Mondtau der thessalischen Zauberinnen. Das Blut der weiblichen Lebensquelle, das seit dem Neolithikum als lebenbringend verehrt wurde, weil mit dem wachsenden Bauch der

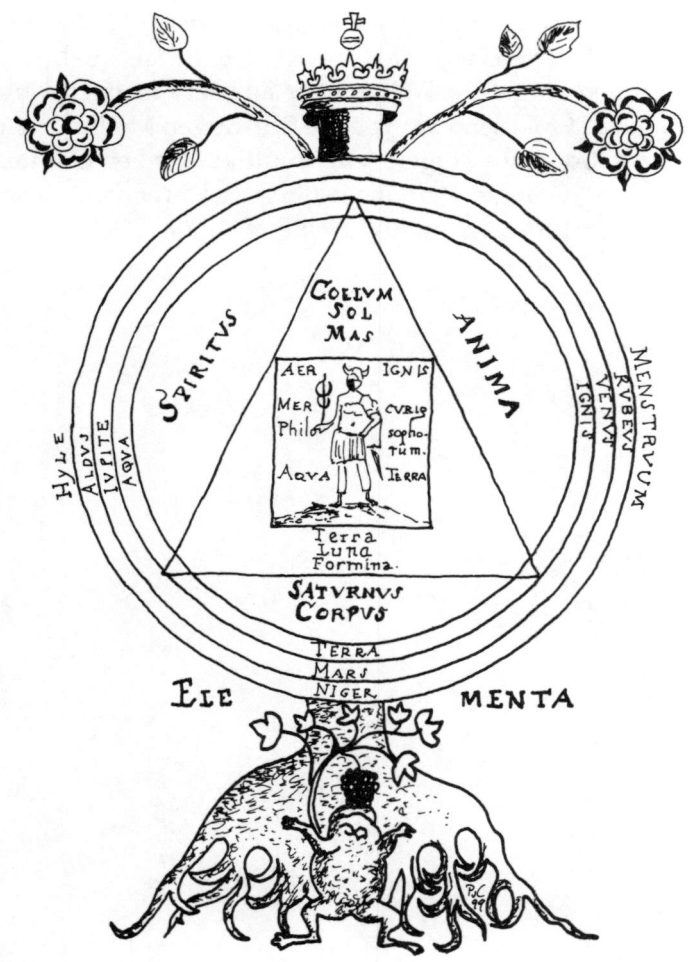

Der Weltenbaum verknüpft die Elemente der Erde mit den Energien des Himmels, vereint Geist, Seele und Körper, aber auch spirituelle und materielle Dimensionen.

Mutter der Blutfluß versiegte und deshalb als Nahrung des sich entwickelnden neuen Lebens verstanden wurde, entsprang mythisch gesehen auf dem heiligen Berg der Venus, dem *mons veneris:* »Mit dieser Blutfarbe war eine Verklärung nach dem Tode verbunden. Das heidnische Paradies oder Feenland befand sich im Gebärmutter-Zentrum der Erde, dem

Sitz des magischen Springquells des Lebens.«[116] Schwarz ist der Thron der alten Göttinnen, der die rote Lebensquelle unter dem grünen Baum der Weltenachse auf dem heiligen Venushügel hütet. Er ist schwarz wie die Schwarzen Madonnen, die sich am liebsten auf Hügeln jener multikulturellen Göttinnen ansiedeln, geschützt von einem heiligen Dornenhag, bemalt im Grün der Erde und im Rot des Blutes.

Abbildung Seite 97: *Notre-Dame de St. Gervazy. Die androgyne Statue in strenger romanischer Linienführung erinnert nicht umsonst an Menhire alter Augengöttinnen: Mit ihr wurde ein Megalithheiligtum verehrt. Seit 1983 existiert nur noch eine Kopie aus Kunstharz. Das Original wurde gestohlen.*

4
DAS WISSEN DER KETZER

Uralte Weisheit aus vielen Ländern offenbart sich,
bewegt sich, verbindet sich und vermischt sich
wie nie zuvor ...

Abbey Willowroot,
Grove of the Spiral Goddess

Geheimgruppen-Fantasien

Das multikulturelle Mysterium der Schwarzen Madonnen zu ergründen, führte in der Literatur immer wieder zu zwei Personengruppen, die das 12. Jahrhundert stark geprägt haben: den Templern und den Zisterziensern um Bernard de Clairvaux. Die Templer sollen die dunklen Statuen der Legende nach aus den islamischen Ländern des Nahen Ostens mitgebracht haben, eine Behauptung, die genau zu untersuchen ist. Esoterische Autoren haben sich geradezu festgebissen an dieser Vermutung, ohne die Geheimnisse tatsächlich lüften zu können, dafür haben sie aber um so mehr die Ansichten der in Frankreich höchst umstrittenen Prieuré de Sion[117] ohne Kritik und eigene Recherchen übernommen. In ihren Unterlagen will diese Gruppe in den Schwarzen Madonnen eine Art Staatskult der Merowinger sehen und benutzt die romanischen Statuen sogar als Beweis dafür, daß die Gruppe selbst mit den Templern in Verbindung stehe. »Der Großmeister der Prieuré 1981–84, Pierre Plantard, soll gesagt haben [...], daß Dagobert [II.][118], als er nach seinem irischen Exil den Thron bestieg, die alte Tradition Galliens weiterführte, die Verehrung der Schwarzen Madonna«, liest man sogar bei Begg, der sich als Collegedozent nicht zu schade ist, im Kanon mit der Prieuré zu mutmaßen: »Daß viele Legenden dieser Periode die Schwarzen Madonnen des 12. Jahrhunderts mit frühen wundersamen Ursprüngen aus der Merowingischen Epoche verbinden, läßt möglicherweise beunruhigende religiös-politische Fragen aufkommen.«[119]

Es gibt keinen einzigen Hinweis darauf, daß die Schwarzen Madonnen bei den Merowingern eine Rolle spielten, denn die älteste romanische Thronende taucht auf, als es die Merowinger längst nicht mehr gibt. Sachlich falsch ist sogar die Behauptung, die Gallier hätten Schwarze Madonnen verehrt oder ihre Religion habe ungebrochen und rein überlebt bis ins frühe Mittelalter. Was könnte hinter den Mutmaßungen der Prieuré de Sion aber stecken? Warum bemüht sich die Genfer Gruppe so angestrengt, Buchautoren gezielt mit angeblichem Geheimmaterial über die Verbindung zu den Templern, Merowingern und Schwarzen Madonnen zu versorgen, das in Frankreich verwendet wird, um für monarchistische und absolutistische Ideen zu werben? Tatsächlich gründete Gottfried von Bouillon nach dem »Kreuzzug der Barone« in den Jahren 1098/1099 in Jerusalem mit anderen Männern den »Ordre du Prieuré de Sion« als einen Vorgängerorden der Tempelritter. Nach dem Verlust Jerusalems wurden einige von ihnen Mitglieder bei den Templern, andere traten in die in Saint-Jean-le-Blanc bei Orléans gegründete namensgleiche Prieuré de Sion ein, die es sich zur Aufgabe machte, die Rückkehr der Merowinger auf den französischen Thron zu fordern.

Was sich heute Prieuré de Sion nennt und das Programm der alten Prieuré von Orléans aufs Panier geschrieben hat, ist eine moderne Splittergruppe, die am 25. Juni 1956 bei der Sous-Préfecture des Ortes Saint-Julien-en-Genevois (Haute-Savoie) den Antrag stellte, unter diesem historischen Namen eingetragen zu werden, die aber nicht in den offiziellen französischen Verzeichnissen der Ritterorden erscheint. Berühmtheiten wie Jeanne d'Arc, Flamel, Leonardo da Vinci, Newton, Victor Hugo, Claude Débussy und Jean Cocteau sollen angeblich in ihren Reihen gewesen sein, obwohl es keinen Beweis dafür gibt, daß die politisch-esoterische Geheimgesellschaft vor 1956 existierte. In Frankreich ist sie vor allem durch ihren Großmeister Pierre Plantard berühmt-berüchtigt, der sich durch abenteuerliche Stammbaumkonstruktionen als letzten Merowinger bezeichnete und mit seiner Gruppe bis in die Medien hinein träumte, zum absolutistischen König des modernen demokratischen Frankreich avancieren zu können. »Pierre Plantard ist in die eigenartige Affäre um Rennes-le-Château verwickelt, wo die enigmatische Persönlichkeit des Abtes Boudet eine ganze zweideutige Literaturgattung entstehen ließ, die gleichermaßen Schatzsucher wie Liebhaber mysteriöser Elemente verführt«, urteilt der objektive und offene Jean-Pierre Bayard, einer der größten Kenner von Frankreichs Geheimgesellschaften und okkulter Szene[120]. Autoren, die bei der Analyse der romanischen Madonnen auf das Propagandamaterial der okkulten Gruppe hereingefallen sind, zitieren zwar spannend klingende, recht umwölkte Mutmaßungen, die einer wissenschaftlichen Recherche nicht standhalten oder von jedem Schulkind in Frankreich aus Bibliotheken geholt werden können, lösen aber dennoch nicht das Geheimnis um die Frage, was die Tempelritter tatsächlich mit den Schnitzereien zu tun hatten.

Importe aus dem Orient

Eine Verbindung der dunklen Königinnen zu islamischen Ländern und den Kreuzzügen gibt es tatsächlich schon in alten Legenden. Vor allem den Madonnen von Orcival, Liesse und Dijon wird ein alter Aspekt der Göttin Aphrodite-Mari zugesprochen, die Gefangene befreien und ihre Ketten sprengen konnte. Das berühmte romanische Spiralgitter in Le Puy soll aus den Ketten der befreiten Gefangenen geschmiedet worden sein, andernorts hängen Fesseln als Votivgaben in den Kirchen. Selbstverständlich wurden Eigenschaften der Göttinnen wie jene, die Menschen im Meeressturm zu bewahren und aus der Gefangenschaft nach Hause zu führen, besonders beliebt in den blutigen Zeiten der Kreuzzüge, in denen Frauen jahrelang um die Heimkehr ihrer Männer bangen und beten mußten. Die Legenden unbekannter Befreiter wurden ausgeschmückt. Kreuzritter, die in Spanien und Palästina während der Kämpfe zur Madonna gebetet hatten, sollen in der Nacht plötzlich mit gesprengten Fesseln dagelegen haben und im Schlaf von der Jungfrau zur Kirche getragen worden sein. In Mauriac, behauptet die Legende, seien die Ritter des Morgens am Heiligtum der Schwarzen Madonna angekettet gewesen anstatt in ihrem Gefängnis. Die Bischöfe, die die Legendenbildung unterstützten, ließen die Eisen der Ritter in der Nähe des Taufbeckens in die Wand einmauern[121].

In der Zeit der Kreuzzüge, vor allem zum 12. Jahrhundert hin, hatten die Schwarzen Madonnen nicht nur ihren Höhepunkt erreicht, sondern auch ihren baldigen Abstieg als unverfälschtes Symbol, weil sie weniger als Göttin und *sedes sapienter* – Thron der Weisheit – geschnitzt wurden, sondern sich nur noch in der Mutterrolle zeigen durften. Die heidnischen

Rituale, wie das Waschen der Madonna in Dijon mit Wein und Öl, die bacchanalischen Feste der Notre-Dame de Sans-Parler in Chappes, die durch Schweigerituale eingeleitet wurden[122], und die grünen Kerzen und grünen Kleider der Madonnen von Murat und Marseille waren der Kirche längst ein Dorn im Auge. Geschichten, diese Madonnen kämen vom religiösen Erzfeind aus islamischen Ländern und hätten so ganz und gar nichts Europäisches an sich, paßten gut in die klerikale Propaganda, denn wer wußte damals schon, daß zu den Zeiten der Tempelritter Menschendarstellungen im Islam längst verboten waren[123].

Ebenfalls im 12. Jahrhundert entsteht ein neues exotisches Schönheitsideal, und das Hohelied der Liebe wird zu einer der beliebtesten Bibelstellen, weil es dort heißt[124]:

> *Braun bin ich, doch schön,*
> *ihr Töchter Jerusalems, wie die Zelte von Kedar,*
> *wie Salomos Decken. Schaut mich nicht so an,*
> *weil ich gebräunt bin.*
> *Die Sonne hat mich verbrannt.*

Während heimische Troubadoure die weißhäutigen, blauäugigen und blonden Frauen der Höfe idealisieren, blüht im verborgenen der Kult um die dunkelhäutigen Frauen und wird Maria plötzlich mit der dunklen Schönen im Hohelied identifiziert.

Monopole der Templer

Was ist an der Geschichte von den ersten Rittern in Jerusalem und ihrer Verehrung der Schwarzen Madonnen wahr? Zum Glück ist die erste Madonna, die als »Schutzpatronin« einen Ritter nach Jerusalem begleitete, in den Wappen von Montpellier wiedergefunden worden, ihre Existenz ist also belegt. Graf Guilhelm V. ließ sich ein Bildnis dieser Madonna auf seinen Wappenschild malen, eine Maria, die als aus Palästina importierte Schwarze Madonna in die Legenden einging. Doch der Schild Guilhelms V. zeigte eine weißhäutige Madonna, gemalt vor der Abreise. Geschwärzt wurde sie erst zu Hause von seinem Sohn, in einer Zeit, in der die dunklen Madonnen in Europa in Mode kamen. Von anderen Madonnen, die der Legende nach durch Tempelritter gestiftet wurden, weiß man, daß am Ort der betreffenden Kirchen schon seit der Megalithzeit oder zumindest seit den Kelten eine Muttergöttin angebetet wurde, die Kleriker schon früh gegen eine Madonnenstatue ausgetauscht hatten. Dies war auch der Fall in Montpellier, wo Notre-Dame des Tables als weißhäutige Madonna bereits im 9. Jahrhundert von Papst Johannes VIII. für ihre Wunder anerkannt wurde, die im Lauf der Zeit vor allem darin bestanden, Fruchtbarkeit hervorzubringen und vor der Pest zu schützen. Eine vier Kilometer lange Kerze in der Form eines Rattenschwanzes wurde 1363 für die Rettung vor der Pest abgebrannt.

Guilhem nahm also seine heimische Madonna mit in den Kreuzzug, er importierte sie keineswegs aus Palästina. Auch von der berühmten »äthiopischen Schönheit«, die König Ludwig IX., der Heilige, aus Kairo mitgebracht und der Kirche in Le Puy 1251 gespendet haben soll, gibt es keinen schriftlichen Beleg. Wiederum ist der Kult um Göttin und Madonna älter als die Kreuzzüge, deuten sogar archäologische Fundstücke wie Templermedaillen darauf hin, daß die ältere thronende Königin durch die Statue, wie sie heute als Kopie existiert, ausgewechselt wurde. Solche Medaillen mit romanischen Madonnen, denen man keine Hautfarbe ansehen kann, waren geradezu ein Verkaufsschlager an den Kathedralen Europas. Sie zu prägen war ein Monopol der Templer und Hospizritter, eine wichtige Einnahmequelle zur Finanzierung der immens teuren Kreuzzüge. Andere dunkle Madonnen waren ihnen geschenkt oder von ihnen nach Palästina mitgeführt worden. Wenn es einem Templer gelang, heil aus dem Kampf und befreit aus der Gefangenschaft zu kommen, mußte es die Krönung des Triumphes bedeuten, die geraubten Schwarzen Madonnen von den Muslimen zurückkaufen zu können, ein Vorgang, den Bonvin für die Templermadonna der Commanderie von Bourganeuf (Creuse)[125] vermerkt.

Die Templer und Kreuzritter waren also bereits Verehrer der *Vierges en majesté*, bevor sie ins Ausland gingen. Schwarze Madonnen, die laut Legenden in Spanien Sarazenen abgekauft oder geraubt wurden, entpuppten sich durch historische Forschung als Skulpturen, die die einheimische Bevölkerung vor dem Ansturm der Eroberer versteckt hatte. Nur die wenigsten dunklen Königinnen könnten wirklich importiert sein, wie etwa die Notre-Dame de Laurie (Cantal) aus dem 11. Jahrhundert, heute wieder in alter Polychromie mit leuchtend rotem Mantel restauriert. Eine arabische Inschrift, als Beweis für die Herkunft aus dem Orient gedeutet, wurde schon im letzten Jahrhundert wie bei anderen Statuen entfernt, doch hat bisher niemand auch nur eine dieser Inschriften entziffert und überprüft. Die Notre-Dame du Mont Carmel, wie die Statue auch genannt wird, wird einmal in arabischer Hand gewesen sein. Es läßt sich heute nicht mehr bestimmen, ob die Inschrift von einem Sarazenen in Europa oder einem Araber im Orient stammte und ob sie mehr bedeutete als ein einfacher Eigentumshinweis.

Heidnische Göttinnen

Aus einem anderen Land der Kreuzzüge jedoch waren Importe möglich, denn dort hatte der Islam genausowenig die alte Religion zerstören können wie das Christentum in den entlegenen Landstrichen Frankreichs. Ägypten, das Land der Isis, aber auch Äthiopien, erstaunte die Kreuzritter damit, daß sie »ihre« Schwarzen Madonnen dort wiederfanden – jedoch keineswegs in Kirchen. Die Statuen der ägyptischen Göttin Isis mit ihrem Sohn Horus kamen den Christen so vertraut vor, daß sie für Kirchen in Ägypten ebenso gekauft wurden wie als Mitbringsel und Stiftung zu Hause. Pater de Lattre, der den Kult der Heiligen Jungfrau in Afrika nach seinen Grabungen in Karthago beschrieben hatte, vermerkte, es sei nur möglich gewesen, die Isisstatuen von den thronenden Madonnen zu unterscheiden, indem man sorgfältig die Beigaben und Opfer miteinander verglich, ob sie auch christlich seien.[126] Bonvin vermerkt ein weiteres Beispiel solch einer Verwechslung, demzufolge ein Archäologe nach dem spanischen Bürgerkrieg verschiedene Objekte begutachten sollte, die im Museum von Montjouic gelandet waren.

Er habe in der Reliquienöffnung einer sehr alten Madonna eine kleine Figur der karthagischen Göttin Tanit (Tinnit), identisch mit Astarte, gefunden. Ebensolche karthagische Göttinnen, deren Kult auch in Katalonien verbreitet war, sollen die Blei-Madonnen von Châteauneuf-les-Bains (Puy-de-Dôme) und Thuir (Ost-Pyrenäen) sein, die aus derselben Werkstatt stammen. Der Kult um die Statue von Thuir ist noch besonders ursprünglich, denn die Madonna, die vor Blitzen bewahren soll, wurde als Zauber gegen Dürre ins Meer getaucht, sollte heilen können und Gebärenden helfen und tritt gemeinsam mit dem bereits bekannten heiligen Rochus auf. Die Neudeutung der Statue der Tanit schreibt eine alte Legende zur Anekdote um, denn jene Statue soll es gewesen sein, die einst Karl dem Großen zum Sieg über die Sarazenen verholfen haben soll, eine afrikanische Liebesgöttin, von dem christlichen Kaiser verehrt, der am meisten gegen alle Nichtchristen wütete und Heiden brutal ermorden ließ. Eine Erzählung von der Verbrennung der Notre-Dame in Le Puy, die wie eine Hinrichtung organisiert wurde, behauptet, aus der Reliquienöffnung sei ein sogenannter Isisstein gefallen, ein ovaler Blutjaspis in Grün und Rot, den Farben der Schwarzen Madonnen und der schwarzen Isis[127].

Wie viele der romanischen Madonnen werden in ihren geheimnisvollen Reliquienlöchern ähnliche heidnische Beigaben alter Göttinnen beinhaltet haben? Wurden ihre Öffnungen deshalb so sorgfältig mit den Marouflage-Bändern umhüllt und unzugänglich gemacht, ganz im Gegensatz zu den christlichen Bräuchen, die eine direkte Reliquienberührung ermöglichten? Nicht immer konnten äußerliche Hinweise auf alte Göttinnen unsichtbar gemacht werden. Die dunklen Königinnen mit den großen Händen, wie sie sich in Vinça (Ost-Pyrenäen) und in Val-Fleurie (Loire) befinden, hätten zerstört werden müssen, um ihnen die beiden Drachen in Gestalt eines provenzalischen Tarasque zu nehmen, einer regionalen Form der alten Vouivre. Die Vieille Dame von Valfleury, die alte Dame – ein Ehrentitel von Göttinnen – heißt auch Notre-Dame vom goldenen Ginsterbusch, denn in einem solchen wurde sie gefunden, wäh-

Die alte gallische Göttin Vouivre erscheint als ge-
flügelter Drache oder als Schlange und Frau mit
Fischschwanz. Sie markiert in der Initiation einen
wichtigen Übergang.

rend das Sommerland mit Schnee bedeckt war. Wie viele ihrer
Schwestern weigerte auch diese Majestät sich, die Kirche zu
betreten und blieb erst, als man sie zu einer heiligen Quelle am
Fuß eines Hügels brachte. Eine Umsetzung soll erst gelungen
sein, als man die Quelle in die Krypta umleitete, wo sich die
Herrin der Vouivren schließlich niederließ.

In jedem Fall hat auch die Notre-Dame de Laurie Vorgängerinnen, die älter sind als der Kontakt der arabischen Welt
mit Europa, steht sie doch in der Nähe eines alten Heiligtums

des gallischen Wolfsgottes Blez (Blesle), der in bezug auf Lichtmeßrituale bereits in Erscheinung getreten ist und eine frühere Madonnenstatue geradezu impliziert. Wir wissen heute, daß die Abgrenzung der verschiedenen Religionen und Kulturen im Europa des frühen Mittelalters nicht so strikt war, wie man sich dies aufgrund der kriegerischen Auseinandersetzungen vorstellen mag. Während die Mönche des Klosters von Cluny arabische und kabbalistische Schriften studierten und alchemistisches Wissen in ihren Bibliotheken sammelten, schienen auch die Muslime den romanischen Madonnen nicht ganz abgeneigt. In Spanien entdeckte man eine Medaille aus Le Puy inmitten arabischer Münzen, und das Loch in ihrem Rand zeigt, daß sie einst als Schmuck getragen worden war. Daß die Münze nicht zufällig in solch eine Sammlung geraten sein mochte, gibt ein späterer Text zu bedenken, das »Speculum morale«[128] vom Ende des 13. Jahrhunderts, in dem es heißt: »Die Sarazenen des Abendlandes [...] machen unserer Lieben Frau von Le Puy Geschenke, damit sie ihre Felder und sie selbst vor Blitz und Unwetter bewahre.« Es sieht also eher danach aus, daß die Sarazenen europäisches Kulturgut aufnahmen, als seien viele Muslime Europas ebenso offen für neues Gedankengut gewesen wie manche Christen, die sich im Mittelalter von Judentum und Islam inspirieren ließen und ihre eigene alte Religion niemals vergaßen.

Wenn die Templer tatsächlich romanische Madonnen von den Kreuzzügen mitbrachten, stammten sie demnach entweder aus Verwechslungskäufen alter Göttinnen oder aller Wahrscheinlichkeit nach aus den Schulen der Schnitzer aus der Bourgogne und der Auvergne, von wo aus viele Franken bereits in den Orient, vorwiegend nach Syrien, ausgewandert waren. Syrer hatten auch im frühen Mittelalter in Franken gesiedelt, so daß ein reger kultureller Austausch schon zu Zeiten der ersten Madonnen stattfand. Kirchen für die königliche Mutter Gottes weihten die Emigranten bereits Anfang des 5. Jahrhunderts im Nahen Osten. Ihre Gewohnheiten und Traditionen ähnelten dabei denen, die sich parallel in ihrer alten Heimat entwickelten und im fruchtbaren Austausch der Reisenden und Jerusalempilger verbreiten konnten. Schließlich kehrten auch nicht alle Pilger in ihr Heimatland zurück. So mancher, dem die Pilgerfahrt als Buße für eine kriminelle Tat auferlegt worden war, nutzte die fernen Länder, um sich der Justiz zu entziehen und ein neues Leben in angenehmerem Klima zu beginnen. Alte, Kranke und Schwache blieben in den Hospizen des Orients, und nicht wenige zog es an den Hof des fränkischen Königs in Jerusalem. Jerusalem – das war wie Mekka im Islam die höchste Belohnung, die Rückkehr zum Nabel der christlichen Welt. Es bedeutete aber auch die Verbindung mit dem Göttlichen, das an besonders heiligen Plätzen sichtbar wurde, es verhieß die Unsterblichkeit, nach der sich so viele von Hunger, Armut und Epidemien Gebeutelte sehnten.

Haben die Templer und Kreuzritter tatsächlich vom Orient aus die Verehrung der Schwarzen Madonnen propagiert? Auf den ersten Blick mag es so erscheinen, denn die meisten Skulpturen, die heute noch existieren, stammen aus den Zeiten der Kreuzzüge. Doch darf das Bild, das sich nach unzähligen Kriegen, Änderungen kirchlicher Vorlieben, vor allem aber den Zerstörungen durch die Reformation und die Französische Revolution heute bietet, nicht täuschen. Bereits um 1100 endete nämlich die Blütezeit der ursprünglichen, androgynen romanischen Madonnen in ihrer reinen Form, wie sie heute noch die Madonna von Rocamadour vermittelt. Die berühmtesten Schnitzer arbeiteten, bevor Gérard de Martigues seinen Orden der Hospitaliter in Jerusalem wegen der Unruhen bewaffnet und dieser Anfang des 12. Jahrhunderts zu den »Chevaliers de Saint-Jean«, den späteren Malteserrittern, wird. Schwarze Madonnen sind längst wichtige europäische Pilgerziele und haben einen eigenen Kult, bevor Hugo von Payens die Templer im Jahre 1118 gründet. Als gegen 1097 die ersten Ritter zum Kreuzzug ausziehen, nachdem der charismatische und fanatische »Coucoupêtre«, wie man den Eremiten Pierre nannte, 60 000 Arme, Bettler und Verbrecher plündernd und mordend bis nach Antiochien geführt hatte, sind die Riten und Plätze der Schwarzen Madonnen bereits fest im Volksglauben verankert.

Sternenwege nach Compostela

Seit dem 7. Jahrhundert gehört eine Pilgerreise zu den kanonischen Möglichkeiten der katholischen Welt, Ablaß von weltlichen und spirituellen Sünden zu erlangen, der im 11. Jahrhundert sogar schriftlich bestätigt wird. Die Pilgerreise zum Grab des heiligen Jakobus von Santiago de Compostela im Nordwesten Spaniens gelangte zeitweise beinahe zu ebenso hohen Ehren wie die nach Rom oder Jerusalem, obwohl die Gebeine des heiligen Jakobus urplötzlich auftauchten, ohne daß es zuvor Erwähnungen seines Lebens in Spanien durch irgendwelche christlichen Chronisten gab. In einer Zeit, in der Reliquien begehrt, teuer und heilkräftig waren, interessierte es kaum, daß unter dem Pflaster der Kirche und späteren Kathedrale eine alte römische Nekropole lag, viel spannender und den alten heidnischen Geschichten näher klang die Version, ein heller Wunderstern habe zur Grabstätte geführt, von der aus sich der Leichnam in den Himmel erhoben habe und in das Herz der Sonne geflogen sei. Zum *campo stellae*, dem Sternenfeld, führten die Sternenwege, die berühmtesten heiligen Plätze des alten Europas und die bedeutendsten Schwarzen Madonnen miteinander verbindend.

Es ist viel darüber diskutiert worden, warum die meisten Pilgerwege[129] nach Compostela genau nach Himmelsrichtungen und Sternbildern ausgerichtet worden waren, warum sie Orte wie Altötting in Bayern, Prag oder Ulm berührten oder wie der berühmte Gralsweg den Odilienberg im Elsaß mit seiner Megalithmauer und Chartres miteinander verbanden. Natürlich war es auch für Christen wichtig, sich gegebenenfalls in der Wildnis anhand der Sternbilder zu orientieren und verstärkte es die Eindrücke der beschwerlichen Reise, wenn der Weg auch symbolisch kurz vor dem Ziel genau von Osten nach Westen, vom Leben in den Tod führte. Die alten Rituale heidnischer Zeiten, einst benutzt für Initiationen, waren unter den Pilgerinnen und Pilgern des Mittelalters nach wie vor lebendig, prägten ihnen ihre eigene Initiation in die Herzen. Nur allzu praktisch war es da, daß die gut erhaltenen alten Wanderwege heidnischer Kulturen einfach übernommen werden

Dunkle Göttinnen und Schwarze Madonnen sind ein Symbol der Sonne, die trotz Schwärzung die Kraft des Leuchtens besitzt. Sie vereinen die Metaphern für Feuer und Wasser in sich.

konnten, zumal die Menhire und Dolmen inzwischen durch Krypten und Kirchen christianisiert worden waren. Die Compostela-Pilger richteten ihre Wege nicht absichtlich nach Kirchen und Reliquien aus, sie benutzten, was immer schon dagewesen war: die Kraftlinien durch eine mythische Landschaft voller heiliger Plätze, inzwischen markiert durch die romanischen Madonnen.

Doch das Reisen war beschwerlich in jenen Zeiten, Räuber und Betrüger, Mörder und Naturkatastrophen, aber auch die Sarazenen verfolgten die Menschen, die oft weit mehr als 1000 oder gar 2000 Kilometer zu Fuß wanderten. Ein Netz von Hospizen und Versorgungsklöstern entstand ausgehend vom Orden von Cluny, der 910 von Bernon in der Bourgogne gegründet worden war und nun seine Fühler bis nach Spanien ausstreckte. Die schwarzgekleideten Cluniazenser und der Orden der Augustiner begleiteten die Reisenden sogar auf ihren Wegen, um sie sicher in ihre Klöster zu geleiten, ein einträgliches Unternehmen, das ihnen harte Worte des heiligen Bernard de Clairvaux einbrachte, dem weißgekleideten Zisterzienser, der zeitlebens gegen den Prunk der Cluniazenser wetterte und dessen Orden ihnen auf den Pilgerpfaden folgte. Schließlich, als soldatische Fähigkeiten gefordert wurden, übernahmen die Tempelritter die Aufgabe gemeinsam mit dem spanischen Orden vom Roten Schwert und den Hospitalitern. Wenn sie schließlich halfen, die Schwarzen Madonnen wieder in den Mittelpunkt des Interesses zu rücken, geschah dies sicher nicht ganz ohne wirtschaftliche Hintergedanken, genausowenig wie man dies bei Bernards plötzlichem Interesse an den dunklen Skulpturen ausschließen kann. Warum aber ließen sich die *Vierges en majesté* so einfach mit dem Kult von Santiago de Compostela verbinden? Daß sie an den alten Keltenwegen lagen, mag allein kein ausreichender Grund gewesen sein.

Eng waren die schwarzen Mütter mit vorchristlichen Lichtmeßriten und den bacchanalischen Göttinnen wie Februaria oder Lupa verbunden, ihre Dunkelheit erschien trotz aller Paradoxie als ein besonderes Licht, als Symbol einer dunklen Sonne, die trotz Schwärze die Kraft des Leuchtens besitzt. Liest man mit diesem Vorwissen die alte Legende, wie des Jakobus Leichnam gefunden worden sein soll, erstaunen die Parallelen. Auch Jakobus ist einer, der die Sonne verdunkelt und doch den Jüngern das Licht verheißt, denn der Legende nach soll sein Leichnam genau in die Mitte der Sonne geflogen sein. Verzweifelt suchen ihn die Jünger, aber Jakobus ist durch die Sonne ins Reich der Königin Lupa geraten, die niemand anderes ist als die alte sabinische Göttin, die einst von den Römern aufgenommen worden war, weil sie Romulus und Remus gesäugt hatte. Auf einem Schiff fuhr Jakobus durch die Himmelsweiten wie einst Isis, und wurde am Ufer von Königin Lupa gefunden. Gleichzeitig entstehen drei verschiedene

Legenden, die von unbemannten Booten erzählen, in denen eine romanische Madonna aus unbekannten fernen Landen strandet und ihren Platz sucht. Weiterhin erinnert die Legende an die dunklen Königinnen mit ihren Dolmen, Fiebersteinen und Menhiren unter oder in den Krypten: Auf einen solchen Stein nämlich legt Lupa den Apostel und läßt den Fels wie Wachs schmelzen zu einem Sarkophag. Andere Abenteuer folgen, darunter die wundersame Befreiung der Gefangenen im Reich eines heidnischen Königs und die Rettung durch eine Wunderquelle in einem steinernen Gewölbe. Die Macht der Königin aber können die Jünger erst brechen, als sie einen gefährlichen Drachen auf einem Berg namens Ilianus besiegen – der Tod dieser Ur-Vouivre bekehrt die Königin und läßt sie eine Kirche spenden – die alte Wolfs- und Drachengöttin weicht dem Christentum. Compostela und die Schwarzen Madonnen wurden nicht nach einem Zufallsprinzip zusammengefügt: Hier fanden sich auf ganz natürliche Weise alte Stätten einer vorchristlichen Weisheit, die noch eine derart starke Ausstrahlungskraft besaß, daß auch Mohammedaner zumindest vereinzelt ihre eigene Vorgeschichte darin erblicken konnten. Die aufkommenden Häretiker fanden in den alten Heiligtümern der Madonnen ebenso eine ganz eigene Symbolik wie die Templer, deren Geheimnis ihrer eigenen Marienverehrung nie gelöst werden konnte.

Geheimnisse der Templer

Aufgrund der Prozeßberichte gegen die Templer ist es äußerst schwierig, die Wahrheit herauszuschälen, denn Zeugen gaben unter der Folter zu, was ihnen die Richter einredeten, andere logen, um ihre Brüder zu schützen oder weil ihnen möglicherweise sogar die Lüge befohlen worden war. Es scheint, daß sich die Tempelritter Notre-Dame weihten:»Erweisen wir der Jungfrau Maria, der Notre-Dame, Ehre, denn sie ist die Führerin unseres Ordens, denn Notre-Dame war zu Beginn unseres Ordens ...«[130] Tatsächlich findet sich die Symbolik um die romanischen Madonnen auch in einigen geheimnisumwitterten

Attributen der Templer wieder: ihrem Banner, dem sogenannten Beauséant, den geheimnisvollen Köpfen, Baphomet genannt, der Verwendung von Schwarz, Rot und Weiß in der Kleidung und dem Abraxas auf einem Siegel. Das weiß-schwarze
Banner der Templer, dessen Farben heraldisch »Sand« und
»Silber« genannt werden, hat mit seiner Bezeichnung auch
zum Schlachtruf[131] geführt, der von verschiedenen Autoren
in erstaunlichen Interpretationen umgedeutet wurde. Diese
machten auch vor Mixturen aus ägyptischer und hebräischer
Sprache nicht halt, obwohl das geheimnisvolle Wort mit jedem
ethymologischen Wörterbuch übersetzt werden kann: Ein
Beauséant war jemand, der von nobler Geburt war, angemessen für die Eroberung von Jerusalem.

Wie bei den Bannern der alten Baumeister hatten das
Schwarz und das Weiß eine symbolisch-magische Funktion,
die Aufschlüsse darüber geben könnte, wie die Farbe der
Schwarzen Madonnen im Gegensatz zu ihren hellen Schwe-
stern verstanden sein konnte. Weiß, auch Sand oder Lilie ge-
nannt, bezeichnete eine spirituelle Ebene, den Edelmut des
Herzens, war das Lichtsymbol des Lebens schlechthin. Da-
gegen bedeutete Schwarz nicht einfach die Opposition des
Dunklen, des Schlechten, sondern auch physische Kraft, die
Farbe der Materie, das umgekehrte Licht des Todes, das aus
dem Zusammentreffen aller Farben entsteht. Viel ist in jener
Zeit in der Alchemie von Christen und Arabern über die drei
Templerfarben Schwarz, Weiß und Rot nachgedacht worden,
sind die doch eigentlich die Farben alter Mondgöttinnen.
Schwarz, Weiß und Rot waren die Stationen bei der Herstel-
lung des Steins der Weisen, wobei das Dunkel als »Schwär-
zung der Seele« einen der wichtigsten Schritte barg, wie in der
»Aurifontina Chymica« von 1680[132] noch zu lesen ist: »Diese
Schwarzheit manifestiert die Vereinigung des Männlichen mit
dem Weiblichen, oder vielmehr die vier Elemente.« Waren die
Templer mit dem alchemistischen Gedankengut ihrer Zeit in
Berührung gekommen? Konnte die Farbgebung der Madon-
nen mit jener Farbauffassung in Verbindung stehen?

Der Kopf des Baphomet

Die Verbindung des Männlichen mit dem Weiblichen, der ewige Traum vom Androgyn und seiner Ureinheit kehrt tatsächlich in einem anderen ungelösten Rätsel wieder: den eigenartigen Köpfen namens »Baphomet«, die die Templer in ihrem innersten Zirkel verehrt haben sollen, ein Grund, sie während der Templerprozesse der Götzenanbetung zu beschuldigen. Auch hier sind die Namens- und Symboldeutungen Legion, zumal sich die Okkultisten des vergangenen und jetzigen Jahrhunderts im Gefolge von Aleister Crowley, Gérard Encausse alias Papus und Alphonse-Louis Constant alias Eliphas Lévi auf die Figur des Baphomet als eines teuflischen Dämons mit Ziegenkopf konzentrierten[133], eine Sichtweise, die aus keinem der historischen Belege hervorgeht. Guillaume de Arbley, Präzeptor des Templerhauses von Soissy in der Diözese Meaux war es, der zum erstenmal öffentlich ein Bild des Baphomet wiedergab, doch gestand er unter dem Druck der Häscher, die ihn zusammen mit Jacques de Molay und anderen Templern auf Befehl von Philippe le Bel festgenommen hatten. Wieviel kann man auf die Worte eines mit Folter und Todesstrafe bedrohten Gefangenen geben?

Im Jahr der Festsetzung, 1307, behauptet de Arbley, er habe zweimal ein bärtiges Haupt gesehen, aus Silber und Holz gearbeitet. Drei Jahre später nimmt er seine Aussage zurück und gibt zu Protokoll, der Kopf auf dem Templeraltar sei eine Darstellung der 11 000 Jungfrauen gewesen und ebenso verwirrt berichten andere, der Baphomet habe zwei Köpfe und vier Beine gehabt, er habe im Dunkeln geleuchtet wie ein Dämon, sei mal Frau mal Mann gewesen. Doch wieviel mag wahr gewesen sein an den Aussagen der Verwirrten und Verzweifelten oder möglicherweise sogar absichtlich Lügenden? Manche wollen in dem bärtigen Kopf zugleich die Jungfrau Maria gesehen haben, doch dann erschien er ihnen wieder androgyn, seltsam das Licht, das er ausstrahlte, wurde der Baphomet doch meistens als schwarz und dunkel beschrieben. Wieviel war Phantasie oder Wirklichkeit bei der Beschreibung des Aufnahmerituals, bei dem der Baphomet auf dem Altar gelegen haben soll, den Kopf mit weißen Schnüren umwunden, die die Neophyten später um ihre Hüften schlingen mußten? Rituale solcher Art galten bis zum 12. Jahrhundert selbst in der Kirche als normal, erinnert man sich an die meist roten Fäden und Schnüre der Schwarzen Madonnen, die nach der Salbung der Madonna mit Öl und Wein für Schutzmagie, aber auch an Stadtmauern benutzt wurden und den Lebensfaden einer alten Schicksalsgöttin in den Kirchen lebendig gehalten hatten. Nicht viel hatte sich geändert, seit der Omphalos von Delphi mit dem Namen »Gäa« für die Erdmutter mit Wein und Öl gesalbt und roter Wolle umwunden wurde. Handelte es sich bei dem Kopf und dem Ritual um etwas in den ersten Jahrhunderten der Templer vollkommen Normales, das die Richter des Königs nun als teuflisch betrachteten?

Archäologen haben inzwischen einige der geheimnisvollen Baphomets gefunden und beweisen können, daß es sich nicht um Schrumpfköpfe oder abgeschlagene Köpfe von Feinden in der Tradition keltischer Krieger gehandelt haben kann. Einer der Köpfe war ein Frauenkopf, des weiteren fanden sich in einem Templerhaus nahe Wien vier hermaphroditische Statuen[134], die an gnostische Darstellungen erinnern. Daß die Tempelritter und die aus der alexandrinischen Gnosis hervorgehenden Katharer Kontakt hatten, ist sehr wahrscheinlich, denn beide Gruppen waren etwa zur gleichen Zeit stark verbreitet in den Hochburgen der Schwarzen Madonnen. Darüber hinaus weigerten sich die Templer, am Kreuzzug gegen die Albigenser teilzunehmen. Wäre es möglich, daß in den inneren Zirkel der Soldatenmönche katharisches Gedankengut Einzug gehalten hatte, vielleicht sogar wesentlich ältere Ideen, die mit denen der Katharer nur Gemeinsamkeiten hatten? Was würde dies für die Deutung der Schwarzen Madonnen ergeben, die ähnlich katharischen Skulpturen die geheimnisvollen übergroßen Hände zeigen und deren Kult von einem Mann propagiert wurde, der den Templern verwandtschaftlich und geistig nahestand, Bernard de Clairvaux?

Eine neue Deutung des Baphomet könnte die Verbindung zur Gnosis beweisen: Hugh Schonfield, einer der Erforscher der Schriftrollen vom Toten Meer, hat sich genauer mit der

Wortdeutung auseinandergesetzt. Er beruft sich bei seiner Theorie auf den sogenannten »Atbash-Schlüssel«, eine geheime Kodierung, die die Gnostiker vor allem in Zeiten der Verfolgung anwendeten, um ihre Schriften für die Christen unzugänglich zu machen. Laut Schonfield wurden dabei griechische Wörter in hebräische Buchstaben umgesetzt, wobei der erste Buchstabe des hebräischen Alphabets durch den letzten ersetzt wurde, der zweite Buchstabe durch den vorletzten und so weiter. Nach dem Atbash-Code wird aus Baphomet die gnostische Sophia[135]. Ein Frauenkopf oder Hermaphrodit als gnostische Sophia in den Händen der Templer? Autoren wie Begg rücken ebenfalls die romanischen Madonnen in die Nähe der Sophia, betonen deren androgynes Aussehen. So einleuchtend eine Verehrung der Templer für Sophia klingen mag: Ein Beispiel gnostischer Zusammenhänge reicht nicht aus, um das Wissen der inneren geheimgehaltenen Kreise der Rittermönche zu rekonstruieren. Zumal es auch den Versuch gegeben hat, »Baphomet« als verballhorntes Arabisch zu deuten. Selbst den Namen Mohammeds wollte man herausschälen aus einem *abufihamat*, eine Unmöglichkeit in einer Religion, die Skulpturen von Gott und seinem Propheten strengstens untersagt.

Islamische Bruderschaften

Angenommen, das Wort Baphomet stammt tatsächlich aus einem nicht ganz exakt gehörten arabischen *abufihamat*, was durchaus möglich wäre, da Europa von Arabern und Sarazenen besiedelt wurde und auch bekannt ist, daß die Templer mit einigen Sufigruppen in Ägypten und Palästina offenen Kontakt hatten. Unter den Fatimiden in Ägypten herrschte noch gegenseitiges Einvernehmen, und nach den Worten von Guillaume de Tyr weigerte sich 1168 der Großmeister Bertrand de Blanquefort gegen den Druck der Hospitaliter, die ägyptischen Mohammedaner anzugreifen: »Die Brüder des Tempels, deren Großmeister Bertrand de Blanquefort war, wollten nicht an dieser Expedition teilnehmen, sie sagten, es sei zu ungerecht, den Krieg in ein verbündetes Königreich zu tragen (...).«[136] Abufihamat wurde von Autoren dieser Theorie als »Vater des Verstehens« übersetzt und als eine der Leitfiguren einer islamischen Sekte interpretiert. Warum aber sollten die Templer eine solche Figur verehrt haben? Gab es eine derartige Gestalt überhaupt bei den Muslimen? Wahrscheinlich nicht. Trotzdem ist der Kontakt zu allerlei muslimischen Sekten interessant in bezug auf die Deutung der Schwarzen Madonnen in Verbindung mit den Tempelrittern.

Durch die Fatimiden waren sie in Kontakt mit den Karmaten gekommen, einer strengen islamischen Baumeisterloge, die in Inhalten und Aufbau dem Wissen der Sufis entsprochen haben dürfte, den Baumeistern des Felsendoms (Omar-Moschee) und der Al-Aqsa-Moschee. Heilig war der Platz Abrahams mit seinem Felsen auf den Urwassern der Tiefen Moslems, Christen und Juden, er gelangte als Sitz der Templer auf ihr ältestes Siegel im Jahr 1115 und wurde 1187 von Saladin gerettet, der dafür seinen Soldaten jedes Massaker an der christlichen Bevölkerung verboten hatte. Die Templer hatten den Aufbau des Felsendoms genau studiert, ihn und die Moschee restauriert und ihr Wissen nach Europa exportiert. Viele romanische Kirchen und Klöster Frankreichs vereinen deshalb in außergewöhnlicher Weise das geheime Wissen der eigenen Baumeister mit den Elementen der islamischen Baumeisterlogen, allen voran die Kirche von Le Puy mit ihren arabisch anmutenden Pfeilern und Bögen. Die islamischen Bruderschaften waren es schließlich, von ihren eigenen orthodoxen Religionsführern oft als Sekten bezeichnet, die ein Bindeglied zwischen den Tempelrittern und antikem und gnostischem Gedankengut bilden konnten.

Die Mowahhidun[137], heute fälschlicherweise immer noch Drusen genannt, glauben an die Seelenwanderung und verehren möglicherweise noch heute einen schwarzen Baitylos, der sich in der Nähe des alten Baalbek im heutigen Libanon befinden soll. Was der von ihnen hochverehrte Kairoer Kalif al-Hakim Bi-amr Allah (985/996?–1021) seinen Schülern für ihr »Buch der Weisheit«, das sagenhafte *Kitab al Hikma* hinterlassen hat, wissen heute nur die höchsten Scheiks der religiösen

Gruppe, doch ist bekannt, daß die Anhänger im Mittelalter bereits eine Synthese aus neuplatonischen Ideen, Judentum, Christentum, Gnosis und Alchemie wagten. Ebenso gnostischen Ideen oder alchemistischer Philosophie aufgeschlossen waren die nordafrikanischen Bruderschaften der Sufis, die eine Alchemie der Seele erreichen wollten, aber auch der Orden der Hachachins oder Assassinen unter dem absolutistischen Regime des Alten vom Berge, Hassan as-Sabbah[138]. Stärkstes Bindeglied zwischen Gnosis, Alchemie und arabischer Religion könnte ein Orden gewesen sein, der bereits im 8. Jahrhundert als die mystische, multireligiöse Bewegung der Kadosh in Palästina entstand und sich schnell Richtung Theben, Sinai und Syrien ausbreitete. Um das Jahr 800 kam ein Provençal namens Arnaud bei einer Pilgerfahrt in Kontakt mit den Kadosh und gründete begeistert nach deren Vorbild vier Jahre später in Toulouse den Orden von Amus, der seine Blütezeit im 9. bis 11. Jahrhundert erlebte.

Der Orden von Amus, gleichzeitig mit den Schwarzen Madonnen rege Verbreitung findend, predigt die spirituelle Suche und ist stark beeinflußt von der alexandrinischen Gnosis und alchemistischen Ideen. Ähnlich wie die ersten Templer sorgen die Angehörigen des Ordens für eine rege Kommunikation zwischen den Mauren Spaniens, dem Nahen Osten und den Provinzen der romanischen Madonnen. Laut Lachaud[139] sollen illustre Köpfe dem Orden von Amus angehört haben: Papst Sylvester II.[140], ein berühmter Alchemist, »der Graf von Toulouse Raymond de Saint-Gilles, einer der Anstifter des ersten Kreuzzuges, Gottfried von Bouillon, der König von England, Heinrich I., und die neun Gründer des Templerordens«. Doch was hat die Arbeit all dieser Orden und Brüderschaften in bezug auf das Bild der Schwarzen Madonnen zu sagen? Die romanischen Madonnen erscheinen schon im 12. Jahrhundert als ein recht fremdes Element in der katholischen Kirche – gleichzeitig mit den Templern und dem Verschwinden der Katharer wandelt sich auch das Bild der Madonna als Thron der Weisheit zur ganz und gar menschlichen Mutter. Ist es möglich, daß die Baumeister, die antike wie arabische Elemente in Kirchen aufnahmen, sich auch bei der Wahl ihrer Skulpturen beeinflussen ließen von den multireligiösen Ideen ihrer Zeit, den Strömungen scheinbar so unterschiedlicher Kulturen, die trotz politischer und religiöser Zwistigkeiten eine ganz eigene gemeinsame Kultur der Philosophie, Wissenschaft und Literatur in Europa schufen, weil sie Gemeinsamkeiten im Studium ihrer antiken Vorgeschichte erkannten?

Gnostische Häresien

Die Symbole der Tempelritter, deren Orden so eng mit der Verehrung der Schwarzen Madonnen verbunden war, geben einen wesentlich deutlicheren Eindruck des multireligiösen Denkens, dessen Zentren in Alexandria und Kairo lagen. Wenn man den sogenannten Abraxas untersucht, der ihre Siegel ebenso zierte wie heute Embleme der gnostischen Kirche, löst sich nicht nur das Rätsel, warum die dunklen Thronenden solch übergroße Hände hatten, sondern auch, welche Metaphern und Bedeutungen hinter den Schwarzen Madonnen steckten, die für heutige Betrachter mit fehlendem Hintergrund nicht mehr erkennbar sind. Auf den ersten Blick hat der Abraxas weder mit Maria noch mit der Kirche zu tun, doch beweist dieses Templersiegel, welche philosophischen und religiösen Ideen in ihrem Orden lebendig waren. Jener Abraxas, der auf einem Siegel mit der Umschrift *secretum templi*, Geheimnis des Tempels, erscheint und später in der mittelalterlichen Volksmagie ins »Abrakadabra« verballhornt wurde, zeigt ein menschliches Wesen mit dem Kopf eines Hahnes und Beinen, die aus den alten Doppelschlangen der Vouivre bestehen. In der Hand hält das seltsame Mischwesen einen Schild und eine Art Banner, umgeben ist es von sieben Sternen und den griechischen Buchstaben Alpha und Omega.

Basilisk[141] nannte man diese Fabelwesen, die keinesfalls eine Erfindung der Templer sind, sondern von einem der führenden Köpfe der Gnosis, Basilides, und seinen Anhängern im 2. Jahrhundert n. u. Z. in Gemmen geschnitzt wurden. Weil der Abraxas auch in der mittelalterlichen nichtjüdischen Kabbalistik[142] und der arabisch beeinflußten Alchemie eine Rolle spielte, die gnostischen Häretiker sich außerdem wie die Templer ab dem 12. Jahrhundert ausbreiteten, war der Abraxas als Symbol nicht nur den Kreuzrittern bekannt. In den nachfolgenden Jahrhunderten wurde viel Unsinn über dieses Mischwesen verbreitet, denn die meisten gnostischen Originalschriften waren verbrannt worden oder versteckt. Was man über die Gnostiker weiß, muß man auch heute noch aus den Schriften ihrer schlimmsten Feinde mühsam zusammensuchen, immer in der Gewißheit, daß die Kirchenväter weder gewillt noch fähig waren, die Philosophie der Gnosis zu verstehen, sie im Zuge der Häretikerverfolgungen sogar absichtlich verunstalteten. Dabei hatte die Gnosis einmal gleichberechtigt zu den drei ersten Gruppen der Urchristen gehört: den jüdischen Christen im Gefolge Jesu, den Gruppen um Paulus, die zur heutigen katholischen Kirche führten und den gnostisch inspirierten Menschen, die versuchten, asiatische, babylonische, ägyptische, griechische und syrische Ideen mit der Lehre Jesu zu verschmelzen.

Hätte 1945 nicht ein Kameltreiber in der Wüste Nordägyptens die Schriftrollen von Nag Hammadi entdeckt, die inhaltlich wesentlich aufschlußreicher sind als die Rollen von Qumran, wäre über diese Seite des Urchristentums niemals etwas bekannt geworden. Dementsprechend schleppend und behindert verliefen denn auch die Forschungen um die gnostischen Evangelien und Schriften. Bis zu ihrer Veröffentlichung konnte man Wissen um die Gnostiker allenfalls ihren vier größten und unerbittlichen Feinden entnehmen: den Kirchenvätern Irenäus (130?–200?), Quintus Septimius Florens Tertullianus (155?–220?), Clemens von Alexandria (145?–213?) und Hippolytus (170?–236). Deren Schriften wurden von der Kirche wieder hervorgezogen, um die Albigenserkriege (1208–1244) zu rechtfertigen und die Verfolgung der gnostischen Katharer, die sich als manichäische Sekte im 12. Jahrhundert vor allem im Limousin, in ganz Südfrankreich und den Zentren Toulouse, Carcassonne, Foix und Béziers ausgebreitet hatten. Tertullian schreibt über Basilides[143], den Verfasser der Philosophie um den Abraxas: »Noch schlimmer, er bekräftigt, daß Christus nicht von diesem Schöpfer der Welt gesandt wurde, sondern von obengenanntem Abraxas, gekommen in einem Trugbild, als Ersatz für die Substanz im Fleische: daß es nicht er war, der unter den Juden litt, aber daß Simon an seiner Statt gekreuzigt wurde, damit nicht einer bekennt, an Simon geglaubt zu haben.« Abgesehen davon, daß Tertullian das Prinzip des Abraxas nicht verstanden hat, könnte diese gnostische Idee eine mögliche Erklärung dafür sein, warum die Templer Aufnahmewillige aufs Kreuz spucken ließen[144].

Irenäus, der zwar auch die Ideen der alexandrinischen Gnostiker als »absurd« und gotteslästernd verurteilt, gibt sich etwas mehr Mühe, dem Original in der Beschreibung treu zu bleiben. So erkennt er auch, daß aus dem höchsten Göttlichen, dem sogenannten Pleroma, das rein spirituell, unsichtbar und dreigeteilt sei, alle folgenden »Götter«-Paare bis auf den Menschen als Androgyn entstehen, als unlösbares Paar von männlich und weiblich. Den Fall der Sophia, der hinter der Geschichte des Abraxas steht, deutet er dadurch, daß das unendliche Sehnen nach dem geschlechtsunabhängigen Göttlichen Sophia ins Leiden gestürzt habe: »Es bestand die Gefahr, daß sie [Sophia] schließlich von seiner [des Pleroma] Süße absorbiert worden und in seiner absoluten Essenz aufgelöst worden wäre.«[145] Eine mystische Vereinigung, nach der im 12. Jahrhundert auch Bernard de Clairvaux streben wird und die nach den Worten des Irenäus auf Gegenseitigkeit beruht: »Als nächstes erzählen sie uns, daß diese Wesen Loblieder mit großer Freude sangen auf den Propator[146], der sich selbst mitteilte in einer überflutenden Verzückung.« Was aber schreibt der Gnostiker Basilides[147] im 2. Jahrhundert in Alexandria selbst über den Abraxas und die geheimnisvolle thronende Sophia, die noch heute als eines der wichtigsten Vorbilder der romanischen Madonnen gilt? Sein Abraxas nämlich könnte ein Schlüssel für die Begeisterung der Templer und Zisterzienser über die thronenden Madonnen sein.

Was die Kirchenväter irrtümlich »Göttinnen« und »Götter« nennen, sind bei den Gnostikern »Äonen«, ein irreführender Begriff, hinter dem eher philosophische Inhalte als Wesenheiten stecken, auf keinen Fall jedoch Zeitalter, wie oft mißverstanden. Dementsprechend beschreibt Basilides das allerhöchste Göttliche, das Pleroma[148], als »Nichts-Sein« und gleichzeitig »Voll-Sein«: »Ein Ding, das unbegrenzt und ewig ist, hat keine Eigenschaften, weil es alle Eigenschaften hat. (...) Es ist ganz fruchtlos, über das Pleroma nachzudenken, denn dies würde die Auflösung des Selbst bedeuten.« Für Basilides sind die Menschen selbst Pleroma, Teil von Ewigkeit und Unermeßlichkeit, aber auch mit Pleroma in sich selbst, ein Sachverhalt, den er geometrisch mit einem Punkt, der Darstellung des Höchsten, der Leere und Fülle, erklärt. Ist es nur ein Zufall, daß die romanischen Baumeister im Punkt ebenfalls die Darstellung des christlich-jüdischen Gottes versuchten? Aus der Annahme, das Pleroma sei Nichts-Sein und Fülle gleichzeitig, leitet Basilides für das Göttliche, die Natur und den Menschen scheinbare Gegensatzpaare ab, denn er sagt auch, die Eigenschaften des Pleroma seien gleichzeitig Schöpfung und Nicht-Schöpfen, wobei letzteres den Tod bedeute.

Ketzerschriften

Meist wurden diese Gegensatzpaare des Göttlichen in Schwarz-Weiß-Manier verstanden und auch in diese Farben übersetzt, weil die Kirchenväter, die die Philosophie der Gnostiker nicht mehr verstehen wollten, das Augenmerk auf dieses dualistische Denken lenkten und manche gnostischen Sekten tatsächlich dualistische Traditionen verfolgten. Gemeint aber war ein ständiges Fließen und Strömen von einem Extrem zum anderen, keiner der beiden Punkte existierte lange in seiner reinen Form, ständig wandelten sich die göttlichen Eigenschaften und flossen ineinander, durcheinander, tauschten ihre Energien in einem unüberschaubaren Geflecht aus. Das moderne Bild einer Vernetzung, in der es keine festen Punkte mehr gibt, sondern nur noch ineinanderfließende, sich ständig ändernde Ebenen, trifft die Denkweise möglicherweise am ehesten. Genauso modern wirken die Gedanken des Basilides darüber, wie die Menschen vom Pleroma ins Sein geraten und zu eigenständigen Individuen werden. Denn er meint, daß Individuen erst dann vollwertig sind, wenn sie sich ihrer Verschiedenheiten bewußt werden und diese Verschiedenheiten als Teile des Ganzen, als Mosaiksteine einer Einheit begreifen lernen. Menschen sind nach Basilides nicht gleich, aber gleichwertig, Menschen sind eins miteinander und mit dem Pleroma und doch verschieden und mannigfaltig.

Abraxas und Achamoth

Der Tod, die Auflösung im göttlichen Höchsten, das sei die Unterscheidungslosigkeit, das Ende der Kreatur, der Anfang des Aufgehens in das große Nichts, das wunderbare Einssein der Mystiker: »Wir werden im Nichts-Sein der Auflösung übergeben. Dies ist der Tod der Kreatur. Deshalb sterben wir in dem Maße, wie wir aufhören, zu unterscheiden. Weil das natürliche Bestreben der Kreatur auf Verschiedenheit zielt, kämpft gegen die ursprüngliche, aber gefährliche Einheitlichkeit! Das nennt man das Principium Individuationis.« Aus dieser Vorstellungswelt heraus gesehen, kann das göttliche Pleroma selbst nicht schöpferisch tätig sein, weil es gleichzeitig auch die Nicht-Schöpfung bedeutet. Gott und Teufel sind also Geschöpfe des Pleroma, nicht aber das höchste Göttliche selbst. Sie sind untrennbar miteinander verbunden, einer kann ohne den anderen nicht existieren, sind sie doch die höchsten Prinzipien der Natur: »Gott und Teufel werden unterschieden durch die Eigenschaften des Vollseins und der Leere, der Schöpfung und der Zerstörung.« Das Prinzip jedoch, das hinter Gott und dem Teufel steht, beide zu effektivem Handeln veranlaßt und dafür sorgt, daß sich beide nicht gegenseitig im Pleroma auflösen, nennen die Gnostiker den Abraxas. Auch Abraxas, höher als Gott und Teufel, wird in Gegensatzpaaren und Paradoxen beschrieben, wenn die Worte nicht mehr ausreichen, sein Wunder zu erklären: »Abraxas ist unwahrscheinliche Wahrscheinlichkeit, unrealistische Realität. Hätte das Pleroma ein Wesen, wäre Abraxas seine Erscheinung.«

Abraxas ist ein androgynes Wesen, obwohl mit einem männlichen Hahnenkopf und männlichem Oberkörper dargestellt, nennen die Gnostiker ihn »Mutter des Guten und des

Bösen«. Schon die Kirchenväter wollen nicht mehr verstehen, daß alle Prinzipien, alle »Gottheiten« der Gnosis immer androgyn gedacht werden, als Wesen, in denen sich der männliche und der weibliche Pol ständig im Fließen befinden und sich dennoch kurzzeitig als Aspekt in einer Göttin oder einem Gott manifestieren können. Verwirrt bekennt Irenäus bezüglich des höchsten Göttlichen: »Denn manche erklären ihn ohne Partnerin und weder männlich noch weiblich, und tatsächlich als nichts von beidem; während andere wiederum bekräftigen, er sei maskulin und feminin, sie weisen ihm die Natur eines Hermaphroditen zu; wieder andere erlauben Sige als seine Gattin, so daß dadurch die erste Vereinigung geformt worden sei.« Tatsächlich entsteht die ganze Schöpfung aus Hierogamien der androgynen Zweiheiten, und Abraxas ist die Energie, die einer der wichtigsten Hierogamien innewohnt: der Vereinigung der Achamoth, die auch Sophia genannt wird, mit ihrem männlichen Anteil, um Gott und Teufel hervorzubringen. Abraxas, der Sophia vor ihrem Fall in die Selbstauflösung rettet, ermöglicht ihr, der reinen Spiritualität, die Geburt des Gottes.

Schier undurchdringbar erscheinen all die unzähligen androgynen Paare der Gnostiker, die immer wieder unter anderen Namen auftauchen und ihren Platz in der Hierarchie ständig wechseln. Es handelt sich um ein offenes System, in dem alles fließt und deshalb jede Göttin identisch mit der anderen sein kann, jeder Gott mit seinem Vorgänger oder Nachfolger. Die androgynen Paare stehen zwar außerhalb des Allerhöchsten, des Pleroma mit seinem weiblichen Aspekt Ennoea[149], entsprechen und durchdringen sich jedoch alle gleichzeitig. So kommt es, daß die Mutter des Abraxas, Achamoth, auch Sophia und Thron der Weisheit genannt wird, oder Jerusalem und Heiliger Geist. Abraxas ist Horos, der Trenner, und Stauros, der Schützer, Achamoths Sohn und ein androgynes Geschöpf des Pleroma. Unschwer läßt sich anhand der Darstellungen Sophias als Thron der Weisheit und den Namensähnlichkeiten wie Horos ein Vorbild erkennen, das die Gnostiker aus Ägypten kannten: Die Göttin Isis mit dem Horusknaben. Die Templer, wenn sie denn tatsächlich auch geistigen Kontakt mit Katharern und gnostischen Traditionen in Ägypten hatten, mußten also ein Bild vorfinden, das ihren Schwarzen Madonnen genau entsprach, die in der Kunsthistorie wie in Gebeten noch heute *sedes sapienter,* Thron der Weisheit, genannt werden. Auch die Katharer zeigten ihre Skulpturen in einer eigenartig androgynen Körperform, bevor diese von den gotischen Reizen sehr weiblicher Frauenfiguren verdrängt wurden. Wichtig war ihnen die Vergrößerung der Hände dieser thronenden Frauen, von Händen, die eigenartig verlängert und durch Farbe betont wurden. Achamoth, die auch Sophia hieß und die reine Spiritualität verkörperte, gebar nämlich den Demiurg, den man den Schöpfer der linken und rechten Hand nannte und der die sieben Himmel geschaffen haben soll, in denen die Planeten der Antike, die Sterne des Abraxas gesehen wurden. Auch dies ist aus dem philosophischen Denkgebäude der von Pythagoras und den Neuplatonikern beeinflußten Gnosis zu sehen, die drei Arten der Existenz unterschieden. Existenz formte sich durch den Weg der linken Hand, der Leidenschaft und Materie umfaßte, aus dem Weg der rechten Hand, die Umwandlungen und das Tierreich beinhaltete, sowie auf dem Weg der reinen Spiritualität Achamoths. Achamoth, die dunkle Androgyne, zeigt die hellen Hände des Weges der rechten Hand und der Spiritualität, als sie den Demiurgen gebärt, der auch »Salz« und »Licht der Welt« genannt wird, doch als weiblicher Anteil des Androgyns dieses Schöpfers hat sie eine helle und eine dunkle Hand wie die Maria im Straßburger Münster.

Die Hände der Gnostiker

Viele Schwarze Madonnen – allen voran die Madonna von Le Puy – verunsicherten Kunsthistoriker, weil sie trotz ihrer Farbe weiße Hände erhoben. Wer die häretischen Strömungen des mittelalterlichen Europas einbezieht, die sich mit sufischen Ansichten der arabischen Welt trafen, wird mehr und mehr Parallelen sehen. Noch heute heißt es im gnostischen Katechismus[150], der die Identität der Sophia mit Maria ablehnt, zu der Frage, ob moderne Aussagen über Maria mit Sophia in irgendeiner Relation stehen:»Ja. Solche Lehren wie die über Mariä Himmelfahrt und ihre Rolle als Miterlöserin (Co-Re-demptrix) und Mediatorin zwischen Gott und den Menschen (Mediatrix) können leicht auf Sophia übertragen werden.« Dies ist im Grunde keine moderne Aussage, denn die romanischen Madonnen waren der Inbegriff der Maria Redemptrix. Die dunkle Thronende, Sitz der Weisheit, Androgyn und Spiritualität, präsentierte der Welt den König, doch es sind immer wieder ihre Hände, die in der Romanik dem Sohn die göttliche Kraft übermitteln oder in seltenen Fällen auf die Pilger direkt übertragen. Abraxas wie der Demiurg waren Basilisken, kleine Könige und ähnlich dieser gnostischen Auffassung erscheint auch Jesus auf dem Schoß der Königin als »Miniaturmann«[151], manchmal mit Krone.

Der Kirchenvater Irenäus zitiert einen gewissen Secundus, demzufolge die allerhöchste göttliche Ebene der androgynen Göttinnen-Götter aus einer Rechts-Hand-Tetrade und einer Links-Hand-Tetrade bestanden hätten: »Die eine davon nennen sie Licht, die andere Finsternis.« Im ständigen Fließen beinhalten die Mutter wie der Sohn nach gnostischer Auffassung in paradox erscheinender Einheit alle Gegensätze: »Abraxas ist die Sonne, aber zur gleichen Zeit der ewig saugende Schlund der Leere. [...] Abraxas erzeugt Wahrheit und Lüge, Gut und Böse, Licht und Dunkelheit im gleichen Wort, in der gleichen Tat. [...] Er ist das hellste Licht des Tages und die dunkelste Nacht des Wahnsinns«, schreibt Basilides[152], bevor er ausführt, daß Abraxas auch die wirksame Kraft hinter den beiden Prinzipien des Eros und des Lebensbaumes ist. Was für Abraxas gilt, ist auch Attribut seiner Mutter auf dem Thron der Weisheit. Ist es möglich, daß all diese häretischen Ideen, die auf faszinierende Weise hellenistische Philosophien, arabische Mystik und Gedankengut der Alchemisten mit dem Christentum mischten, in derart starker Form auch von Christen jener Zeit empfunden wurden?

Sicher ist eines: Die Schwarzen Madonnen waren alles andere als ein Phänomen der Templer, auch wenn diese im Vorderen Orient Parallelen entdeckt haben mögen. Schwarze Madonnen und Ketzer, sufische Mystik und gnostische Spiritualität hatte es in Europa schon vor der Gründung der Tempelritter gegeben. Kirchenchronisten und eine Geschichtslehre, die nicht mehr anerkennen wollten, daß ein reines, orthodoxes Christentum in den Provinzen der Schwarzen Madonnen niemals existierte, mußten zwangsläufig ketzerische Sündenböcke dafür verantwortlich machen. Dies verschleierte, daß es nicht die Templer waren, die das Bild der Schwarzen Madonnen prägten, sondern daß die Schwarzen Madonnen im Gegenteil die Templer beeinflußt hatten.

Abbildung Seite 127: *Notre-Dame de Rocamadour. Bernard verehrte sie ebenso wie Eleonore von Aquitanien, die Königin der Troubadoure. Die Walnußmadonna mit Silberbelag folgt einer Vorgängerin aus dem 8. Jahrhundert. Mit ihrem Gefährten Amadour wurde sie zur »Königin Minne« und Patronin der Liebe.*

5
MINNE UND MÖNCHE

Der König umarmt seine geliebte Braut,
Dumuzi umarmt Inanna.
Inanna, auf dem königlichen Thronsitz,
leuchtet wie das Tageslicht.
Der König, wie die Sonne, erstrahlt an ihrer Seite.
Überfluß, Üppigkeit und Fülle breitet er vor ihr aus.

Aus einer Hymne an Inanna[153]

Bernard de Clairvaux

Die Zisterzienser und die Ritter vom Tempel, die den Kult der Schwarzen Madonnen propagierten und für eine beispiellose Ausbreitung dieser so eigenartigen Skulpturen sorgten, beschäftigten sich mit den Religionen und Kulturen verschiedener Länder und »lieferten die Infrastruktur, die vital war für die Einheit, Effizienz und den Fortschritt von Europa«[154]. Mit dem Zisterzienserabt von Clairvaux, dem heiligen Bernard, hielten Ideen Einzug in den Orden, die der sufischen Auffassung der Alchemie als Weg der Seele und einer von gnostischen Ideen durchzogenen Mystik stark ähnelten. Bernard de Clairvaux predigte und missionierte gegen die Katharer, er unterstützte die orthodoxe Meinung der katholischen Kirche offen – und doch unterscheiden sich viele seiner Ideen und mystischen Gedanken nicht sehr von katharischen. Er, dessen Onkel Gründungsmitglied der Tempelritter war, redigierte deren Regel und hielt in Vézelay in der Kirche der Maria Magdalena mit ihrer heute verschwundenen romanischen Madonna die berühmt-berüchtigte Predigt zum zweiten Kreuzzug. Warum aber verehrte der berühmte, heiliggesprochene Zisterzienserabt die dunklen Königinnen auf ihrem Thron so glühend wie ein Troubadour seine Minnedame, so rein wie ein Priester die Mutter Gottes? Wie kam dieser Mann, der vom Papst zum »Doktor der Kirche« ernannt wurde, zu einer derart starken mystischen Liebe für die dunklen Königinnen?

Bernard wurde 1090 in Fontaine bei Dijon in Verhältnissen geboren, die ihn schon durch seine Herkunft ins Licht der Öffentlichkeit rücken mußten, ihn sogar zum Ritterstand befähigt hätten: Sein Vater Tescelin war der Herr von Fontaines, seine Mutter Aleth von Montbard stammte aus dem höchsten Adel Burgunds. Die Familie mit ihren sechs Söhnen und einer Tochter muß für damalige Verhältnisse eine ungewöhnliche Atmosphäre ausgestrahlt haben, denn die Eltern förderten ihren dritten Sohn Bernard nicht nur besonders in seinen Begabungen, der Literatur und Poesie, es traten schließlich 1112 gemeinsam mit Bernard 30 Familienangehörige ins Kloster von Citeaux ein. In dem Ort, über den sein Vater herrschte, mußte Bernard bereits mit dem Kult der Schwarzen Madonna als Kind in Berührung gekommen sein, obwohl die Schwarze Madonna von Fontaine-les-Dijon wie so viele andere spurlos verschwunden ist. Die Skulptur im vier Kilometer entfernten Dijon jedoch zählt noch heute zu den bedeutendsten Frankreichs. Als Notre-Dame du Bon Espoir in Dijon[155], heute in ihrer natürlichen Holzfarbe restauriert, ist sie nicht nur eine der ältesten romanischen Madonnen, die noch erhalten sind, sondern auch die einzige ihrer Art, die ähnlich wie eine vorchristliche Göttin schwere, große Brüste und einen gewölbten Bauch zeigt.

Als Bernard geboren wurde, gab es diese Madonna längst. Über Bernards Studienzeit ist nur äußerst Spärliches veröffentlicht worden, und die meisten Biografien übergehen seine Zeit in Châtillon-sur-Seine (Côte d'Or), als wollten sie etwas verschweigen. Überhaupt werden von Bernards 530 Briefen an führende Köpfe seiner Zeit, seinen 86 Predigten über das Hohelied der Liebe, den 86 Jahrespredigten und wichtigen Bücher nur jene übersetzt oder verbreitet, die keinen Schatten auf seine Kanonisierung durch Papst Alexander III. im Jahr 1174 werfen können. Bernard war schon zu Lebzeiten eine umstrittene Persönlichkeit, und viele seiner von Herzen kommenden Aussagen sind alles andere als orthodox in ihrer Meinung. Mit Bernards Einweihung wäre die Kirche wahrscheinlich gern ähnlich verfahren, doch weil sich daraus ein eigener Kult ableitete, Legenden entstanden und der Abt selbst immer wieder auf das Ereignis und seine Wirkung in seinen Schriften Bezug genommen hatte, war eine Auslöschung nicht möglich. In Chatillôn-sur-Seine erlebte Bernard vor der Notre-Dame de Toute Grâce[156] seine Initiation, die derartig viele Anspielungen auf alchemistisches Wissen seiner Zeit beinhaltet, daß man oft versucht war, das erschütternde Erlebnis auf ein rein formales Einweihungsritual einer alchemistischen Geheimgruppe herabzuwürdigen. Auch wenn es in alchemistischen Texten Ähnlichkeiten gibt und die Alchemie ganz sicher Bernards Denken aufgenommen hat, ist des Jugendlichen Erlebnis mit der Schwarzen Madonna ein mystisches. Moderne psychologische Interpretatoren wollen darin einen Ausdruck des Schmerzes um seine Mutter sehen, die starb, als Bernard 19 Jahre alt war, doch ist nicht sicher, ob Bernard seine Initiation wirklich erst nach ihrem Tod erlebte.

Initiation eines Zisterziensers

Es passierte noch vor Bernards 23. Lebensjahr in der Kirche St. Vorle (seit 980), als der junge Mann beschloß, die Weihnachtsnacht und Wintersonnenwende in der dunklen Krypta zu verbringen. Die Schwarze Madonna, die zu seiner Zeit dort stand, war keine romanische Schnitzerei, sondern eine keltische *virgo paritura*, eine »Jungfrau, die gebären wird«. Viele romanische Madonnen ersetzten im alten Frankreich diese heidnischen Göttinnen, noch heute beten Menschen in keltischen Landstrichen wie der Bretagne ein schillerndes Amalgam aus katholischer Maria, heiliger Anna und keltischen Göttinnen an, wie es Yann Brekilien beschreibt: »... als sie sich zum Christentum bekehrten, hatten die Kelten kein Interesse, ihren Kult der großen Königin abzuschaffen – der Regina Coeli – die die Mutter Gottes ist – Sancta Dei Genetrix – und den Himmel trägt – Coeli Porta. Schon für sie manifestierte sie sich im Morgenrot und Morgenstern – Stella Matutina – und ihr Attribut war die Mondsichel.«[157] Die *virgo paritura* ist sicher auch die Göttin, die die Keltenfürstin von Vix an jenem Ort in Gestalt einer Eule anbetete und die ihr als Gorgone Fruchtbarkeit und Kultur brachte, aber auch als Verschlingerin den Tod bedeutete, die Eule, die die Nordfassade der Kirche in Bernards Heimatstadt Dijon ziert. Sie ist es, die in Sagen als Lichtfrau die heiligen Quellen hütet und in Ritterromanen die Pforte zur Anderswelt als Dame du Lac bewacht.

Oft läßt sich aufgrund der Prozessionsrituale noch feststellen, welche Schwarze Madonna auf die Anbetung der *virgo paritura* zurückgeht. Wenn die Notre-Dame de Vernouillet[158] zum Fest der Geburt am 8. September durch die Straßen getragen wurde, war dies eine Prozession für Kinderlose und Verliebte, denen das Ritual Fruchtbarkeit und Liebe versprach. Zahlreiche Bänder hingen um den Hals der dunklen Königin, und jeder Pilger, jede Pilgerin tauschte das eigene Band mit dem der göttlichen Statue aus. Die Ähnlichkeiten mit dem irischen Brauch, Bänder für die Göttin in Büsche und Bäume zu hängen, ist nicht zufällig: Auch die Kelten des Festlandes spendeten Bänder an heiligen Quellen oder fruchtbarkeitsfördernden Menhiren, den sogenannten Rutschfelsen. Im alten »Ourche Val«, dem Bärental, brachten Gläubige Tücher mit, um sie an der berühmten Notre-Dame d'Orcival zu reiben und deren Energien als Heilmittel nach Hause zu tragen. Gemeinsam ist all diesen Madonnen, die auf den druidischen Plätzen der *virgo paritura* stehen, daß sich in ihrem Umkreis eine Energie erspüren ließ, die mit den Kräften der heiligen Quellen identisch war, die so stark wirkte, daß man sie in einem Ritual der Kraftübertragung mit bunten Bändern nutzen konnte[159].

Solche Madonnen sind Zerstörerinnen und Unterweltgöttinnen, aber immer auch Göttinnen der Liebe und Freude, der fleischlichen Lust wie der spirituellen Liebe von Seelen. Nicht einmal die Kirche konnte dieses Wissen mit seinen archaisch anmutenden Ritualen ausmerzen, und wenn solche Bräuche heute noch lebendig sind, muß Bernard in seiner Jugend ihre Bedeutung um so deutlicher erfaßt haben und damit aufgewachsen sein. Er wußte sicher, warum die meisten der Notre-Dame geweihten Kirchen nach bestimmten Sternenständen ausgerichtet waren, die die Feste der Wintersonnenwende und Mariä Lichtmeß betonten, denn seine Mönche sollten später dafür sorgen, daß die Klöster und Kathedralen sich in der Lage dem Sonnenlauf der Wintersonnenwende anpaßten: ein christliches Symbol, das der heidnischen Geburt des Lichtkindes entsprach. Ist es nur Zufall, daß Max Mandard[160] bei den Vermessungen der Kirche Notre-Dame-du-Port herausfand, daß deren elektromagnetische Felder sich zur Wintersonnenwende erheblich verstärkten, am Tag, an dem vor den Schwarzen Madonnen eine Nachtmesse abgehalten wurde? Wie genau die Baumeister den Kosmos in ihre Berechnungen einbezogen, zeigen die Beispiele von romanischen Kirchen, über denen zur Mitternachtsmesse im Dezember genau lotrecht das Sternbild Jungfrau aufgeht, oder wie in Champdieu (Loire) die aufgehende Sonne der Wintersonnenwende den energiereichsten

Punkt zwischen vier Säulen vor dem Altar trifft, in Orcival gegen Mittag der Pfeiler der Himmelfahrt erleuchtet wird oder andere romanische Kirchen auf beide Sonnenwenden fokussiert sind[161].

Mystisches Milchwunder

Der jugendliche Bernard zieht sich an diesem bedeutenden Tag in die dunkle Krypta der *virgo paritura* zurück. Er kann sich später nicht mehr erinnern, ob er eingeschlafen ist und geträumt hat oder durch Beten in einen entspannten Zustand kam, der ihm Visionen bescherte. Zu lebendig und tief ist das Erlebnis in seine Seele eingraviert, als daß es bloße und sinnlose Halluzination gewesen sein könnte. Die dunkle Königin habe ihm ihren Sohn präsentiert mit den Worten:»Empfange Jesus, den Retter der Welt« und ihn dann die Mysterien des Glaubens gelehrt. Bernard sagt selbst nichts Konkretes über diese Mysterien, doch braucht der Mönch sein ganzes Leben, um die Intensität dessen zu verstehen und aufzuarbeiten, was ihm einst von Notre-Dame vermittelt wurde. Nicht einmal mit den Worten seiner mystischen Poesie schafft es Bernard, das Erlebte bis ins letzte zu beschreiben. Doch was der Einweihung in die Mysterien der Notre-Dame folgt, klingt nicht weniger wunderbar: Die *virgo paritura* habe ihre Hand zur Brust geführt, den jungen Mann herbeigerufen und drei Milchtropfen auf seine Lippen fallen lassen. Fortan singt der Poet seine Hymnen auf Maria in einer fast erotischen Minnesprache, dichtet der Mönch das berühmte»Salve Regina« und widmet sein Lebenswerk Schriften über die spirituelle Liebe, das Hohelied und die Verehrung der Mutter Gottes.

Die Metaphern um die *virgo paritura*, die Sternenfrau und Himmelskönigin, um die Milch der Schwarzen Madonna lassen den Zisterzienser zeitlebens nicht mehr los. Aber genau diese Schriften sind es, die der Vergessenheit übergeben werden, weil sie nicht dem keuschen Bild der Konzilien entsprechen, selbst das Milchwunder und die Brust der Madonna müssen aus den Chroniken weichen. Das Dogma der unbefleckten Empfängnis, das, bereits zu Bernards Zeiten ausgearbeitet, im 13. Jahrhundert Allgemeingut wird und 1854 schließlich offiziell vom Papst verkündigt wird, greift Bernard derart stürmisch an, daß es ihn posthum fast die Doktorwürde der Kirche gekostet hätte:»Die königliche Jungfrau bedarf keiner falschen Ehrung« und »Es ist nicht angemessen, daß die Gattin des Wortes dumm gewesen sein soll!«[162] Statt dessen nimmt er immer wieder den Metaphernschatz der alten Meeresgöttin auf:»Wende deine Augen nicht ab vom Glanz dieses Sterns, wenn du nicht von Stürmen überwältigt werden willst; wenn sich die Winde der Versuchungen erheben, wenn du gegen die Felsen der Bedrängnisse anschlägst, blick auf zum Stern, rufe Maria!« Seine mystische Liebe und Begeisterung führt die Beschreibung der sternengleichen Maria weiter: »Möge ihr Name nie deine Lippen, nie dein Herz verlassen [...] Wenn sie dich hält, wirst du nicht fallen, wenn sie dich beschützt, brauchst du nichts zu fürchten.«[163]

Das Leben des Mönches Bernard wird sich nach seiner Initiation in Chatillôn-sur-Seine immer wieder um die Wunder und verschiedenen Arten der Liebe drehen, um die Inspiration des Lernprozesses, die ihm in dieser Winternacht in der dunklen Krypta der Schwarzen Madonna zuteil wurde, vermittelt durch die süße Milch der Virgo Paritura. Obwohl selbst hochstudiert, belesen und von außergewöhnlichen literarischen Fähigkeiten, sucht der Zisterzienser sein Wissen auf andere Weise: »Höre nur auf dein Inneres, richte die Augen deines Geistes darauf, und du wirst selbst erleben, wie es geht, und dadurch lernen.« Das Lernen aus dieser inneren Erfahrung heraus, hervorgebracht durch mystische Liebe und das Geschenk der Inspiration muß jedoch nicht unbedingt in einer Kirche oder einem Kloster geschehen. Wichtiger als die heiligen Bauwerke, die dem späteren Abt von Clairvaux zufolge wieder die Schlichtheit der Natur nachbilden sollen, ist das Vorbild selbst, von dem der Mensch all sein Wissen bezieht: die Natur. Bernards Programm war so einfach und doch allein mit menschlichem Willen unerreichbar wie die Begegnung mit der Schwarzen Madonna: »Du wirst mehr in den Wäldern finden als in den Büchern. Bäume und Felsen werden dich Dinge lehren, die kein Lehrer je sagen wird. Denkst du etwa, du könntest keinen Honig von einem Stein saugen, kein Öl vom härtesten Felsen? Lassen nicht die Berge Süße herabtröpfeln? Fließen nicht die Hügel von Milch und Honig? Da ist so vieles, was ich dir erzählen könnte. Ich kann mich kaum halten.«[164]

Liebeserfahrung eines Mönches

Die mystische Liebe zur Notre-Dame, die so sehr der Vereinigung mit den keltischen Vorbildern der *virgo paritura* ähnelte, kam denen, die Bernard als katholischen Heiligen verehrten, nicht entgegen. Für Bernard war die göttliche Milch nicht nur in Kirchen zu finden, jeder Fels, jeder Berg und Hügel enthielt sie, konnte das Mysterium der Notre-Dame spenden, einem Titel, den der Zisterzienserabt für die Madonnen prägte. Schon zu Lebzeiten wurde er wegen seiner begeisterten Liebespoesie angegriffen, zumal Bernard de Clairvaux sich nicht schämte, in seinen Auslegungen des Hohelieds der Liebe sich selbst mit der dunklen Shulamit zu identifizieren, um die spirituelle Liebe des Göttlichen Geliebten zu erfahren, sich selbst zu entgrenzen. Fleischliche Liebe schloß der Mönch niemals aus, verdammte sie auch nicht:»Weil wir nun fleischlich sind und aus fleischlicher Begierde entstanden, so muß unser Verlangen oder unsere Liebe beim Fleische anfangen. Wenn sie dann die rechte Ordnung einhält und unter der Führung der Gnade stufenweise emporsteigt, so wird sie beim Geiste enden. Denn nicht das Geistige kommt zuerst, sondern das Natürliche. Zuerst müssen wir das Bild des Irdischen tragen, dann das des Himmlischen.«[165] Wie weit der Mensch von der himmlisch reinen Liebe entfernt ist, beschreibt Bernard in seinem Werk »Über die Liebe zu Gott«, wo er bemerkt, daß die höchsten Stufen der Liebe wohl erst nach dem Tod möglich seien.

Ein Mann, der versucht, sich in eine liebende Frau hineinzuversetzen, um ihre Empfindungen besser zu verstehen, ein Mönch, der erfahren hat, daß die weltliche Liebe ohne spirituelle und die geistige Liebe ohne die körperlichen Erfahrungen und Empfindungen nicht denkbar sind, ist noch heute als Hei-

*Das göttliche Geschenk spiritueller Liebe entsteht durch die
Verschmelzung von Geist, Seele und Körper. In der mystischen
Begegnung der Seelen verbinden sich die Kräfte der Natur.*

liger unbequem. Regelrecht ketzerisch mußte seine Erfahrung
des Milchwunders sein, die ihn in der Mutter Gottes eine
menschliche Frau, eine zutiefst liebende Frau sehen ließ. Denn
bedeutete diese Erfahrung nicht umgekehrt auch, daß der
überirdische Aspekt von Notre-Dame, die versteckte Göttlichkeit der *virgo paritura* auch in jeder Menschenfrau zu finden

135

sind und die Liebe erst vollkommen wird, wenn der Mann in der Frau diese Göttin erkennen kann? Das mystische Liebeserlebnis Bernards schließt die körperliche Berührung mit der Frau in der Madonna ein, die seine spirituelle Einweihung nährt, ihm die All-Geborgenheit und Überfülle vermittelt, das Versprechen des ewigen Lebenskreislaufs weiblicher Natur. Bernard erlebt den seltenen Glückstaumel der Ekstase, die Körper, Seele und Geist vereint und die verschiedenen Formen der Liebe zu etwas unfaßbar Großem vereint.

Mystische Liebe ist es, die Bernard von Clairvaux seit seiner Begegnung mit Notre-Dame erfüllt, und die Milch der Madonna wird für ihn zu einem Synonym für die menschliche, natürliche Liebe, die ihre Entsprechung in der göttlichen Liebe, dargestellt durch den Wein, findet. Fast wie in einem alchemistischen Hieros Gamos preist er bei der Auslegung des fünften Kapitels des Hoheliedes[166] die Vermischung von Milch und Wein, das Aufgehen des einen im anderen, die vollkommene Selbstauflösung in Liebe und mystischem Glück: »Denn die Seele vermischt mit dem Wein der Liebe Gottes die Milch der natürlichen Zuneigung, d.h. dem Verlangen nach ihrem Körper und dessen Verherrlichung. Sie glüht mit dem Wein der heiligen Liebe, die sie getrunken hat; aber noch ist sie nicht gänzlich voller Feuer, denn sie hat die Macht dieses Weines mit Milch gemäßigt. Der ungemischte Wein würde ihre Seele verzücken und sie völlig unbewußt ihrer selbst machen; aber es gibt solch Verzückung noch nicht, weil sie immer noch die Lust ihres Körpers empfindet.«[167] Mehr als 1500 Jahre zuvor besang die Griechin Sappho in ganz ähnlicher Weise diese Mischung von Nektar und Wein in einem Lied an Aphrodite[168]:

Göttin der Liebe! Empfange mein Blumengebinde,
komm und erscheine uns, fülle die goldenen Schalen,
mische mit Nektar den Wein und schenke uns ein
himmlische Freude.

Ebenfalls recht ketzerisch, nämlich ganz in der Symbolik der Gnostiker und Katharer bleibt der Zisterzienser, wenn er seinen Weg der rechten und der linken Hand beschreibt. Bernard bezieht sich auf den Satz im Hohelied, wo es vom Geliebten heißt: »Seine Linke liegt unter meinem Kopf, seine Rechte umfängt mich.« Liebe, wie er sie bei seiner Initiation erspürt hat, umfaßt Milch und Wein, natürliche Zuneigung und Liebe der Seelen, sie wirkt als linke Hand und rechte Hand – ein Weg, der den Madonnen wie Jesus gegeben ist: »Die linke Hand bedeutet die Erinnerung an diese unvergleichliche Liebe [...], die rechte Hand ist die glückselige Vision [...] und die Wonne [...].«[169] So bedeutend und vor allem beliebt sind seine Ausführungen, daß mit seiner Werbung für die Schwarzen Madonnen auch die Zahl der Milchwunder ansteigt. Überhaupt dürfte die Verehrung der Zisterzienser für die Schwarzen Madonnen einer der Gründe dafür gewesen sein, daß sich mit der sprunghaften Ausweitung ihrer Klöster in ganz Europa die Zahl der Marienerscheinungen im einfachen Volk erheblich steigerte.

Die Milchwunder-Madonna von St. Romain-d'Ay (Ardèche) war einst so wichtig wie die Notre-Dame du Puy, heute ist sie durch eine Statue aus dem 15. Jahrhundert ersetzt. Die ursprüngliche thronende Königin soll Kinder vom Tod ins Leben erweckt haben und nahm den Platz eines keltischen Heiligtums ein. Benediktinermönche etablierten ihren Kult und sorgten dafür, daß sich das Milchwunder auch bei ihr ereignete. Die berühmteste milchgebende Madonna jedoch steht noch heute in Rocamadour (s. Abbildung S. 127), auf dem Pilgerweg nach Compostela. Der bereits beschriebene, nicht reale Minne-Heilige Amadour, der Geliebte, dessen Heiligentag vom alten Keltenfest Beltaine auf den Todestag Bernards verschoben wurde, soll einst ihre Milch in ähnlicher Weise getrunken haben wie der Abt von Clairvaux. Tatsächlich ersetzt die Skulptur aus dem 12. Jahrhundert, die als eine der archaischsten der romanischen Madonnen anmutet, eine sehr viel ältere, die wiederum auf antike Göttinnen zurückgeht. Inmitten der Dolmen und Menhire von Rocamadour wurde in gallorömischer Zeit Kybele verehrt, davor war es eine einheimische keltische Trinität ähnlich der Aphrodite, die Begg als Sulevia, Iduenna und Minerva betitelt, eine Augen- und Eulengöttin, die Sonne, Licht und Quellen behütete wie später die heilige Odilia der katholischen Kirche[170].

Es ist auffällig: Madonnen, die wegen ihrer Milchwunder berühmt sind, stehen fast durchgängig auf alten keltischen Heiligtümern und in der Nähe megalithischer Bauten. Wie bei der Maria osteuropäischer Legenden, die am Fuß eines Baumes erscheint, »wo sie die Schicksale lenkt und aus der unter dem Baum befindlichen Lebensquelle den Trunk für die Seelen schöpft«[171], gleichen sie archaischen namenlosen Göttinnen, die seit dem Neolithikum als Himmelsköniginnen die Milchstraße und die irdischen Paradiesflüsse ausgießen. Ein alter Mythos um die griechische Göttin Hera, die den Göttern ihren Nektar zum Trunk reicht, erinnert an die Himmelsgöttin mit ihrem Sohn Herakles auf dem Schoß, aber auch an die Symbolik Marias: Als Hera nämlich ihre Milch verspritzt, formt sich daraus im Himmel die Milchstraße, während sich die auf die Erde fallenden Milchtropfen in weiße Lilien verwandeln. In einer römischen Version weist sie als Juno ihren Gatten Jupiter zurück und empfängt Mars jungfräulich, befruchtet von einer Lilienblüte. Maria als Notre-Dame ist also nicht die erste weibliche Gestalt, die als Himmelskönigin angebetet wird und als Spenderin einer überaus süßen, mystisch verzückenden Milch noch im Mittelalter zu Pilgerfahrten ermuntert. Als Notre-Dame du Mars wird sie in Frankreich noch heute verehrt.

Ekstase spiritueller Liebe

Unzählig sind die Namen der Himmelsmutter, aus deren Brüsten die Sterne fließen, die erotisierende Milch der weißen Mondkuh, mit der sie ihre Heroen beglückt wurden. Ihre wohl schönste künstlerische Darstellung erfuhr sie in der vielbrüstigen Artemis von Ephesos, dem Ort, in dem Maria zur Gottesgebärerin erklärt wurde. Die Artemis von Ephesos als alles ernährende und gebärende Himmelskönigin glich der karthagischen Tanit, deren Statuette man in einer Schwarzen Madonna fand, ebenso wie der Ishtar, der Ashera oder Astarte, der Kybele und Aphrodite oder der Ninharsag, von der eine sumerische Denkschrift sagt: »Eannatum König zu Lagash, Welchem Kraft gegeben Enlil, Den Ninharsag nährte mit heiliger Milch.«[172] Sie ist die gleiche Göttin, die als oberste Baumeisterin des Kosmos mit einer Mauerkrone dargestellt wird oder vom Gürtel ab mit dem Unterleib einer Schlange oder eines Drachens auftaucht wie die gallorömische Vouivre, deren Vorgängerin namenlos geblieben ist und die noch heute romanische und gotische Kirchen ziert. Der heilige Stein, unter dem ihre Wasser der Tiefen verborgen sind, wurde oft völlig einseitig als Nabelstein, als Omphalos gedeutet. Er ist tatsächlich als Nabel und Mittelpunkt der Welt verstanden worden, als der Platz, der den Menschen wie mit einer silbernen Nabelschnur mit dem Mittelpunkt des Himmels verbindet.

Doch der »Nabelstein«, der wie im Felsendom von Jerusalem die Schlucht der tiefen Wasser verschließt oder geheimnisvolle Erdspalten wie in Delphi behütet, ist auch die Klitoris der Großen Göttin, unter deren »Stein Wasser aus der Erde hervorsprudelt«[173], wie eine osteuropäische Legende es über Maria erzählt, und aus deren Tiefen, Schluchten und Urwassern an diesem Stein die ganze Welt geboren wird. Die Erotik dieser lustvollen und zutiefst liebenden Göttin konnte nur oberflächlich aus dem Bewußtsein getilgt werden. Zu ähnlich ist die Erdgöttin einer Menschenfrau, die im Sehnen nach der Vereinigung mit dem Geliebten ihre wilden und lustvollen Wasser aus den Tiefen verströmt, in Ekstase überfließend, wenn der geheimnisvolle Zauberstein, die Klitoris der Erde, verehrt wurde. Die männlichen Geliebten, die von diesem Lebensquell und Paradiesstrom tranken, priesen die wilden Fluten und heißen Ströme der Erdspalten in ekstatischer Hingabe als Wasser, Nektar und Milch, bevor Männer wie David oder Mohammed Religionen stärkten, die darauf bedacht waren, den Stein zu bedecken, unzugänglich zu machen und damit die Spalte der Erdgöttin für immer zu schließen.

Die Abkehr von einer erotischen, liebenden Religion aber geht stets einher mit der Erniedrigung der Lust der Frau und der Zerstörung einer ausgewogenen Beziehung zwischen den Geschlechtern. Zuerst wird die Göttin als solche zerstört, dann verliert sich auch die Fähigkeit des Mannes, in der Frau die Göttin zu erkennen. Allenfalls als Mutterfigur durfte die Göttin überleben, ihr heiliger Zauberort als Nabelstein. Und doch hat es durch all die Jahrhunderte immer wieder »Rückfälle« auch in patriarchalischen Religionen gegeben. Zwar durfte Maria nur noch Hüterin einer geschlechtslosen verdinglichten Quelle sein, doch zeigten die Milchwunder deutlich das Bedürfnis, mit der Göttin in erotischer Hingabe zu verschmelzen, von ihr zu trinken. Wie dieses All-Eins-Werden gewesen sein mag, bevor es auf ein sexuelles Frühlings-Ritual oder ein gemäß der Kirchenmoral abgestimmtes mystisches Erlebnis reduziert wurde, davon hatte Bernard de Clairvaux nach seiner mystisch-erotisch-spirituellen Initiation noch eine Ahnung, davon schrieb er immer wieder in seinen Ausführungen über die Stufen der Liebe und davon kündeten genauso die Werke der romanischen Baumeister, die wie im Straßburger Münster und anderen Kirchen einen Fischmann von der Fischfrau trinken lassen.

Megalithische Liebesbräuche

Vorgängerinnen des Archetyps der Schwarzen Madonnen sind nicht nur die asiatischen und orientalischen Göttinnen der schwarzen Steine, sondern auch die bis ins Megalithikum zurückreichenden Erdgöttinnen Europas, deren Klitorisstein die quellenden Tiefen der Vouivre anzeigte. Bis in heutige Tage haben sich die Riten und Bräuche der in ganz Europa verbreiteten megalithischen oder auch jüngeren Brautsteine[174] erhalten, die immer wieder unter ähnlichen Namen auftauchen: Sie heißen Breiter oder Heißer Stein, in angelsächsischen Ländern Bridestone und Petting Stone, Brudasten in Skandinavien und Pierre Chaude oder Pierre à Marier in Frankreich. Ein solcher Pierre Chaude, ein heißer Stein, könnte auch der Fieberstein von Le Puy gewesen sein, bei dem die Schwarze Madonna ihren Platz fand. Durch Betreten, Umkreisen, Überspringen oder Herabspringen konnten die verliebten Frauen sich nach alten Bräuchen einen Geliebten herbeiwünschen oder gemeinsam ihre Liebesbeziehung besiegeln. Die Rituale wurden schließlich immer mehr ihrer Erotik beraubt und endeten als Heiratsritual auf einem Brautstein in der Nähe von Kirchen.

Eine alchemistische Darstellung zeigt, daß zur liebenden Vereinigung eine Wandlung von Mann und Frau stattfinden muß, bei der beide ihren weiblichen und männlichen Anteil integrieren.

Im Kinderreim eines uralten Pfänderspiels schimmert die Bedeutung der alten Liebeszauber noch durch: »Ich steh auf einem großen Stein, und wer mich lieb hat, holt mich heim.« Ein Wörterbuch von 1767[175] übersetzt den bremischen Ausdruck »Het se all Bruut staan?« mit »Ist sie schon copulirt«. In Whittingham im englischen Northumberland wurden bei der Hochzeit zwei »Ritter des Petting Stone« ernannt, die die Braut trugen und mit ihr über den Stein sprangen, worauf jeder junge Mann einen Kuß der Braut guthatte. »In Carnac (Morbihan) setzen sich die jungen Mädchen bei Vollmond, um Liebe zu erwecken, nachdem sie ihre Röcke hochgehoben haben, auf den Tisch eines verfallenen Dolmen, der den Namen Pierre chaude trägt.«[176] Auch die sexuelle Konnotation des Schuhs, der Vagina der Braut, spielte in französischen Riten eine Rolle, wonach sich die Frau auf den Stein zu setzen hatte, den rechten Fuß mit ihrem Schuh in einer Felsschale, den linken freischwebend. Nicht selten wurde die Schale, in die die Braut ihren Fuß setzen mußte, als Fußabdruck der Ahnen gedeutet. John Meier betont in seinen Forschungen über Brautsteine, daß viele von ihnen Schalensteine waren, wie der »Pierre d'appétit« in Neuilly-St.-Front (Aisne), dessen Zwillingsschalen am Tag der Hochzeit mit Wein gefüllt wurden.

Braut und Bräutigam wurden zum Stein geführt, während das Brautgefolge im Kreis um sie tanzte und Schabernack veranstaltete. Trotz der Störungen und des Lachens mußten die Brautleute trinken und aus der Art, wie sie es bewerkstelligten, wurde der Fortgang ihrer Ehe geweissagt. In anderen Gegenden hielten die Verwandten von Braut und Bräutigam ritterliche Schaukämpfe gegeneinander ab. Ursprünglich hat der Brautstein mit einer Legalisierung durch Eheschließung nichts zu tun: Es sind nur die Frauen, die ihn als Liebeszauber benutzen, es geht »darum, daß Mädchen sich, um die Liebe eines Mannes zu gewinnen, oder Frauen, um sich in der Ehe Nachkommenschaft zu sichern, auf den Stein eines vorgeschichtlichen Grabes setzen, von ihm herabrutschen oder von ihm herunterspringen«.[177] Uno Holmberg zeigt eine Parallele zu den Brautsteinen am Beispiel der Muttergottestanne im Schweizer Kerns[178] und erklärt, wie Bäume mit einem »Schoß«, einer länglichen wulstigen Spalte im Stamm, zum Sitz der Maria werden, einer Maria, die nicht selten mit Schlangen erscheint und eine ähnliche Erotik ausdrückt wie die Schwarzen Madonnen der Milchwunder. Auch dieser Zusammenhang stammt aus mythischen Zeiten, und so verwundert es kaum, wenn die Schlange, das Attribut aller himmlischen Milchgöttinnen, die die ältesten Schöpfungsgöttinnen sind, bis heute in der Volkssage auftaucht.

Die Sprache der Vögel

Im Elsaß erzählt man sich von der Vouivre, die vorwiegend unter Hasel- und Holunderbüschen lebt, geschmückt mit einem blutroten Rubinkrönchen. Wer die milchweiße Schlange nicht verlieren will, opfert ihr jeden Abend ein Schüsselchen mit Milch und wenn ein König von ihrem milchgenährten weißen Fleisch kostet, diese Milch also trinkt, so soll er die Sprache der Vögel verstehen, die in Südfrankreich *trobar clu*[179] genannt wurde und den Troubadouren des Mittelalters ihren Namen verlieh. Mit dem Kontakt zwischen dem König und der Milch der Vouivre-Natter des Märchens initiiert diese ihn außerdem, die Anderswelt-Gefilde zu betreten und beschenkt seine ritterliche Quest mit ihrem Geheimnis, von dem die Sprache der Vögel erzählt. In seinem Buch »Mammon and the Black Goddess« ließ sich Robert Graves[180] von diesem französischen Mythos der Notre-Dame de la Nuit inspirieren: »... Wo eine unverschleierte Frau, schwarz wie Mutter Nacht, / Ihn eine neue Stufe der Liebe lehrt / Und die Zungen und Gesänge der Vögel?« *Trobar clu*, die Sprache der Vögel, ist die hermetische Philosophie der Troubadoure, die in engem Austausch zu mystischen Gruppen des Islam wie den Sufis, aber auch den gnostischen Häretikern ihres Landes standen. Ihr Schutzpatron war der heilige Amadour, der »Geliebte« und Begleiter der wichtigsten Schwarzen Madonnen, ihre Gebete richteten sie an Notre-Dame, die dunkle Maria der Krypten.

Mit der Ausbreitung der Minnekultur nach 1100 verbreiteten sich die Schwarzen Madonnen nicht mehr nur in Frankreich, sondern in ganz Europa. Die schönsten der noch heute erhaltenen Königinnen auf dem Thron, wie etwa die Rosa Mystica von Buschhoven, stammen aus dieser Zeit und auffällig ist ihre prachtvolle rot-grüne Gewandung. Was aber hat die Schwarze Madonna mit der Kultur der Troubadoure zu tun, die aus ebenjenen Landstrichen Südfrankreichs stammen, in denen sich die Hochburgen der romanischen Schnitzerwerkstätten befinden? Ein einleuchtender Hinweis ist die Tatsache, daß sich die Minnekultur parallel mit den Schwarzen Madonnen in die gleiche Richtung verändert. Spätestens um 1250 verkommt die Minne zur reinen Formhülse, existiert fast nur noch als Poesie und »niedere Minne«, statt tatsächlich gelebt zu werden. 1277 wird sie offiziell von der Kirche verdammt. Die Dichter der Minne werden exkommuniziert und als »Diener Satans« beschimpft, manche Poeten, wie Gotfrid von Straszburg, der seinen »Tristan« nicht mehr vollenden konnte, sterben einen unerklärlichen Tod. Erst später läßt der Klerus wieder diejenigen zu, die die Ritterromane in ihrem Sinn bereinigen, indem sie biblische Motive und Kirchenmoral einfügen, doch verdächtig bleiben die Korrektoren selbst dann noch. Etwa zeitgleich mit der Verdammung der erotischen Minne verschwinden die Schwarzen Madonnen der Romanik und werden von den süßlich lächelnden weißen Madonnen abgelöst, die schließlich das Frauen- und Mutterideal der Gotik prägen sollten. Nicht wenige Schwarze Madonnen werden in jener Umbruchzeit hautfarben bemalt und mit blauem Schleier versehen, oder sie werden einfach weggeworfen und vergraben, ihre Krypten zugeschüttet oder nicht mehr gebaut.

Der rote Ritter und der Gral

Der Bruch setzt sich in allen Bereichen der Gesellschaft fort und läßt sich an Ritterromanen nachvollziehen, wie etwa dem »Perceval« des Chrétien de Troyes[181]. Der Autor hat ihn nie vollendet, wohl aus Angst vor den Scheiterhaufen, die seinen Zeitgenossen drohten. Der rote Ritter Perceval, der sich der Fröhlichkeit und Liebe verpflichtet fühlt, kämpft gegen die in die Zeit der damaligen Leser versetzten Artusritter, die seiner Minnewelt mit männlichen Aggressionen und der moralisch empörten Mißachtung der Kleriker begegnen. Der rote Ritter der Frauen jedoch achtet die Feenwelt und wird von der »Wonnespenderin« Repanse de Joie mit einer Vision des Grals beschenkt. Perceval weiß wie die alten Ritter um die mystisch-spirituelle Dimension der Minneliebe, er achtet die Gebote der Frauen und begegnet ihren Feenwelten mit Verehrung. Der Schluß, der der unvollendeten Fassung von Chrétien de Troyes angefügt wurde, ist dagegen ein harter Bruch, eine Erfindung, wie sie nur den Autoren mönchischer Schreibstuben einfallen konnte. Darin ist es nur noch die »fleischliche« Liebe zu einer Frau, in der der edle Ritter entbrennt, verführt von der Sünderin. Nicht mehr die Minne ist es, die die Frau im Ritter erweckt, denn sie gilt nun als durch und durch schlecht, als satanische Verführerin zur Todsünde.

Perceval entgeht ihr in einer Weise, die die neue klerikale Moral widerspiegelt: Ein Blick auf ein Kruzifix erlöst ihn, die Frau verpufft als Höllenteufel in schwarzem Rauch. Um die

»Bekehrung« des einstigen Minneritters aber endgültig unumkehrbar zu gestalten, setzen die Mönche dem Schluß noch eins drauf. Perceval kastriert sich selbst und ruft:»Da mein Fleisch mich beherrschen will, will ich es strafen ... O Herrgott, nimm dies zur Wiedergutmachung für das, was ich dir angetan habe!« Die Zeit der Verfolgungen war angebrochen, den Dichtern drohte der Tod auf dem Scheiterhaufen,»anormale«, also gegen die Moral verstoßende Liebe wurde mit der Kastration bestraft.»Bischof Jacques de Vitry beklagte, die Ritter kämpften nur in Turnieren, um ›die Gunst jener schamlosen Frauen zu erwerben, deren Zeichen sie tragen‹. Der Mönch Gildas beschrieb den barbarischen Adel als ›dem Laster verschrieben, ehebrecherisch und gotteslästerlich‹.«[182] Gleichzeitig versucht der Klerus, die letzten Schwarzen Madonnen zu übermalen, die göttlich erscheinende Königin auf dem Thron, diese von Troubadouren und Minnesängern verehrte Notre-Dame, zu einer stehenden Madonna mit Kind auf dem Arm umzugestalten, deren rein menschliche und asexuelle Mütterlichkeit keinen Raum mehr für Interpretationen jenseits des katholischen Wertesystems ließ.

Ist diese Notre-Dame, die noch den Abt Bernard de Clairvaux zur Blütezeit der Troubadoure in Verzückung versetzte, gar identisch gewesen mit der Minne, die wie eine uralte Liebesgöttin angebetet wurde? Hinweise, daß die Minne als Göttin gesehen wurde, entnimmt Barbara G. Walker germanischen Dichtungen, in denen die nordischen Skalden die Minne eine der Muse Mnemosyne ähnliche Göttin der Erinnerung nennen oder sie als *Lofn*, Liebe, betiteln:»In der Edda wird sie als eine heidnische Göttin beschrieben, die im Gegensatz zur offiziellen Kirche, die die körperliche Liebe als ein Übel bezeichnete, Männern und Frauen die Erlaubnis gab, sich zu lieben.«[183] Göttin ist die Minne auch in der Romanze von Tristan und Isolde (Yseult), die ihre heilige Grotte finden, nachdem sie den korrupten Artushof verlassen haben. Was war geschehen? Warum hatten die Schwarzen Madonnen zur verehrten Notre-Dame der südfranzösischen Troubadoure werden können? Welche Inhalte vermittelten die dunklen Königinnen auf dem Thron, daß sie für eine der Erotik zugetane Bewegung ein so ideales Sinnbild wurden? Der Inhalt dieser Sichtweise mußte für die Kleriker gefährlichster Zündstoff gewesen sein, denn sonst wären die Schwarzen Madonnen nicht zeitgleich mit den Minnesängern verschwunden, ihre Krypten versperrt und schließlich vergessen worden. Welches Geheimnis machte die Schwarzen Madonnen zu den Hüterinnen der Minne und später sogar Schützerinnen derer, die neben ihren Liebesliedern auch die Kirche verspotteten?

Neue Rollen für Mann und Frau

Schwarze Madonnen hatte es selbstverständlich schon vor der Minnezeit gegeben. Und doch bargen sie ein Mysterium, das der neuen Bewegung derart entsprach, daß es dadurch in die Welt und an die Höfe Europas getragen wurde. In der Symbolik der Schwarzen Madonna ließ sich das Minneideal als geheime Metapher selbst dann noch verbreiten, als die Kirche aktiv gegen die Dichter der Fürstenhöfe agierte. Die romanische thronende Madonna ist wie kaum eine zweite Kultfigur ein Spiegel dessen, wie sich die Rolle der Frau und damit auch die Inhalte von Liebe in einer Gesellschaft am Rande eines Jahrtausends veränderten. Die göttlich wirkende souveräne Madonna entsteht in einer Zeit, in der moralische Freiheit und Stärke von Frauen noch weit verbreitet sind. Noch um die Jahrtausendwende verdrängt das Konkubinat jeden Versuch der Kirche, eine Ehe einzurichten, denn es erlaubt als reiner Gesellschaftsvertrag die Verbindung zwischen verschiedenen Klassen und ist unabhängig vom Geschlecht der Partner oder ihrer Zahl. Noch werden Ehen in einer recht primitiven Form nur vor der Kirchentür geschlossen, damit der Priester das Allerheiligste nicht damit entweiht.

Gleichzeitig ensteht aus den Berufssoldaten zu Pferde im Zuge der feudalen Strukturen der Berufsstand der Ritter, die als Vasallen einem Lehnsherrn dienen, denn das Gewerbe war teuer im Unterhalt geworden. Ihre Ideale sind zunächst rein sozialer Art: Sie sollen Witwen und Waisen schützen, den Schwachen beistehen, Frauen achten und für den Lehnsherrn in den Krieg ziehen. Der Lehnsherr ist es auch, der sie zum Ritter schlägt, ein weltlicher Vorgang wie die damaligen Verbindungen zwischen Mann und Frau. Doch schon um das Jahr 1050 beginnt die Kirche massiv, sich nicht nur in das feudale Leben der Höfe einzumischen, sondern auch in die intimen Bereiche menschlicher Liebe. Es geht um Macht und Erbe weltlicher Güter, die immer mehr Adlige der Kirche entziehen oder versagen. Um die Gesellschaft politisch manipulieren zu können, versucht man, Einfluß auf die privatesten Bereiche auszuüben. Ein neues Moralgerüst muß her, das seine Durchsetzung in der Mitte des 12. Jahrhunderts weitgehend erreicht. Fast zeitgleich werden Äbtissinnen entmachtet und die katholischen Sakramente ausschließlich in die Hand männlicher Priester übergeben, werden Debatten um starrere Grenzen des Zölibats provoziert, die die Natürlichkeit der Verbindungen von Mönchen und Nonnen bestreiten, um das Problem zu beseitigen, daß deren Söhne der Kirche Teile des Erbes streitig machen.

Die Frau, einst relativ frei und mit Aufstiegschancen als Dichterin, Medizinerin oder Gildemeisterin, wird in ein Moralkorsett gezwängt, das ihr nur noch die Rolle eines Objektes im Besitzstand christlicher Ehe zugesteht, verachtet als dämonische Verführerin, geachtet für die Produktion von Erben. Die christliche Ehe wird zur reinen Sanktionierung der Fortpflanzung und ordnenden Kraft gesellschaftlicher Kasten – mit Liebe hat sie nichts mehr zu tun. Die Frau, die bisher geachtet einen Beruf ausüben konnte, wird zur Leibeigenen des Heiratsmarktes. Wer in diesen Zeiten zum Ritter geschlagen wird, hat sich dem gleichen neuen Moralkodex zu beugen, denn die Kirche nimmt auch das Ritual des Ritterschlags in die Hand. Die Schwertleite beginnt mit der nächtlichen Waffenwache in der Kirche, wonach sich der Ritter am nächsten Morgen mit einem Bad zu reinigen hat und in mönchischer Manier und Kleidung erscheint, bevor er Rittergewand und Rüstung empfängt. Schwert, Waffengurt und Sporen erhält er erst, nachdem er geschworen hat, die Religion zu verteidigen. Erst wenn der Priester sein Schwert nach einer Messe gesegnet hat, darf es ihm der Lehnsherr übergeben, ihn im Namen Gottes und der

Drachentöter heiliger Michael und heiliger Georg zum Ritter schlagen.

Zwar hat der Ritter geschworen, Witwen und Waisen zu verteidigen, die dem katholischen Glauben angehören, doch gehört er nun einer Welt an, die die neue Rolle der Frau verinnerlicht hat. Der verordnete Glaube ist sein einziger Leitstern, und so ist es auch künftig sanktioniert, wenn Ritter Ungläubige oder Frevler brutal hinschlachten und Frauen als angebliche Verführerinnen vergewaltigen. Der Ritter wird zum Christen gezwungen, denn der kleinste Verstoß gegen den Moralkodex der Kirche oder die Leugnung des Glaubens hatten ein peinliches kirchliches Zeremoniell vor der Hinrichtung zur Folge, wonach selbst die Witwe und Kinder des Ritters zu Vogelfreien erklärt wurden. Der Ritter des korrumpierten Artushofes der Romane ist geboren: christlicher Moralverteidiger, unerbittliche Kampfmaschine, Stütze der Feudal- und Klerikermacht. Diese Ritter morden Feen und zerstören ihre Reiche, schwören der heidnischen Welt Rache und Verderben. Ihre Ethik ist die Einhaltung der Moral, nicht die Ehre und der Beistand für die Schwachen, ihr Bild von Frauen das eines Eroberungsobjektes, einer ehelichen Zier. Geachtet wird die Frau in dieser Gesellschaft nur dann, wenn auch sie sich den Vorschriften der Kirche willenlos beugt.

Das in Windeseile aufgezwungene Extrem läßt sich jedoch nicht so leicht durchsetzen, denn zu lebendig ist das Wissen um die alten Göttinnen und Götter, die Traditionen von einst und die Sehnsucht nach Liebe. Zuerst protestieren die ketzerischen Katharer, indem sie die vollkommene spirituelle Seelenliebe der Parfaits* zum Lebensziel machen, eine Liebe, die bewußt und offen darauf verzichtet, Kinder für diese Gesellschaft zu zeugen oder zu gebären. Notre-Dame, die androgyne Schwarze Madonna, die für sie das gnostische Ineinanderfließen von Mann und Frau, den Traum des Androgyns perfekt verkörpert, ist in katharischen Landstrichen beliebt. Selbst Mönche und Nonnen wollen die aufgezwungenen Vorschriften nicht einhalten und kämpfen bis ins 13. Jahrhundert gegen

---

* Die Strenggläubigen unter den Katharern.

das Zölibat und die strikte Trennung der Nonnen von der Welt. Wegen der Aufhebung der Doppelklöster und der Entmachtung der Äbtissinnen kommt es im 12. Jahrhundert in Fontevrault, Jouarre oder im Liebfrauenkloster von Überwasser zu heftigen Unruhen und Ausschreitungen. Als schließlich nicht nur Frauen das Lernen verboten wird, sondern auch Nonnen das Lehren, entstehen aus Protest die Beginen, die keine Gelübde mehr ablegen und offen Frauen und Mädchen unterrichten. 1312 werden auch ihnen Besitz und Rechte abgenommen, die Inquisition verbietet den Orden.

Antiritter und Minnedamen

Aber auch die weltliche Seite wehrt sich. Fast zeitgleich mit den ersten Eingriffen der Kirche in die Rolle der Frau entsteht an den großen Höfen Europas eine Gegenkultur: die Minne – und mit ihr verbunden ein völlig neues Ritterbild. Diese »neuen« Ritter und ihre Damen verehren nicht nur die göttliche Minne, sondern auch die schwarze Notre-Dame. In den Provinzen, in denen die Sprachen Oc und Provençal gesprochen werden, hat die katholische Kirche die Fürstenhöfe noch nicht im Griff. Ein Amalgam aus arabischen Traditionen, katharischem Gedankengut, der klösterlichen Liebesmystik eines Bernard de Clairvaux, den vorchristlichen Botschaften von Notre-Dame und den der Minne verpflichteten Adligen entsteht unter dem Schutz von Fürsten und vor allem Fürstinnen, allen voran der Königin Eleonore von Aquitanien. Die Minneritter erheben Liebe und Ehre zum höchsten Gut ihrer Ethik, dazu den Schutz der Schwachen und die Verteidigung der alten Feenreiche, sie verpflichten sich der Wahrheit und Großzügigkeit. Idole werden Perceval, Yvain, Tristan und Lanval – vor allem aber der Lancelot des Chrétien de Troyes. Sie kämpfen in den Ritterepen gegen die verchristlichte Militärwelt des Artushofes und für die Werte der alten Welt, am kompromißlosesten und deutlichsten dargestellt von Chrétien de Troyes, der den Roman seiner antimoralischsten Figur, des Lancelot, nicht mehr vollenden kann oder will.

Zu gefährlich sind die Zeiten für einen Poeten geworden, der es wagt, am Beispiel eines »ehebrecherischen« Ritters die ideale Beziehung der Geschlechter und ein neues Bild von Liebe zu entwerfen und sich an Ovids antiken Ideen zu orientieren. Chrétien de Troyes kennt anscheinend die Gefahren, in denen er schwebt, und so spielt er wie viele Dichter seiner Zeit meisterhaft mit Doppeldeutigkeiten.

Gotfrid von Straszburg gibt sich im Prolog zu »Tristan und Isolde« weitaus eindeutiger in seiner Stellungnahme gegen die etablierte Moralwelt: »Dieses Leben will auch ich leben, unter solchen Menschen will auch ich Mensch sein, mit ihnen verderben oder genesen.« Das Ideal dieser mutigen Menschen tritt Anfang des 12. Jahrhunderts seinen Siegeszug durch Europa an: Deutschland, England, Skandinavien, Holland und Italien, aber auch Spanien und Portugal werden vom »Minnefieber« ergriffen. Mit der Minne verbreiten sich auch die Schwarzen Madonnen in diesen Ländern. Man kann davon ausgehen, daß die Zahl der romanischen Madonnen dort größer war als heute, sind doch viele Skulpturen in den vergangenen Kriegen zerstört worden.

Die Minne und ihre Auffassung von Liebe ist zutiefst unmoralisch und unchristlich, sie ist ein Gegenentwurf zur herrschenden Gesellschaftsform. Nur eine Frau wie Eleonore von Aquitanien, erst Königin von Frankreich, Herzogin von Aquitanien und der Normandie, nach ihrer Scheidung Königin von England und Comtesse von Poitiers, kann den Troubadouren genug Schutz bieten, so daß sich ihre Kultur an den Höfen Europas ungehindert ausbreiten kann. Denn um die Minne auch im Leben zu verehren, braucht es Freiräume und Schutz, ein Grund, warum das Phänomen auf den Adel beschränkt gewesen sein könnte. In der Minne gilt das Weibliche als heilig und regelrecht göttlich, der Minneritter unterwirft sich seiner Minnedame wie einem Lehnsherrn. Die Frau, die er verehrt und in glühenden Liedern anbetet, ist sein Souverän, um sich ihrer würdig zu erweisen und die Geheimnisse der weiblichen Welt zu erkunden, unternimmt er seine zuweilen gefahrvolle Quest. In einer Zeit, in der die Ritter nur von der Kirche das Ritual der Schwertleite erhalten können, empfangen sie die echte

Ritterweihe ihrer spirituellen Welt nur von einer Frau. Als Dame du Lac, als Wasser- oder Waldfee erscheint die Minnedame und überreicht ihnen ihr Schwert.

Während Frauen in der christlichen Ehe des Mittelalters als willenloses Objekt und lediglich als Besitz des Gatten angesehen werden, kehrt sich ihre Rolle in der Minne noch einmal um: Sie erst »machen« den Ritter, sie geben ihm seine wahre Identität, sind die Herrin über Leben und Tod. *Ma dom(p)na* heißt die Anrede für diese Herrin und Dame, und sie ist gleichbedeutend mit Madonna. Schnell reagierte darauf die Kirche, indem sie den Namen verballhornte und daraus eine heilige Dymphna schuf, die Schutzpatronin der Mondsüchtigen und Geisteskranken![184] Doch die Minne geht noch weiter: Wahre Liebe, so erklärten die Troubadoure, könne es nur unter Minneliebenden geben, niemals aber zwischen Verheirateten. Dementsprechend hieß es auch, ein Ehemann, der seine Frau nackt sehe, würde von Unglück heimgesucht werden, denn die Geliebte völlig entblößt zu erleben war einzig das Recht ihres Liebesritters. Dies konnte die Kirche nicht mit ansehen, wie Barbara G. Walker beschreibt: »Der Klerus erklärte, Liebende seien ›lasterhaft‹, weil sie Gott vergäßen und die geliebte Frau zur Göttin erhöben. Ein Priester behauptete, die Barden ›lieben in sündiger Weise Frauen, die sie zu Göttinnen erheben‹ und das sei dasselbe, wie den Satan zu lieben.«[185] Doch war die Göttin in der Frau zu erkennen nicht das gleiche, was Bernard de Clairvaux im Mysterium der Schwarzen Madonna erlebt hatte? Wäre es möglich, daß dieses Mysterium der Notre-Dame de la Nuit das gleiche Geheimnis wie die Initiation in den Minnedienst barg? Waren die thronenden Madonnen deshalb gleichzeitig mit den Minnerittern und Liebesdamen in »Ungnade« gefallen?

Abbildung Seite 153: *Notre-Dame d'Orcival. Wie kaum eine andere ist die wohl berühmteste Madonna der Auvergne mit heidnisch anmutenden Riten, Wundern, Zaubern und Sagen verknüpft. Sie hütet eine wundersame Quelle und erscheint in der Verehrung als typische Notre-Dame de la Nuit.*

6
ALCHEMIE DER LIEBE

Heilige Maria
Brunnen der Schönheit
Frau, verwandelt
Frau, bekleidet mit der Sonne
Frau, gekrönt mit Sternen
Königin der Liebe
Königin der Gnade
Königin des Friedens
Aus einer Litanei anläßlich der Krönung eines Marienbildes

Die androgynen Madonnen

Minne, Gnosis, die mystische Liebe zur Schwarzen Madonna, der mittelalterliche sufische Weg – sie alle hatten ein gemeinsames Ziel: die Erfahrung eines Hieros Gamos mit androgynen Qualitäten, die Verschmelzung des Männlichen und Weiblichen, Menschlichen und Göttlichen, die Entgrenzung in einer engen Welt von strengster Moralvorschrift und gesellschaftlich-religiösem Kodex. Diese heilige Verbindung mußte nicht zwingend auf den Körper bezogen sein oder durch ein sexuelles Ritual hervorgerufen werden, auf welches das Verständnis des Hieros Gamos heute manchmal reduziert wird. Im Mittelpunkt stand die Liebe der Seelen, eine Liebe, die der Verstand allein nicht fähig war zu ermessen, denn sie umfaßte Seele und Geist, aber auch die Verkörperung im Leben. Betrachtet man das Liebesideal der Minne genauer, wird auch die für heutige Betrachter unverständliche Symbolik bestimmter romanischer Madonnen durchsichtiger. Es sind vor allem die geheimnisvoll wirkenden dunklen Madonnen des Auvergne-Typus, deren Gesichter wie aus Stein gemeißelt scheinen, nicht männlich, nicht weiblich und doch beide Züge in sich tragend wie die Notre-Dame de Saint-Gervazy[186] (Puy-de-Dôme) oder die Notre-Dame de Saulzet-le-Froid (Puy-de-Dôme), die den eigentümlichen Typus eines göttlichen Androgyns verkörpern und doch gleichzeitig Königin und Menschenfrau sind.

Auffällig an den Madonnen aus den Regionen der Troubadoure ist[187], daß die Jesusfiguren hier nicht nur gröber und vernachlässigter ausgearbeitet wurden als die göttliche Notre-Dame selbst, sondern meist als erwachsener Miniaturmann dargestellt sind. Die berühmte Notre-Dame d'Orcival (s. Abb. S. 153), eine der wenigen Madonnen in ihrer originalen Kleidung aus zum Teil feuervergoldetem Silber, hält ihre Hände um den erwachsen wirkenden Jesus, als wolle sie ihn davor bewahren, von ihrem Schoß zu fallen. Ihr aufmerksamer Blick, die lebendig wirkenden, gespannten Züge scheinen sich nur darauf zu konzentrieren, ihren Sohn im Gleichgewicht zu halten und zu schützen. Älter als sie ist die Notre-Dame de Château (Saint-Christophe-les-Gorges/Cantal), die Raoul de Scorailles im Jahre 1080, also zu Beginn der Minnezeit, aus dem Orient mitgebracht hatte. Sie hat, obwohl überall schwarze Farbspuren aufweisend, die katharisch weiß gefärbten Hände. Am auffälligsten jedoch ist der älter erscheinende Jesus: Der Kindmann wächst ohne Unterkörper aus ihren ineinandergelegten Händen heraus.

Ebenfalls keinen eigenen plastischen Unterkörper hat der Kindmann der Notre-Dame de la Ronde (Chazeuil/Allier), der vollkommen mit dem Schoß seiner Mutter verwachsen ist und nur durch die Farbe vollständig kenntlich wird. In der Tat ist diese »Schwarze« Madonna die einzige aus dem ganzen Bourbonais, die trotz mehrmaliger schlechter Restaurationen wieder in ihrer originalen Polychromie von Grün und Rot erstrahlt. Sie gleicht am ehesten einer wunderschönen Minnedame mit ihren edlen Zügen, dem blassen Teint und geschminkten Lippen. Der Schleier hat so gar nichts Nonnenhaftes, er wirkt wie die Zier eines Burgfräuleins, das sich auf einem majestätisch wirkenden Thron niedergelassen hat, den kleinen König mit seinem Männergesicht aus ihrem Schoß wachsen lassend. Allen Schwarzen Madonnen dieser Zeit ist eines gemeinsam: Sie, Notre-Dame, dunkel und geheimnisvoll wie die Feen der Ritterromane, spielt die Hauptrolle. Sie ist die majestätische Königin oder Fürstin und bildet mit ihrem Thron den Mittelpunkt der Welt, was durch die vier pfeilerartigen Enden des reichgestalteten Sitzes noch betont wird. Das seltsam changierende Gesicht mit den starrenden Augen birgt männliche wie weibliche Züge, erscheint menschlich und doch von einer anderen Welt. Notre-Dame läßt den Mann aus sich entstehen, verleiht ihm seine Königswürde und hält ihn im Gleichgewicht in ihrem Schoß.

Hierarchie- und Ehebrüche

Eindeutiger hätte man das Liebesideal der Minnezeit nicht abbilden können. Die Liebe, der sich die Minneritter und ihre Damen unterwarfen, stand wie jener Madonnentypus außerhalb der vorgeschriebenen Normen. Während in der normalen Ehe nach langen Machtkämpfen die Hierarchie des Mannes über die Frau derart gefestigt wird, daß Ehemänner ermahnt werden, ihre Frauen in gewissen Situationen zu schlagen und Frauenmord ein minderes Vergehen wurde, dreht sich das Verhältnis von Mann und Frau in der Minne scheinbar diametral um. Doch beide legen die Macht in die Hände der Göttin Minne, statt um Herrschaft und Haben geht es um Liebe, statt um reine Befriedigung oder Fortpflanzung um die Überfülle des Hieros Gamos. Wie der unvollständige Miniaturkönig auf dem Schoß der Schwarzen Madonna scheint der Minneritter ohne seine *amie*[188] (Freundin) nicht lebensfähig zu sein und muß ihr mit Leib und Seele dienen. So sieht es die Welt von außen. Der von der Gesellschaft als Ehebruch angeklagte Minnedienst wird zum Ausbruch aus den sozialen und moralischen Normen, das Spiel mit den magischen Zufällen hebt die festgelegten Kategorien auf. In den Ritterromanen werden solche inneren Vorgänge auch übersetzt in märchenhafte Landschaften, den Aufenthalt in der Minnegrotte wie im »Tristan« von Gotfrit von Straszburg oder den See und Wald einer geliebten Dame. Handelt es sich tatsächlich nur um Märchenlandschaften? Gelehrte sind noch heute allgemein der Auffassung, diese Minne sei völlig ohne körperlichen Austausch ausgekommen und spiegele ein extrem masochistisches Männerbild eines Ritters, der an der Liebe leidet und wächst, die Konventionen jedoch nie übertritt.

So läßt sich nur aus einer Warte urteilen, die in den heutigen Liebeskonventionen gefangen bleibt und die Gesellschaftsmoral unserer Zeit unwillkürlich auf das Mittelalter überträgt. Die heute oft abschreckend wirkende, selbstverleugnende Haltung des Minneritters gegenüber einer Dame, die ihm als Domina zwar das Leben zerstören kann, jedoch nie die allerletzte Gunst der sexuellen Vereinigung gewährt, wurde aus dem meistkopierten Werk der Minnezeit fraglos übernommen, der »Kunst der höfischen Liebe« des Andreas Capellanus, der Kaplan der Marie de France war. Inzwischen geben Fachleute jedoch zu, daß es nicht sicher ist, ob Capellanus damals die wirkliche Minne beschrieb oder im kirchlichen Auftrag ein satirisches Werk verfaßte, das dazu benutzt werden konnte, die Minne unmöglich zu machen, zumal sein Beicht«kind« in der klerikalen Welt höchst umstritten war. Inzwischen sind immer mehr Troubadourgesänge und Minnelieder zugänglich, die verraten, daß sich die Ritter und ihre Amies keineswegs körperlich enthielten, sollten nicht widrige äußere Umstände dem entgegengestanden haben. Ein völlig neues Licht auf die Beziehung zwischen Minneritter und Dame jedoch werfen die Lieder der sogenannten Trobairitz, der weiblichen Troubadoure, die die gleichen Sehnsuchtsqualen wie ihre männlichen Kollegen empfinden und in ihrer erotischen Eindeutigkeit weitaus mutiger sind.

Schon in Zeiten ihres Aufkommens ist die Minne deshalb den in Normen gefangenen Menschen unverständlich und gilt als Gefahr und Bedrohung der mühsam errichteten neuen Ordnung. Entsprechend konsequent ist die Entgrenzung der wahren Liebenden und die Grenzsetzung gegen ihre Umwelt: Im Aufheben des Alltags fliehen sie in innere spirituelle Welten oder in die wilde Natur, die durchaus nicht allein als Allegorie gemeint war, sondern auch real existierende Orte dieser geheiligten Vereinigungen beinhaltete. Den Beweis bietet das Urteil des Kirchengerichts im englischen Ely[189], das 1289 Beatrice of Ely, Gattin des Peter of Soham, des Ehebruchs mit John of the Moat anklagt und zur härteren Exkommunikation verurteilt, die darin gipfelt, daß kein Christ mehr ein Wort mit den Liebenden wechseln darf. Eigens angeführt in dem Urteil ist die Empörung des Gerichts, daß die beiden Verurteilten »Zuflucht an verschiedenen Plätzen« für ihr Zusammensein gesucht und damit »die Herde Gottes« verlassen hätten, um der Verfolgung zu entgehen. Heimlich und in der Natur, meist an alten heiligen Orten, mußten die Minneliebenden sich treffen, denn sie hatten vor den klerikalen Richtern mehr zu verstecken als ihre Seele.

Die Anderswelt der Feen

Die ungezähmte Natur wird im Ritterroman zum dreifachen Symbol: Sie ist der real existierende Zufluchtsort, sie symbolisiert die Anderswelt der Feen und alte Beziehung der Geschlechter, transzendiert aber auch den Aufenthaltsort auf einen Platz, der die Gesellschaft ängstigt, weil er nicht beherrschbar ist. Genauso wagt es Notre-Dame im Gegensatz zur lieblichen Madonna, sich ihren Ort zunächst statt in Kirchen in den Dornenhecken alter Hage zu suchen und megalithische Heiligtümer oder verehrte Hügel für sich zu beanspruchen. Priester versuchen vergeblich, sie in ihre geordnete, beherrschbare Welt zurückzuholen und schrecken nicht davor zurück, die Statuen zu schlagen oder zu peitschen. Notre-Dame läßt sich nicht zwingen. Ganz majestätische Göttin kehrt sie zu ihrem Ausgangspunkt zurück, der den Liebesorten der Minneritter und ihrer Amies genau entspricht: Es sind die alten heidnischen heiligen Orte, die trotz der Christianisierung überlebt haben. Zwar ist die Schwarze Madonna von Einsiedeln keine romanische Madonna und erst im letzten Jahrhundert geschwärzt worden, doch verrät ihr weltberühmt gewordener Mythos einen älteren Ursprung: Sie ist die Dame des Finsterwaldes, vor dessen Undurchdringlichkeit und Wildheit sich die Priester fürchten und in dem der heilige Meinrad seinen Tod findet. Der mittelalterliche Mensch der Minnezeit, der sich dem feudalen Leben angepaßt hat und es mit den verlogenen Rittern der Doppelmoral hält, für die die Artusritter Metapher werden, ist ein Stadtmensch geworden – Natur, so hat er gelernt, ist der Inbegriff von unkontrollierbarer Gefährlichkeit, aber auch die verachtete Zufluchtsstätte alles Heidnischen.

Als perfektester und normenfeindlichster Vertreter des idealen Minneritters gilt der Lancelot des Chrétien de Troyes. Seine Geschichte um die Liebe zur Königin Guenevere, der Gattin König Artus', ist ein besonders eindrückliches Beispiel für die unerhörte Radikalität des neuen Liebesverständnisses. Jeffrey Jerome Cohen legte eine Untersuchung[190] über die masochistischen Strukturen des Lancelot vor, in denen er beschreibt, wie die völlige Überzeichnung einer bis ins kleinste disziplinären Gesellschaft, deren Geschlechterbeziehungen nur noch auf Verträgen statt Gefühlen beruhen, in der dominanten Minnedame mit ihrem unterwürfigen und gehorsamen Minneritter die Welt der Macht ad absurdum führt. Doch auch wenn Lancelot bis zur Selbstverleugnung seiner Dame Guenevere, der Ehegattin König Artus', treu ergeben ist – genauso wie Chrétien de Troyes behauptet, mit der Verherrlichung des Ehebruchs nur seiner Herrin, Marie de Champagne, willenlos gehorcht zu haben –, darf man diese nur vordergründige Dominanzbeziehung nicht mit Masochismus verwechseln.

Chrétien de Troyes weiß, welch gefährlichen Zündstoff er seinem Publikum bietet, auch wenn er die feudale Gesellschaft seiner Zeit mit einem Kunstgriff in die Zeiten der Tafelrunde zurückverlegt. Für ihn ist es ein Schutz, Auftrag und Ausformung des Stoffes allein der einflußreichen Tochter Eleonores zuzuweisen, indem er sagt, sowohl das Material wie die Methode, es zu bearbeiten, seien nur von ihr gekommen. Schließlich geschieht mit seinem Werk das gleiche wie mit dem »Perceval«: Aus unerforschten Gründen wird sein unvollendeter »Lancelot« von einem gewissen Godefroi de Lagny weitergeschrieben. Genausowenig wie sein Autor ist Lancelot als Prototyp des Minneritters im heutigen Sinn masochistisch veranlagt. Lancelot ist der Ritter, der sich wieder in die alte Welt der Frauen zurückbegeben hat und nach den Regeln heidnischer Zeiten lebt, die schon dem mittelalterlichen Publikum außerhalb der Minne nicht mehr verständlich waren, weil sich die Rolle von Mann und Frau radikal unterschied. Der aus dem Schoß wachsende Jesus zeigt scheinbar eine niedrigere Wertigkeit als die ihn haltende Königinmutter, der Minneritter scheint ein recht- und willenloser Untertan der dominanten Frau zu sein: Aber diese Mißverständnisse sind nur möglich, weil eine Welt der starren patriarchalischen Hierarchien urteilt. Die scheinbare Unterordnung unter seine Amie ist genauso provokativ und subtil wie das Wagnis der Madonnenschnitzer, die einen Miniaturkönig ohne den Schoß der Mutter ein Nichts sein lassen. Nur eine Gesellschaft, deren Ziel die Herrschaft des Mannes über die Frau ist, kann die alte Gesellschaftsordnung, in der das Weibliche heilig ist, als Masochismus des Mannes mißdeuten.

Der befreite Mann

Lancelot ordnet sich wie alle Minneritter seiner Dame unter, wird zum Diener, Vasall, Geliebten und Künstler: Rollen, die dem Mann in der neuen mittelalterlichen Welt nach der Jahrtausendwende nicht mehr zugestanden werden. Indem der Mann nicht nur durch die verbotene Verbindung zur meist verheirateten Frau seiner ihm auferlegten Norm nicht mehr gerecht wird, sondern bewußt die Eigenschaften annimmt, die ihm die offiziellen Kategorien nicht mehr zubilligen wollen, bricht er auf doppelte Weise die Gebote der Moral und stellt die sexuellen Normen der Vertragsgesellschaft in Frage. Die Minnedame, die ihren Geliebten zur Machtumkehrung anstiftet, befreit sich damit selbst vom Korsett der Hierarchien, wird zur dunklen Königin auf dem Thron der Liebesweisheit. Beide begeben sich willentlich unter die Macht der göttlichen Minne, obwohl der Ritter in Minneliedern seine Unterwürfigkeit und sein süßes Liebesleiden betont, von Sehnsucht zerrissen, die endgültige »Belohnung« der Minne und höchste Ekstase zu erleben und obwohl die Minnedame ihn so oft zurückweist, weil er nicht leidenschaftlich genug empfinde oder seine Liebe geprüft werden müsse. Sie ist die wahre Herrscherin, diese geheimnisvolle Notre-Dame de la Nuit, die Mann und Frau gleichermaßen zum Objekt ihrer Minne macht und damit ein völlig neues Bezugssystem zwischen den Geschlechtern schafft. Macht haben weder die Frau noch der Ritter: Die göttliche Minne ist die Ermächtigende, die der Mann in der Frau erkennt.

Die weiblichen Amies und Trobairitz leiden nicht weniger als ihre Ritter, sehnen sich wie ihre männlichen Geliebten nach einer Liebe, die Geist, Seele und Körper umfaßt und in der Belohnung der Minne zu einem ekstatischen mystischen Erlebnis transzendiert, ähnlich wie es Bernard de Clairvaux mit der Schwarzen Madonna erlebte, ähnlich, wie es Pilgerinnen und Pilger erfahren, wenn ihnen eine Vereinigung mit dem Göttlichen zuteil wird. Die Poetinnen sind es auch, die die Gleichwertigkeit trotz aller Unterschiede im Leiden der tiefen Sehnsucht und in der Sinnenlust der Liebe zwischen Mann und

Frau betonen. Marie de France beschreibt in ihrem Lais »Cheverefoil«[191] Tristan und Isoldes Minneliebe und ihre Schwierigkeiten, heimliche Treffpunkte in der Natur auszumachen: »Mit den Beiden war es gerade so wie mit dem Geißblatt, das sich selbst um den Haselbusch windet [...] die beiden können zusammen überleben, aber wenn jemand versucht, sie zu trennen, stirbt die Hasel schnell und das Geißblatt mit ihr.« Das Sehnen und der Austausch, der keineswegs auf einen körperlichen beschränkt ist, sind gleichwertig, die Beziehung entgegen der Gebräuche der Zeit vollkommen offen: »Und in den Wäldern fand sie ihn, den sie mehr liebte als irgendein lebend Ding. Sie nahmen große Freude aneinander. [...] Er sprach zu ihr, so viel er begehrte, sie erzählte ihm, was immer sie mochte.«[192]

Beatritz, Fürstin von Dia und Trobairitz, macht in ihren Liedern klar, warum die Dame den Ritter derart auf die Probe stellt: Sie muß sichergehen, daß er nicht einer der korrumpierten Ritter der herrschenden Moral ist, denn in diesem Fall wäre er unfähig zur vollkommenen Liebe und der Annahme einer neuen Männerrolle, ja er wäre sogar gefährlich für ihre Offenheit, das Mitteilen ihrer Seele und ihres Herzens. »Dann muß ich denken, du bist noch treu-blauer als die loyalen Ritter vom Hospiz«, besingt sie ihren Ami und urteilt über die anderen: »Ich werde dein Gold verlieren und du mein Silber, wenn durch das Geschwätz dieser Skandalkrämer unsere Liebe sich ins Nichts verkehren würde. Und so werde ich auf der Hut sein müssen.« Gleichwertigkeit und tiefe mystisch-spirituelle Liebe sucht auch sie: »So werden alle Übel, die sie haben, und die Leichtigkeit auch von jedem gefühlt – nach seiner Art«, während die moralische Gesellschaft dies nicht mehr zuläßt: »Warum können wir nicht gleichgestellt teilen?« Ähnlich sieht es ein namenlos gebliebener Troubadour in seinem Minnelied, der seine Sehnsuchtsleiden als Wonne der Vorfreuden empfindet und die Proben und Tests seiner Dame akzeptiert: »Meine Lady versucht mich und testet mich, um zu sehen, auf welche Weise ich sie liebe.« Minnedame zu sein, hat nichts mit einer umgekehrten Herrscherrolle zu tun, wie eine ebenfalls anonyme Trobairitz über ihren Ritter sagt, den sie

»besitzt« und dem sie die »Belohnung« bisher aus widrigen Umständen versagen mußte, denn sie leidet und sehnt sich wie er: »Seine Liebe schätze ich sehr viel höher als es Floris mit Blancheflor tat. Nimm diese Liebe, mein Herz, nimm mein Gefühl, mein Leben, meine Augen!«

Ekstase der Minneliebe

Es deutet sich die Parallele an zwischen einer mystischen Begegnung mit Notre-Dame de la Nuit und der mystisch-erotischen Vereinigung des Minneritters und seiner Dame. Denn die »Belohnung« für treue Minne ist die überschäumende Überfülle, die Ekstase und Transzendierung des Hieros Gamos, die sich aus der Vereinigung aller Ebenen des menschlichen Seins ergibt. Um eine Ekstase dieser Intensität zu erreichen, ist zunächst die völlige Befreiung der Liebenden von Rollen, Erwartungen, dem »weltlichen« Ich und herrschenden Denkkategorien notwendig. Im »Lancelot« des Chrétien de Troyes, im Lais »Lanval« der Marie de France, aber auch in anderen Minnegeschichten der Zeit wird dies dadurch verdeutlicht, daß entweder der Ritter wie Lanval den Namen und die Identität seiner Amie vor der christlichen Ritterwelt geheimhalten muß, oder wie Lancelot seinen wahren Namen und damit seine neue Identität erst durch die Minnedame verliehen bekommt. Troubadoure und Autoren von Ritterromanen lieben es, mit dem Wort *non* zu spielen, das im Altfranzösischen der Minnedichtung sowohl »nein« wie »Name« bedeutet. Auch Lancelot bleibt bewußt der namenlose »Ritter des Wagens« und damit ein offizielles »Nein« gegenüber den Anforderungen der etablierten Gesellschaft.

Ami und Amie haben keinen Namen, obwohl der neue Name für sie bereits immanent vorhanden ist – ihre Selbstverneinung aber löst die allerletzten Rollenkonventionen auf und stellt die Liebenden bewußt außerhalb der Gesellschaft, denn ohne Name ist Lancelot kein anerkannter Ritter, sondern nur ein »Ritter zu Fuß, ohne Lanze«. Ohne die Aufdeckung ihrer Identität ist die liebende Frau eine zauberische Fee, wie sie von

*Mann und Frau befreien sich in der Minne
bewußt von Normen und Erwartungen.
Damit gelingt ihnen eine Verschmelzung
von Körper, Seele und Geist: die Erfahrung
des Urandrogyns.*

den Rittern des Artushofes verfolgt und getötet werden kann. Der Rückzug in die Minnegrotte, den Ort der Vereinigung, ist damit ein Rückzug aus der Welt, die nicht verstehen will, in die Natur, die das mystische Erlebnis heiligt, aber auch ein Rückzug in die völlige Auflösung von Ego und äußerlichem Schein. Der namenlose Ritter und die Dame mit dem geheimen Namen begeben sich in eine Welt des magischen Zu-Falls und verwirklichen den Traum einer echten Verbindung: *Tot nu à nu,* ganz und gar nackt und vollkommen soll die Umarmung sein, weil alle Schranken und Mauern fallen müssen, weil nichts mehr zwischen Körper, Seele und Geist stehen darf.

Lancelot, der sich in ein *Non*, ein Nichtsein, aufgelöst hat, um sämtliche Grenzen zu sprengen, verliert während des Hieros Gamos mit Guenevere in einem tranceartigen Zustand sogar seinen Körper, denn es heißt, dieser sei entwichen, während sein Herz geblieben sei.

Lancelot gelingt es im Gegensatz zu den anderen Artusrittern, in der liebenden, lustvollen Umarmung Körper, Seele und Geist mit der Königin zu teilen, den sexuellen Akt in ein zutiefst mystisch-spirituelles Erlebnis zu transzendieren. Chrétien de Troyes geht sogar noch weiter, als er die Liebenden in ihrer Vereinigung beschreibt: Wie den Körper einer Braut, mit den Metaphern einer Entjungferung, läßt er den Helden bluten. Lancelot in seiner völligen Selbstauflösung und Transzendierung der Körperlichkeit ist eine seltene Erfahrung zuteil geworden: Er erlebt die Heiligkeit des Weiblichen in sich selbst, erfährt die höchsten Wonnen durch eine mystische Empfindung des Androgyn. Damit hat er sich seinen Namen verdient »Lancelot del Lac«, das Geschenk der liebenden Minnedame, das Zeichen seiner Initiation in die Welt der Feen und der göttlichen Notre-Dame de la Nuit. Die liebende Frau, in der er die Göttin erkannt hat, ist nun ganz Königin, gibt dem Mann seinen *nom propre*[193], seine wahre Identität und damit den spirituellen Ritterschlag, der den Rittern der Minne als der einzig wahre gilt. Durch die mystisch-erotische Umarmung hat der Mann die Welt des Seins verlassen und ist in die Welt des Bewußtseins eingetreten, die Welt der Göttin Minne und der weiblichen Mysterien. Den Liebenden ist es gelungen, sich nicht nur von den Rollenerwartungen und Konventionen der Welt zu befreien, sie haben sich auch von der Fixierung bestimmter Anteile ihres Selbst losgelöst, die Schranken zwischen Körper, Geist und Seele gesprengt.

Gewiß erlebte der Mönch Bernard de Clairvaux und mit ihm viele andere Pilger das Milchwunder der Schwarzen Madonna auf einer weniger körperlichen Ebene, wenn auch spirituelle Ekstase den Körper mit einschließt. Und doch spielt sich in solch einer Begegnung Ähnliches ab wie in der Minneliebe, erfahren auch Pilger in einer Initiation Selbstauflösung, Entgrenzung und die Erfahrung einer völlig neuen Identität, einer spirituellen Wiedergeburt. Gotfrit von Straszburg läßt in seinem »Tristan« deshalb absichtlich immer wieder die ekstatischen Predigtworte Bernards de Clairvaux durch die Liebesworte durchscheinen:

> *Wir künden ihr Leben und ihren Tod,*
> *und wird uns das zum süßen Brot.*
> *Ihr Leben, ihr Tod sind unser Brot.*
> *So lebt ihr Leben, so lebt ihr Tod.*
> *So leben sie und sind doch tot,*
> *und ist ihr Tod der Lebenden Brot.*

Joseph Campbell, der im »Tristan« das erotische Gefühl der edlen Liebe als Individuationsprozeß des Menschen in einer autoritären Welt untersuchte, meint dazu: »Wie Gottfried [...] sagt, gab es edle Herzen, deren Leben aus diesem geistigen Feuer die gleiche Nahrung bezog, wie sie der Gottliebende aus dem Brot und Wein des Sakramentes empfing.«[194]

Transzendierung des Geschlechts

Wie die göttliche Minne ist die Schwarze Madonna eine Macht, die transzendiert und transformiert, den liebenden und sie verehrenden Menschen auf eine höhere Stufe des Seins hebt: ins Bewußtsein, dem es durch das Heraustreten aus dem Ego möglich geworden ist, das Göttliche erfahren und vor allem gefühlt zu haben – ein Erlebnis, das sich allen Bereichen des Seins aufprägt. Bernard de Clairvaux läßt es zeitlebens nicht mehr los: Wer die Anderswelt einmal betreten hat, wird den Zugang immer wieder finden. Sein Beispiel aber zeigt wie das des Lancelot, daß die letzte Entgrenzung in dieser Initiation ein mystisches Erlebnis des Urandrogyn ist, dessen perfekte künstlerische Form sich in den Schwarzen Madonnen Südfrankreichs findet, die so geheimnisvoll zwischen Mann und Frau im Ausdruck changieren. Obwohl es die ausgeprägt weiblichen Schwarzen Madonnen wie die in Fontaines-les-Dijon gab, erstaunen die meisten Skulpturen dieses Typs durch ihre scheinbare Geschlechtslosigkeit. Jahrhundertelang haben

Forscher diese Art von Schnitzerei auf die Unfähigkeit der Künstler geschoben – eine absurde Idee, wenn man die meisterhafte Beherrschung von Perspektive und Ausdruck in romanischen Klöstern und Kirchen erlebt. Die romanischen dunklen Königinnen sind absichtlich androgyn gestaltet.

Im Unterschied zu einem Hermaphroditen, der die sexuellen Merkmale von Mann und Frau in sich birgt, ist das Geschlecht der thronenden Madonnen oft nur aufgrund der Kleidung und Haartracht erkennbar. Denkt man sich beides weg, verunsichern vor allem die Gesichter, die sowohl die eines Mannes wie die einer Frau sein könnten. Erstaunlich ist die Erkenntnis, die den Restaurateuren der prachtvollen Ste. Foy von Conques zu Bewußtsein kam: Sie hatten herausgefunden, daß der meisterhafte Goldschmied und Skulpteur absichtlich einen Männerkopf, wahrscheinlich den Kopf eines römischen Kaisers, verwendet hatte und seine Frauenstatue passend dazu gestaltete. Das Vexierbild der Geschlechter funktioniert perfekt. Nur wer sich die Krone der Reliquienstatue fortdenkt, erkennt den Mann in der Frau. Gleichzeitig strahlen die Schwarzen Madonnen jedoch auch eine Jenseitigkeit vom Geschlechtlichen aus – das ist es, was die androgyne Gestalt vom Hermaphroditen unterscheidet. Ihre streng in symmetrischen Linien gefältelten langen Gewänder, ihr starrer Blick und die eigenartigen Vergrößerungen der Hände bewirken beim Betrachter eine Transzendierung aller Körperlichkeit. Obwohl Mann und Frau in sich beinhaltend, ist Notre-Dame sehr viel mehr als nur Körper, sehr viel mehr als der in seiner Körperlichkeit verhaftete Mensch. Sie ist ein Androgyn, das zwar in der materiellen Welt existiert, aber nicht allein dem Leib verhaftet bleibt.

Auch darin ähnelt die Darstellung wieder dem Minneideal. Denn obwohl so viele Troubadoure in recht eindeutiger Weise vom Hieros Gamos als der »Belohnung« der Minne sprechen, erleben sie die eigentliche Belohnung, die sich vollkommen selbst genügt, schon lange vorher. Es ist der Moment, in dem Ami und Amie sich ihre Liebe gestehen und die Dame den Minnedienst des Ritters annimmt, wie Walther von der Vogelweide es beschreibt: »So möge sie also meinen Dienst annehmen und möge auch die Verpflichtung nicht vergessen, die sie damit mir gegenüber übernommen hat.«[195] Der Moment dieser echten Belohnung, nämlich das Wissen um die Liebe des anderen, die Freiheit, lieben zu dürfen, transzendiert den Körper von Mann und Frau zunächst. In der echten hohen Minne steht die Liebe der Seelen im Vordergrund und am Anfang, obwohl sich bei vielen, die doch zu sehr Kinder ihrer Zeit und Gesellschaft sind, auch hier eine Erwartungshaltung auf die »zweite Belohnung«, den Hieros Gamos, einschleicht. Minnesänger, die sich dem hohen Ideal verpflichtet fühlen, erleben die beglückende Seligkeit der Liebe lange vorher und klagen darüber ähnlich wie Walther von der Vogelweide: »Seitdem man mit so süßen Worten um die falsche Minne wirbt, kann keine Frau wissen, wer sie wirklich liebt. Dieser Umstand allein ist es, der mir manch kummervollen Tag bereitet. Wer die Frauen zum erstenmal betrog, der hat sich nicht nur an den Frauen, sondern auch an den Männern versündigt.«[196]

Spirituelle Entgrenzungen

Wenn der Mönch Bernard de Clairvaux die Verhaftung im Körperlichen als Begrenzung sieht, so betet er in diesem Falle keine Moraltheologie her, sondern gibt eine tiefe mystische Erfahrung preis: Nur eine tiefe spirituelle Liebe ohne die Grenzen und Erwartungen der »materiellen Welt« läßt die Minneliebenden ihre herzzerreißende tiefe Beglückung empfinden und die Pilger ihre mystische Ekstase. Nur wenn diese Entgrenzung innerlich erreicht ist, kann die körperliche Liebe wie im Fall Lancelots als eine Verschmelzung von Körpern, Seelen und Herzen erlebt werden, ist der Mensch bereit für das Erlebnis des androgynen Zustands. Das Erlebnis des Androgyns betrifft den Körper, wird aber nicht mit dem Körper erreicht. Das Gegenüber dieses zutiefst erotisch-mystischen Erlebnisses muß nicht einmal ein Mensch sein: Die liebesglühenden Texte und Gebete an Notre-Dame zeigen dies. Androgyne Züge haben deshalb auch all die Vorgängerinnen der Schwarzen Madonnen, und diese Eigenschaft ließ sie den Moraltheologen zutiefst verdächtig erscheinen, ja so gefährlich, daß die Androgynität für teuflisch erklärt und Satan fortan als männlich und weiblich in einem Körper dargestellt wurde. Dieser spätmittelalterliche Satan, der noch als Teufel heutige Tarotkarten ziert, ähnelt mit seinen weiblich-männlichen Zügen und den seltsamen riesigen Vogelfüßen der Sagenfigur der Melusine-Vouivre, der Schlangen-Drachen-Fisch-Frau, die auch mit Vogelbeinen und Flügeln daherstelzen kann wie Lilith.

Die dunkle Fee der Erdtiefen und Gewässer hütet ihren androgynen Charakter vor der Welt, indem sie ihren Geliebten mit einem Versprechen bindet, der normalen Welt nichts von diesem Erlebnis preiszugeben, denn daß Raimondin Melusine nicht nackt im Bade sehen darf, ist eine spätere Zugabe der Legendenbearbeiter in klösterlichen Schreibstuben. Sie zieht wie die Minnedamen eine scharfe Grenze zwischen dem, was Gotfrit von Straszburg »die aller Welt« und »die ander Welt« nennt, und öffnet sich nur für jene Anderswelt, die versteht, weil sie sich entgrenzt hat. Nur wer die Zauberliebe der Anderswelt zu erleben fähig ist, dieser Welt, die im Herzen der Minneritter und Amies ebenso vorhanden ist wie in den Krypten der romanischen Madonnen, kann die Königin der Schlangen wie im Märchen mit Flügeln und Vogelbeinen sehen. Die Ekstase dieser liebenden Vereinigung macht aus der erdgebundenen Schlangenfrau eine Luftfee, und es ist sicher kein Zufall, daß die romanischen Baumeister der Kirchen ihre Drachenfiguren genau dort mit geöffneten Flügeln und Vogelbeinen abbilden, wo Geobiologen einen »kosmotellurischen Kamin« finden, diesen geheimnisvollen Vortexpunkt in den Krypten, auf denen Geobiologen zufolge kosmische und tellurische Energien in engem gegenseitigen Austausch stehen.

Die reiche androgyne Symbolik der ekstatisch-mystischen Vereinigung, die hinter den Schwarzen Madonnen und ihren Vorbildern steckt, ist kein verstiegener künstlerischer Einzelfall, sondern regelrecht eine Zeiterscheinung der Jahrhunderte um die erste Jahrtausendwende unserer Zeitrechnung. Die von der etablierten Religion als gefährlich und verderblich eingestufte Allegorie einer androgynen Frau, die anhand ihrer seltsam behaarten Beine oder gar eines Vogelfußes erkennbar wurde, gab es auch in der islamischen Welt: Es war die Königin von Saba, fälschlicherweise oft gleichgesetzt mit der dunklen Schönen des Hohelieds der Liebe. Wie diese Königin als Leitfigur hinter den Schwarzen Madonnen gesehen werden kann, wird im Zusammenhang mit afrikanischen und arabischen Einflüssen zu untersuchen sein, doch soviel steht fest: Die Metaphern von Drachen und Vögeln, König und Königin im Hieros Gamos und das Gebären eines göttlichen Hermaphroditen, Mann und Frau zugleich, sind im Mittelalter bei Christen, Heiden und Moslems zu finden. Denn unabhängig von der Religion hat sich eine aus arabischen Traditionen stammende neue Quest entwickelt: die Alchemie. Es ist die Zeit der Suche, bei der sich das Individuum von seinen Beschränkungen und Autoritäten befreit, um den Urgrund des Seins zu erkunden – ob in der Zauberliebe der Minne, der mystischen Suche nach dem Gral oder dem Versuch, den Stein der Weisen zu produzieren.

Die alchemistische Quest

Die Symbolik der Alchemie und vor allem ihrer Farbzustände durchdringt den mittelalterlichen Alltag derart stark, daß aus heutiger Perspektive kaum mehr mit Sicherheit nachvollziehbar ist, welche Metapher ursprünglich aus den Schriften der ersten Alchemisten stammte und welche aus anderen Lebensbereichen von Alchemisten übernommen wurde. Eng verwoben sind die kulturellen Ursprünge, die bereits im 7. und 8. Jahrhundert in Arabien zu ersten alchemistischen Forschungen führten. Angefangen mit dem ersten Übersetzer alchemistischer Texte, Prinz Khalil Ibn Yazîd (660–704), der bedeutende lateinische und griechische Werke der Medizin, Astronomie und Alchemie der Nachwelt in arabischer Sprache bewahrte, widmeten sich die ersten arabischen Alchemisten vor der Jahrtausendwende vor allem der Aufarbeitung antiker heidnischer Schriften, entwickelten jedoch selbst Philosophien aus vorislamischen Traditionen, die denen des Aristoteles oder den Neuplatonikern und Pythagoreern stark ähnelten. Wie für die hellenistischen Wissenschaftler und Philosophen und die neuplatonisch beeinflußten Gnosisgruppen wird Alexandria zum Mekka alchemistischer Forschungen. Berühmteste Schrift ist der »Corpus Jabirarium« des arabischen Alchemisten Abu Abdallah Jabir ibn Hayyan (721–780) mit seinen etwa dreitausend Abhandlungen. Der Autor, auch al-Sufi oder Geber genannt, ein schiitischer Sabi[197], der sich zum Sufismus bekannte, ist der erste, der nicht nur altes Wissen übersetzt, sondern sich selbst der Destillation der Metalle und damit der Erzeugung des Steins der Weisen widmet und die berühmte »Smaragdtafel« des Hermes Trismegistos erforscht.

Mit dem Prototyp des Hermes Trismegistos, wahrscheinlich ein Gelehrter an der alexandrinischen Universität, der als antike göttliche Figur ähnlich dem namensgleichen Gott Hermes mystifiziert wurde, tritt das Ideal des Androgyn in den Vordergrund. Barbara G. Walker schreibt dazu: »Er wurde auch mit Aphrodite selbst zum ›Hermaphroditen‹ verschmolzen: Dadurch gelangte er zu seiner großen Weisheit und magischen Kraft. Er wurde zu ihrer ›weisen Schlange‹ – später von den Gnostikern als Urobos oder Ophis, König des Himmels und Künder der Mysterien, verehrt.«[198] Dementsprechend wird das christliche Hermeskreuz, ein Kreuz, das aus einer nach oben geöffneten Mondsichel wächst, zu dem Zeichen, das männliche und weibliche Eigenschaften in sich vereint: »Der männliche Gott (›Kreuz‹) entstieg dem weiblichen Symbol (›Sichelmond‹).«[199] Die Alchemisten im Gefolge von Jabir ibn Hayyan konzentrieren sich fortan auf die Erzeugung dieses Urandrogyns auf einer rein chemischen und einer spirituellen Ebene, denn der Stein der Weisen, der Blei in Gold verwandeln soll, wird aus einem Vorgang geschaffen, der starke Parallelen zu einem mystischen Hieros Gamos zeigt.

Wie beim *Trobar clu*, der doppeldeutigen Sprache der Vögel, die die Troubadoure wahrscheinlich arabischen Vorbildern entnahmen, und ähnlich wie in den verschlüsselten gnostischen Schriften benutzten, beschreiben die Alchemisten den geheimen Vorgang der ungeheuerlichen Vereinigung in mehrdeutigen Wendungen und irreführenden Geheimmetaphern, um der Verfolgung als Ketzer sowohl im Islam wie im Christentum zu entgehen. So haben die unverständlichen Schriften zu falschen Mystifizierungen und Fehlinterpretationen geführt und sind bis heute nicht vollkommen entschlüsselt. Trotzdem fällt auf: Die Symbolik der Farben, die Wahl der großen Metaphern erinnert geradezu zwingend an den mystisch-spirituellen Hieros Gamos der Minneliebenden und das androgyne Verständnis der Notre-Dame de la Nuit. Selbst die mystische Milch der Madonna, die Bernard de Clairvaux erfüllte, spielte eine wichtige Rolle in der Alchemie. Immer wieder durchdringen sich die Worte verschiedener Kulturen und vereinen sich zu einer gemeinsamen Quest nach der Essenz des Lebens, der Auflösung oder Hierogamie im Göttlichen. Der geheimnisvolle Stein der Weisen in der Alchemie hatte seine Entsprechung im *Lapis exillis*, dem steinernen Gral des Wolfram von Eschenbach, Katharer nannten ihre Novizen »lebendige Steine« des Tempels.

Seelensuche im Alambik

Die arabischen Wurzeln dieser Philosophie sind nicht von der Hand zu weisen. Noch heute gehört zu einer Pilgerreise nach Mekka, die Distanz zwischen den kleinen Hügeln Safa (Felsen) und Marwa (Stein) siebenmal abzulaufen, ein Gang, den nach islamischer Legende Abrahams Frau Hagar machte, um den heiligen Brunnen Zemzem zu finden, der die Urwasser der Erde spendete. Anklänge an vorislamische Mythen und die Vorgängerinnen der Schwarzen Madonnen sind auch hier nicht zufällig – so erklärt der zeitgenössische Mystiker Ahmed Al-'Alawi[200], daß sich der Pilger in diesem Ritual einer symbolischen Bipolarität Allahs als Schönheit und Majestät aussetzt. Vor allem aber die islamischen Mystiker, die Sufis, widmen sich einem Weg, der Metaphern aus der Alchemie verwendet und Parallelen zur Symbolik der Schwarzen Madonnen zeigt. Viele Sufis sehen den sogenannten *dhikr*, ein Ritual um die Einheit mit Gott, als einen alchemistisch-mystischen Weg der Seele, die in ihrem chaotischen, noch nicht erneuerten Zustand als »Blei« mit dem göttlichen Namen, dem »Stein der Weisen« zusammentrifft und sich dadurch in Gold verwandelt.

Das alchemistische Werk der Sufis ist die spirituelle Verwirklichung, die in einigen Traditionen auch das Erlebnis einer Abtötung des Körpers beinhaltet. Einige Sufigruppen, deren Bewegung zur selben Zeit in Blüte steht wie die Schwarzen Madonnen, nennen Maria »Laïla« – Nacht – und verehren sie als oberstes Ziel ihrer mystischen Quest wie die Troubadoure Notre-Dame de la Nuit[201]. Die nachtfarbene Schwärze aber ist eine der Grundmetaphern bei der Suche nach dem Stein der Weisen. Diese Madonna der Transformation, Königin der spirituellen Quest, war auch für die Alchemisten ein ideales Symbol auf der Suche »nach der spirituellen und esoterischen Inspiration, nach einem universellen Heilmittel (Elixir, Stein der Weisen), das eine Verwandlung des Seins und der Materie ermöglicht«[202]. Der Vorgang zur Herstellung des Steins der Weisen, diese chemische und spirituelle Quest zwischen Materie und göttlicher Welt, ist ungeheuer kompliziert und verworren. Im Grunde geht es immer um die drei Stoffe Sal (Salz), Sulfur (Schwefel) und Mercurius (Quecksilber), die auf spiritueller Ebene Körper, Seele und Geist versinnbildlichen. Aus ihnen stellt der Alchemist durch langwierige Prozesse die Quintessenz her.

Der Stein der Weisen

Um Blei in Gold durch den wundersamen Stein der Weisen verwandeln zu können, muß die sogenannte *materia prima*, die »Urmaterie« derart behandelt werden, daß die geheimnisvolle »Quintessenz« und das »Menstruum«[203] der Alchemisten entstehen. Das Menstruum, das auch Weingeist der Adepten genannt wurde, barg die ersten Geheimnisse der Alchemie: Paracelsus versetzte es mit Pflanzenessenzen und gewann daraus sein Heilmittel für ein langes Leben[204]. Andere Alchemisten priesen vor allem die Aufspaltung dieses »brennenden Wassers«: Sie gewannen ein dickliches weißes Wasser, das sie *lac virginum*, Milch der Jungfrauen, nannten, und ein rotes Öl, das »Blut des grünen Löwen«. Die wichtigsten Zutaten für den Stein der Weisen waren gewonnen. Auf rein chemischer Ebene wirkten solche Entdeckungen im 13. Jahrhundert wie die reinste Magie, hören sich jedoch für heutige Ohren lapidar an. Der geheimnisvolle Merkur war in vielen Rezepten nichts anderes als Wasserstoff, der Sulfur Kohlenstoff und das Salz Sauerstoff, wie der Arzt und Chemiker Christian August Becker im thüringischen Mühlhausen 1867 feststellte. Ihm war es gelungen, den alchemistischen Vorgang mit den chemischen Methoden seiner Zeit nachzuvollziehen, wobei er die Entdeckung machte, daß die Herstellung der Quintessenz die von reinstem Aceton war, einem Hilfsmittel bei der Herstellung von Goldamalgam mittels Quecksilber[205].

Ein rein materielles, naturwissenschaftliches Denken strebten die Alchemisten jedoch niemals an. Wie den Autoren der Ritterromane, deren real existierende Metaphern auf verschiedenen Ebenen wirken, kam es ihnen einzig auf die Verwandlung der Seele, die spirituelle Verwirklichung an, durch die es dem Adepten gelang, in einer androgynen Transformation das Einssein mit dem Göttlichen zu erleben. Englische Alchemisten nannten ihre Arbeit *soul-making*, Seele-Machen, wobei ihr Hieros Gamos im Reagenzglas nur eine weitere Metapher für die Quest der Troubadoure, der Madonnenpilger und Gralssucher bedeutete. Augenscheinlich verwenden die Minnedichter, Madonnenschnitzer und Alchemisten die gleichen Farben als Symbol. Bei den Romanautoren ist es der geheimnisvolle Schwarze Ritter Lancelot, der die heraldischen Farben seines Schildes verdeckt, um unerkannt zu bleiben und gegen die verdorbenen Ritter des verlogenen Artushofes zu kämpfen. Er, der Unbestimmbare und Ungreifbare, der sich in seiner Liebesquest zum spirituellen bewußten Wesen gewandelt hat, trägt die Farbe der Notre-Dame de la Nuit, die in der Alchemie beim Vorgang der »Schwärzung der Seele« zu einer ähnlichen Bewußtwerdung führt, immer im fließenden und sich miteinander vermischenden Austausch von männlichen und weiblichen Elementen.

Der große Geber[206] hebt die Schwärze als wichtigstes Zeichen für den Beginn und die Fortentwicklung der Transformation hervor und erklärt, daß sie danach in ein myrtenfarbenes Grün übergehe, bevor der Stein ganz Licht würde. Der Alchemie-Spezialist Adam McLean geht sogar soweit, den alchemistisch-spirituellen Prozeß als Farbenzyklus von der »die Initiation beginnenden Schwarzheit bis zur Perfektion der Quintessenz«[207] zu sehen. Mit der eigenartigen Schwärze taucht stets der Drache auf, Anfang und Ende des Werkes, in seiner geflügelten Version ein Zeichen für »die Spiritualisierung der von der Erde stammenden Substanz«. Sind die Parallelen zur Schwarzen Madonna als Königin der Vouivren nur Zufall?

Alchemistischer Hieros Gamos

Die Alchemisten scheinen seelisch Ähnliches zu erleben wie die mystischen Pilgerinnen und Pilger in den Krypten: »Die Alchemisten verinnerlichten diese Erfahrungen in ihren Seelen als ein Sich-Zurückziehen in die Dunkelheit ihrer inneren Räume, eine Dunkelheit, schwanger mit der Möglichkeit. [...] Diese Dunkelheit trug alle Eventualitäten in sich, [...] die Schwärze der Himmel.« Ganz besonders auffällig ist, daß die weiteren Farben, die den alchemistischen Hieros Gamos der weiblichen und männlichen Elemente beschreiben, die heiligsten Farben der Schwarzen Madonnen sind: Grün und Rot.

»Gesegnete Grünheit«, das Aufeinandertreffen mit dem Grünen Löwen, dem Vitriol, signalisierte Inhalte wie die grünen Kerzen der Lichtmeßfeiern, ähnelte verblüffend den geheimnisvollen grünen Rittern, die dem Urarchetyp des Wilden Mannes so gleich sind. Der Grüne Mann ziert viele Pfeiler von Krypten der Schwarzen Madonna, der Grüne Ritter taucht mit einem geheimnisvollen Löwen auf[208], Notre-Dame trägt einen myrtengrünen Mantel oder einen blättergrünen Heiligenschein, und mit dem Grünen Löwen der Alchemisten ließ sich das edle *aqua regia* herstellen, das königliche Wasser, das Gold scheinbar in nichts auflöste und Metalle damit golden färben konnte. Nach McLean ist dieser Grüne Löwe »das Bild der rohen grünen Energie der Natur«, der Versuch, lebende Prozesse der Natur nachzuempfinden, oder, wie es der Dichter Dylan Thomas sagte: »das grüne Verschmelzen, das die Blüte treibt«. Der Grüne Löwe ist damit eine ähnliche Metapher wie die in ihre grünen Festtagsgewänder gehüllte Notre-Dame zur Lichtmeßfeier: Er ist als weibliches *aqua regia* die majestätische Kraft der Urwasser, die das Gold des Lebens auslöschen kann, er verschlingt in seiner Größe und Dunkelheit die goldene Sonne am Himmel, schwärzt die Welt und beraubt sie nur scheinbar des göttlichen Lichts – wie es die Menschen bei einer totalen Sonnenfinsternis erleben.

Denn der Grüne Löwe hat wie die Schwarze Madonna das Sonnenlicht verinnerlicht, seine Schwärze ist eine fließende, nicht endgültige Verwandlung, die dunkel ist und doch aus sich selbst heraus strahlt. Wem es auf seiner Quest gelingt, Körper, Seele und Geist zu vereinen, wie die Alchemisten die drei Grundsubstanzen verbinden, dem kann der Grüne Löwe das Licht der Sonne zurückgeben, das heißersehnte Gold, das

Wie die Schwarzen Madonnen hat der Grüne Löwe die Sonne nur scheinbar verfinstert, um deren Licht zu verinnerlichen. Aus Sonnenfinsternis und Schwärzung entsteht die Wandlung.

die Berührung mit dem Göttlichen verspricht, so wie in der Krypta die mystische Vereinigung strahlende Erleuchtung bringt. Über allem wacht die Vouivre, der geflügelte Drache der Alchemisten, der Ourobos der Gnostiker: Symbol für die schlangengleich fließende Dualität des Menschen, die McLean zufolge als geringelte Schlange oder Drache »die Polaritäten in einem Kreis vereinte« und dem Alchemisten anzeigte, »daß er Festigkeit erreichte gegen die dualistischen Energien der Seelenkräfte«. Aber auch das Rot der Madonnenkleidung kommt in der Alchemie vor: in Form des durch einen Pelikan oder kleinen Hahn symbolisierten Roten Steins. Fälschlicherweise glaubte man im Mittelalter, der Pelikan, der seine Nahrung im Schnabel transportiert, würde sich bei der Fütterung in die Brust hacken und sein eigenes Blut verfüttern.

Christliche Alchemisten sahen deshalb im Pelikan gern ein Symbol für den leidenden, sich opfernden Christus, doch stammte die Symbolik bereits aus vorchristlicher Zeit. Die aus dem Stein gewonnene »Rote Tinktur, die die männlichen Kräfte der Seele transformierte, veredelte, sie in eine neue Harmonie brachte, wurde oft symbolisiert durch die Ankunft des Roten Königs in der Flasche«, schreibt McLean und erklärt weiter: »In unserer inneren Arbeit beginnen wir, die Rote Tinktur zu besitzen, wenn wir in die Aufgabe eindringen, die rohen Energien unseres männlichen Seelenanteils in eine mehr kreative Kraft zu transformieren, manchmal von den Alchemisten als König gemalt, der ein Schwert schwingt.« Die Schwarze Madonna verlangt die gleiche Wandlung, und Bernard de Clairvaux, der sich nach seiner Initiation durchaus in die Rolle der Geliebten hineinversetzen kann, hat dieses Mysterium erfahren. Auch Perceval, der rote Ritter, ist abgesehen von dem mönchischen, nicht passenden Schluß, ein Mann, welcher der Welt der weiblichen Kreativität zugetan ist, der wahre noble Ritter, der die rohen Energien der Artusritter bekämpft. Ist aber auch der Hieros Gamos, der sich beim Alchemisten im Reagenzglas abspielt, mit der mystischen Vereinigung eines Bernard de Clairvaux oder eines Minneritters mit seiner Amie vergleichbar?

Oberflächlich betrachtet mögen viele alchemistische Abbildungen einen sexuellen Prozeß wiedergeben, wenn man nicht beachtet, daß auch hier wie im Ritterroman der »materielle Vorgang« eine Metapher für alle Ebenen des Seins ist. Der König und die Königin, die sich in den Glasbehältern der Alchemisten paaren, sind eine Metapher für die Verschmelzung der Seelen, der inneren Wesen, die die Erfahrung von männlichen und weiblichen Elementen in sich und im Gegenüber gemacht haben. Denn beide haben sich vor dieser mystisch-erotischen Vereinigung transformieren müssen in den Roten König, die Weiße Königin, zwei Menschen, die zuerst ihre Seele erkundet und in innere Harmonie gebracht haben und diese Seelen längst vor dem eigentlichen Hieros Gamos ihren inspirierenden Austausch haben ließen. Hier vereinigen sich nicht vordergründig Körper, sondern Essenzen, tiefste Seelengründe. Auch Adam McLean beklagt, daß die berühmte Zeichnung aus dem »Rosarium Philosophorum« des 16. Jahrhunderts, die den alchemistischen Hieros Gamos zwischen einer Frau und einem Mann zeigt, mißbraucht würde »von einigen Kommentatoren des 20. Jahrhunderts, die versuchten, diesen Symbolismus mit der Praktik der sogenannten ›Sexmagie‹ zu verbinden, in der man den sexuellen Akt als Basis für magisches Arbeiten benutzen will« – eine Vorstellungswelt, die den Alchemisten unvorstellbar war.

Die Madonna der Alchemisten

Eines der faszinierendsten alchemistischen Werke ist das 1650 herausgegebene »Coelum Terrae« des englischen Gelehrten Thomas Vaughan[209], das deshalb so aufschlußreich ist, weil der Autor die wichtigsten mittelalterlichen Werke, aber auch antike heidnische Schriften zu kennen scheint und in einer für seine Zeit ungewöhnlichen Hochachtung vor allem Weibliches beschreibt. So wie Vaughan über die Suche nach dem Stein der Weisen sinniert, können die Symbole und Metaphern parallel zur Minneliebe und zu den mystischen Initiationen der Schwarzen Madonnen verstanden werden, man könnte sogar fast glauben, der Alchemist stand vor einer romanischen Madonna mit Lichtmeßgewand, als er sein seltsames Gedicht

»Aelia Laelia« schrieb, dessen Titel an die arabische Nacht
Laïla erinnert und dem er vorausschickt: »Ich habe keine Herrin außer der Natur.«

> Es war kaum Tag und ich allein
> da sah ich Hyanthe und ihren Thron.
> In neuen grünen Damast war sie gekleidet
> und über ihr hing eine saphirfarb'ne Kugel.

Plötzlich geschieht dem Alchemisten Thomas Vaughan ähnliches wie Bernard de Clairvaux. Ergriffen von der Majestät der
geheimnisvollen Königin auf dem Thron wird seine Aufmerk-
samkeit von ihren Augen angezogen, ihr Blick fasziniert und
wundert ihn in seiner Fremdheit: »als ob sie die ganze Nacht
geschaut hätte«. Er kann zunächst nicht fassen, daß die majestätische Frau weint, doch dann gerät er beim Anblick ihrer
Tränen in höchste Verzückung: »In Ketten von flüssigen Perlen
flossen sie, denn sie sind etwas, das wie ihre Augen ist.« Einen
ganzen Vers widmet der Alchemist dem Lobpreis von Hyan-
thes Tränen, die ihm nun rot erscheint und Rosenwasser weint,
bis sich schließlich die Tränen in ein Urwasser verwandeln, die
prima materia. Trotz seiner poetischen Ausbrüche bleibt Thomas Vaughan ganz Gelehrter und lenkt immer wieder von seinen Ekstasen durch intellektuelle Dispute und antike Zitate
ab, verinnerlicht dabei jedoch das Ungeheuerliche, das er erfahren hat. In der Begegnung mit der geheimnisvollen thronenden Königin und ihren Tränen kommt er unwillkürlich auf
die Jungfrauenmilch, den Merkur, zu sprechen, die er in den
Worten des Albertus Magnus beschreibt: »Dies ist ihr dauer-
haftes Wasser, der göttliche Geist des Körpers, [...] das gesegnete Wasser, [...] der Tau der himmlischen Gnade, die Milch
der Jungfrau.«

Der Alchemist ist ergriffen, denn diese Milch der thronenden Jungfrau ist ihm die höchste Belohnung auf seiner Suche,
und er preist die Königin wie in Gebeten an Maria: »Katholische Magnesia, Same der Welt, [...] Wasser der See, Wasser des
Lebens, höchst reines und gesegnetes Wasser.« Hat er ähnliches erfahren wie Bernard de Clairvaux, wenn er in trocken-
wissenschaftlichem Ton schreibt: »Zuerst gibt sie von ihren

Brustwarzen ein dickes, schweres Wasser, aber weiß wie Schnee: Die Philosophen nennen es Jungfrauenmilch. Zweitens gibt sie ihm Blut von ihrem bloßen Herzen [...] drittens und letztens schenkt sie ihm einen geheimen Kristall.« Thomas Vaughans Beschreibungen kreisen weiter um das Phänomen der Jungfrauenmilch, denn im alchemistischen Sinn ist diese Milch, die er das »dauerhafte Wasser«[210] nennt, der gesuchte Stein, der »fliegende Stein«, der so heißt, weil er als Paradox gleichzeitig Wasser und Stein ist und das gleiche Urwasser sein soll, über dem der Geist Gottes zu Beginn der Schöpfung schwebte. Damit setzt auch der englische Alchemist die Jungfrauenmilch gleich mit den göttlichen Wassern der Urtiefen, zu deren Ehren einst der Klitorisstein in den alten Heiligtümern der schwarzen Göttin aufgestellt wurde.

Notre-Dame de la Nuit

Wie Bernard de Clairvaux rettet sich auch Thomas Vaughan in die Metapher der Muttermilch, weil er das eigentliche Mysterium, in dem die Milch das Wasser des Schoßes ist, nicht zu beschreiben wagt oder einfach nur keine Worte findet. Selbstverständlich geht es ihm auch um chemische Forschungen, und doch ist die alchemistische Initiation wie ein mystisches Erlebnis, wenn er Arnoldus de Nova zitiert: »Es ist, so sagt er, ein Stein und doch kein Stein, es ist Seele, Geist und Körper.«[211] Der kreative Dichter Thomas Vaughan ist sprachlos und findet keine eigenen Worte mehr, je tiefer er in das Mysterium der geheimnisvollen weiblichen Majestät eindringt. Wie Lancelot wird er zum Nichts, verbirgt seine eigenen Aussagen hinter Zitaten berühmter Philosophen und Alchemisten, um sich als namenloser Verehrer dem großen Göttlichen anzugleichen: »Es ist Das Wahre, von dem wir nichts behaupten können. Es ist diese transzendente Essenz, deren Theologie negativ ist.« Jenseits der Persönlichkeit, der Hülle, in der er sich in diesem Leben befindet, will er den Kontakt mit diesem Urgöttlichen aufnehmen, den Jungfräulichen Wassern, die er als All-Mutter beschreibt. Um die Urquelle allen Seins zu erfahren, geht der

Alchemist zurück ins Nichts, in die tiefe dunkle Nacht, die seinen Alambik verdunkelt wie die Düsternis der Krypta die Madonnen.

Arabische Sufis verehren Maria als Laïla, die Nacht, die Minneritter als Notre-Dame de la Nuit, der englische Alchemist besingt sie: »O Nacht, du schwarze Nährerin der Sterne!« Das Geheimnis, wie Sterne aus ihren Brüsten geboren werden, umschreibt er mit einem Brunnen, einer Matrix: »Aus dieser Dunkelheit kamen alle Dinge, die in dieser Welt sind. [...] Die Mittlersubstanz ist das Wasser, in dem diese Nacht oder Dunkelheit sich verdichtet hat.« Er als Mensch und Mann hat nur eine Möglichkeit, dieser göttlichen Dunkelheit standzuhalten: indem er die »Nacht des Körpers« erlebt und Geist und Seele freiläßt, um seine Fixierung auf Körperlichkeit zu überwinden. Es zieht ihn mit aller Sehnsucht zu diesem von Zoroaster beschriebenen »Brunnen der Brunnen und aller Brunnen, die Matrix, die alle Dinge enthält«. Wie der dunkle Winter begegnet er in diesem Vorgang, den die Alchemisten die »Schwärzung der Seele« nennen, seiner Königin, die mit dem grünen Lichtmeßgewand der Erde neue Hoffnung verheißt auf das Leben. Der Alchemist hat wie der mystische Mönch und wie der Minneritter vordergründiges Wünschen aufgegeben, seinen Körper mit Seele und Geist vereint. Jetzt ist es an ihm, den König des Feuers zu erzeugen, diesen männlichen Part in der alchemistischen Vereinigung, der dem »gesegneten Wasser« zustrebt und erglüht.

Anders als im materiell ausgerichteten dualistischen Denken, das Mann und Frau, Feuer und Wasser als Gegensätze sieht, die sich sogar zerstören können, gelingt es dem Alchemisten mit der »geschwärzten Seele« die Durchdrungenheit der scheinbaren Gegensätze zu begreifen, die androgynen Eigenschaften zu beschreiben: »Kein Feuer kann sie zerstören [...], denn sie ist selbst Feuer, sie trägt in sich eine Portion des universellen Feuers der Natur und einen geheimen himmlischen Geist.« Königin und König, Wasser und Feuer durchdringen sich in einer Weise, wie die Erde mit dem Himmel in ständig fließendem Austausch steht, jeder ein Stück von jedem beinhaltend. Das Mysterium dieser Vereinigung, die Seele und

Geist und Körper verschmilzt, nennt Vaughan *coelum terrae et terrae coeli*: Der Himmel der Erde und die Erde des Himmels. Er erfährt darin drei verschiedene Stufen seiner Seele, transformiert sich selbst und verliert seine Persönlichkeit, die zuvor der materiellen Welt verhaftet war. Und doch betont auch Thomas Vaughan wie Bernard de Clairvaux, daß das Mysterium der dunklen Königin nicht losgelöst vom Körper erreicht wird: »Seele und Körper sind das Werk Gottes«, weshalb er versucht, in seiner Erfahrung eine Art »Urkörper« zu erspüren, dem seine persönliche Ausprägung fehlt.

Dunkle Göttin des Grals

Thomas Vaughan ist mit dem Erlebnis dieses alchemistischen Hieros Gamos gesegnet worden und lehnt sich an einen lateinischen Text[212] an, um ihn in der Tiefe zu beschreiben, während ihm selbst die Worte versagen. Ähnlich wie Bernard de Clairvaux sich in die Shulamith des Hoheliedes der Liebe hineinversetzt, identifiziert Vaughans poetischer Text sich mit der dunklen Königin: »Ich bin eine Göttin. [...] Aus meinen Brüsten lasse ich Milch und Blut strömen: Koche diese beiden, bis sie sich in Silber und Gold verwandeln.« Mit Sonne und Mond werden Wein und Wasser (Milch) gleichgesetzt, mit Gold und Silber. Handelt es sich bei dem Vergleich um den Weg der linken und rechten Hand, den Bernard de Clairvaux den beiden edlen Flüssigkeiten zuweist? Ist es dieselbe Metapher, von der die Trobairitz Beatritz spricht, wenn sie von »deinem Gold« und »meinem Silber« singt? Auch der Alchemist hat eine Quest zu absolvieren, denn wie die Schwarze Madonna, die über den Tiefen der Drachengöttin Vouivre wacht, heißt es von der »Herrin« des Alchemisten: »Ich bin ein giftiger Drache, überall präsent und doch um nichts zu haben. [...] Ich bin der alte Drache, der überall auf dem Antlitz der Erde zugegen ist.«

Wer die Nähe der Drachin sucht, muß fünf geheimnisvolle Tore der Transformation durchdringen, wie der rote Ritter nach seiner Quest Perceval, Taldurchdringer, genannt werden wird, lockt auch den Alchemisten eine Belohnung, die er nicht

181

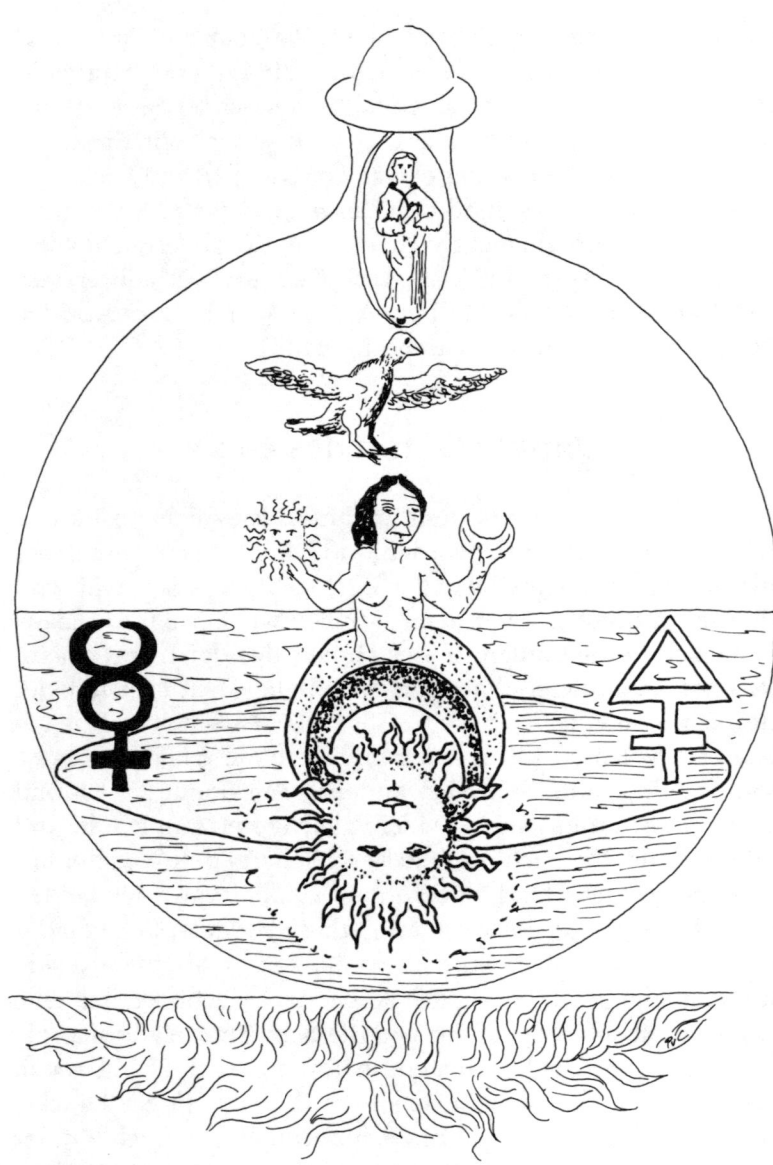

Aus den Urwassern der Göttin, in der Vereinigung von Licht und Schwärze, entsteht das Urandrogyn des Alchemisten in einem Hieros Gamos, der an die Minne erinnert.

zu erhoffen wagt: »die Mitte dieses allermittigsten Baumes im Irdischen Paradies«. Das Versprechen der dunklen Göttin in Grün für den Mann, der an ihren Urwassern erglüht, ist das »gesegnete Feuer des Lebens, der durchsichtige Karfunkel und das rote Gold der Weisen und die göttliche Segnung dieses Lebens«. Obwohl die meisten Lobpreisungen an die Königin der Nacht von Männern geschrieben wurden und die meisten Alchemisten in Jahrhunderten wirkten, in denen die Frau in der Gesellschaft nicht viel galt, gibt Thomas Vaughan mit vollkommen unüblichen Worten zu: »Eine Dame mag die Arcadia lesen und gleichzeitig dieser Philosophie nachstreben, ohne ihre Vorlieben zu stören. Ich für meinen Teil denke nämlich, daß Frauen dafür geeigneter sind als Männer, denn sie sind darin geschickter und geduldiger.« Diese Göttin, der die Nacht heilig ist, ist also mehr als die Segnende des suchenden männlichen Alchemisten, sie ist Notre-Dame, die Mann und Frau gleichermaßen das mystisch-erotisch-alchemistische Erlebnis schenkt: »Ich gebe diese Fähigkeiten beiden, Männern und Frauen, und ich gebe ihnen beiden Macht über Himmel und Erde.« Die geheimnisvolle schwarze Königin auf dem Thron, die Vaughan Hyanthe oder Aelia Laelia nennt, ist wahrhaftig selbst eine androgyne Göttin, die in gnostischer Manier nur in Gegensätzen beschrieben werden kann: »Ich bin Vater und Mutter, jugendlich und alt, schwach und doch die Stärkste, Leben und Tod, sichtbar und unsichtbar, hart und weich, hinabsteigend zur Erde und hinaufsteigend in die Himmel, höchste und niedrigste, leicht und schwer.«

Die Schlußsätze der hymnengleichen Beschreibung des Alchemisten, der das Mysterium der dunklen Göttin am eigenen Leib und eigener Seele verspürt hat, passen ebensogut auf eine alchemistische Metapher wie auf die Schwarzen Madonnen der Romanik. Notre-Dame de la Nuit ist die verfinsterte Sonne, die dennoch ihr Licht und ihr Feuer nicht verliert, sie segnet die geheimnisvollen Wasser, die in der Glut des Liebenden nicht austrocknen und das Feuer nicht auslöschen. In jener unbekannten lateinischen Hymne sagt die grüngewandete Dame der Liebenden: »In mir ist die Ordnung der Natur oftmals umgekehrt – in Farbe, Zahl, Gewicht und Maß. Ich habe in mir das Licht der Natur; ich bin dunkel und hell [...], alle Farben und alle Metalle scheinen in mir durch die Strahlen der Sonne. Ich bin der Karfunkel der Sonne.«

Abbildung Seite 185: *Notre-Dame de Meymac.* »*Die Ägypterin« wurde die eigenartige Statue aus dem 12. Jahrhundert genannt, weil sie mit ihrem tiefschwarzen geschminkten Gesicht, goldenen Schuhen und ihrem auffälligen Turban wie eine afrikanische Schönheit in der Kirche thront.*

7
MADONNA DES JAHRTAUSENDS

*Dies waren Stimmen von Frauen, die in weiblicher Weise
von Lernen, Lehren, Teilen und Heilen sprechen. Diese
Stimmen sind schön, erotisch, provokativ und gelehrt. Sie
sind erfüllt von Wut, Freude, Lachen und Kraft!*
Omifunke, Yoruba-Priesterin der Göttin Yemoja

Mutter der Christenheit

Die Ordnung der Natur ist auch in der Schwarzen Madonna umgekehrt, wie ein Negativbild zeigt sie die verborgene Seite der Gottesmutter und kündet von Zeiten, in denen sich selbst ketzerische Strömungen mit Maria identifizieren konnten. Nach fast genau einem Jahrtausend und Jahrhunderten der Mißachtung und des Vergessens werden die dunklen Königinnen auf dem Thron heute wiederentdeckt – und wie in den Zeiten der Romanik und anbrechenden Gotik sind es nicht allein katholische Gruppen, die sich für Schwarze Madonnen zu interessieren beginnen. Mitte der achtziger Jahre wurden die Schwarzen Madonnen zum einzigen katholischen Symbol, mit dem sich sogar heidnische Frauen identifizieren können, in den letzten Jahren ist dieser Trend derart stark geworden, daß die Schwarze Madonna als eine der beliebtesten Identifikationsfiguren von Frauen vor allem im Internet verehrt wird. Der Gründer der University of Creation Spirituality im kalifornischen Oakland, Matthew Fox – einst katholischer, heute Priester der Episkopalkirche – führt diesen Trend in einem Interview[213] direkt auf die Tradition der Troubadoure und ihre Verehrung der Notre-Dame de la Nuit zurück. In einer Zeit, in der die Dichter »die Frauen ehrten, die Liebe und das feminine Prinzip der Partnerschaft«, so meint er, lägen Parallelen in der gesellschaftlichen Rollenentwicklung von heute: »Im 12. Jahrhundert führten die Schwarzen Madonnen Frauen, junge Leute und Leibeigene in eine ländliche Renaissance.«

Aber auch die katholische Welt hat die Schwarzen Madonnen mit Begeisterung wiederentdeckt. Die Idee wurde zwar bereits bei der Pariser Weltausstellung 1937 geboren, doch die größte katholische Pilgerreise zu Ehren von Notre-Dame erst 1996, nach zwanzig Jahren Vorbereitung, gestartet. Rund 250 der berühmtesten Schwarzen Madonnen und zahlreiche Madonnenikonen der orthodoxen Christen wurden in jenem Jahr anläßlich einer Pilgerreise durch Frankreich als Kopien gesammelt. Unter dem Motto »Ich, Eure Mutter, komme Euch besuchen« werden die Nachbildungen der Skulpturen und Ikonen bis zum Jahr 2000 die ganze Welt bereist haben und in Rom

Einzug halten. Sie bildeten im Taufjahr Chlodwigs einen großen geweihten Kreis in Frankreich, zogen in Kriegszeiten mit dem orthodoxen Patriarchen durch Sarajevo, um von Hoffnung und Frieden zu künden, und sind rund um die Uhr auf einer virtuellen Pilgerreise im Internet zu besuchen – weltweit. Der Sinn dieser außergewöhnlichen Pilgerschaft, zu der sich diesmal die Statuen und nicht die Menschen aufmachen, soll laut Veranstalter Anstoß geben, daß sich die Katholiken zur Jahrtausendwende wieder verstärkt ihrer »Mutter« zuwenden.

Papst Johannes Paul II., der sich unter dem Motto *totus tuus*, »ganz der Deine«, als Bischof der Mutter Gottes anvertraut hatte, spielt dabei eine wichtige Mittlerrolle zwischen orthodoxen und katholischen Christen, denn die von ihm hochverehrte Schwarze Madonna von Tschenstochau ist keine romanische Skulptur, sondern eine Ikone. Doch trotz seines Segens für die Pilgeraktion sprechen die Schwarzen Madonnen eine völlig neue Sprache, die in den Augen der Gläubigen, aber auch der Kleriker des Vatikans oft nahe an Ketzerei gerät. Eine katholische Nonne aus den Vereinigten Staaten, die aus Angst vor Sanktionen anonym bleiben möchte[214], drückte es folgendermaßen aus: »Meine französische Großmutter hat mir schon als Kind zwei göttingleiche Frauen nahegebracht: die heilige Odilia und Notre-Dame. Jahre der Anfechtung habe ich erlebt, weil ich innerhalb des Klosters und meines Glaubens Sehnsucht nach einem mir als Frau näheren Gott empfand. Jetzt weiß ich, daß ich in Notre-Dame alle meine Wurzeln vereinen kann, die irischen, indianischen, französischen ... und ich bete sie als meine Göttin an.«

Die Journalistin Colleen O'Connor nennt das Beispiel einer ähnlichen Identifikationsmöglichkeit: den »Garten der dunklen Madonnen«, den Vater Bernardino Andrade in Oakley, Kalifornien, »Maria, Mutter aller Nationen« gewidmet hat. Vor allem Menschen mit dunkler Hautfarbe und aus bisher vom weißen Christentum der Industrienationen vernachlässigten Ländern entdecken in den dunklen Madonnen eine zum ersten Mal wirklich als Mutter und Bezugsperson vorstellbare Frau. Das Jahr 1999 ist vor der Jahrtausendwende zum wichtigsten Jahr der Schwarzen Madonnen innerhalb und außerhalb der katholischen Kirche geworden. Offiziell steht es durch die Enzyklika »Tertio millenio adveniente« unter dem marianischen Thema der universellen Liebe und will als Ziel den Dialog mit den Religionen und Kulturen der Welt fördern. Etwas versteckter hinter den Kulissen laufen Bestrebungen von Klerikern und einer großen Laienbewegung ab, die den Papst für ein neues Mariendogma gewinnen wollen, demzufolge die Mutter Gottes einige Titel bekäme, die sie als Schwarze Madonna der häretischen Strömungen des Mittelalters noch hatte. Nie wurde von Kirchenseite soviel über Schwarze Madonnen geschrieben, doch was bedeuten die Neuerungen und Äußerungen für die modernen Frauen von heute? Kündigt sich ein tatsächlicher Fortschritt durch die Rückbesinnung auf Notre-Dame an?

Die Frau als Antichrist

Betrachtet man die Meinung fundamentalistischer Protestanten zum Thema oder den Umgang des Vatikans mit mutigen Mariologen, entstehen tiefe Zweifel, denn die Welt der männlichen Machtklüngel sieht in der Popularität der dunklen Königinnen auf dem Thron eine ernsthafte Bedrohung ihrer Machtkonstrukte und Moral. Am extremsten gehen einige fundamentalistische Protestantengruppen, insbesondere amerikanische Baptisten, gegen die Verehrung der Schwarzen Madonnen und das damit verbundene Bild weiblicher Spiritualität vor. Aufgescheucht wurden sie erstmals durch einen Artikel im *Time Magazine*[215], der in der stetig wachsenden Bedeutung Marias in Gestalt der Schwarzen Madonnen die Möglichkeiten einer neuen interreligiösen und interkulturellen Verständigung und eine Bewußtseinsstärkung moderner Frauen sieht: »Sie [Maria] war eine befreite Frau, die durch ihre Beziehung zu Männern weder identifiziert noch zerstört wurde. [...] Jene Vorstellung einer übernatürlichen weiblichen Kraft ist verlockend. [...] Es gab einen erstaunlichen Aufwärtstrend in der Forschung über die Göttin und die weibliche Gottheit als Vorgängerin eines männlichen Gottes. [...] Das aus dem Judentum stammende

Christentum war exklusiv männlich und ließ eine Lücke entstehen, die nach weiblicher Göttlichkeit geradezu schreit.«

Für viele Baptisten sind solche Aussagen ein Zeichen dafür, daß die Welt kurz vor dem Jüngsten Gericht steht und »die neue Weltordnung« des Antichristen anbricht, wie sie predigen. Besonders extreme Gruppen sehen sogar die Schwarze Madonna selbst als Verkörperung des Antichristen oder gar des Teufels. In der amerikanischen »Cutting Edge Radio Show«[216] rief der Baptist David Bay: »Satan ist dabei, alle Weltreligionen in eine einzige zu ziehen. Die einzige, wichtigste Benennung für diese sich entwickelnde Eine-Welt-Religion ist die weltweite Verehrung der Jungfrau Maria, der Schwarzen Madonna.« Öffentliche Frauenstimmen aus solchen Reihen gibt es nicht, denn immerhin wird den Schwarzen Madonnen sogar angelastet, im Auftrag Satans »die vielen Feministinnen der New-Age-Bewegung in ihre Klauen zu ziehen«. Wenn der Satan dafür verantwortlich gemacht wird, daß Frauen in aller Welt ihre weibliche Spiritualität und eigene integere Kraft wiederentdecken, wenn Frauen, die die Schwarze Madonna in ihren Kirchen besuchen, gleichgesetzt werden mit Götzendienerinnen und teuflischen Sünderinnen – bleibt ihnen innerhalb solcher Gruppen nur noch Schweigen, Leiden oder die totale Unterwerfung unter ein männlich-zentriertes System. »Dieses Wiederaufkommen des Kultes um die Jungfrau Maria, besonders der Schwarzen Madonna, ist nur eins von vielen, vielen Zeichen dafür, daß das Jüngste Gericht über uns verhängt wird«, fürchtet der Baptistenprediger David Bay und behauptet, die 351 Millionen Protestanten der Welt müßten nun gegen etwa 3,2 Milliarden potentielle Anbeter der schwarzen Göttinnen und Madonnen antreten, wozu er, ohne mit der Wimper zu zucken, auch Muslime, Buddhisten und japanische Religionen zählt.

Mutter aller Religionen

Frauen, die sich von derartigen Denkschranken befreien können, sehen in der Schwarzen Madonna in der Tat ein starkes vereinigendes Symbol, das den Dialog zwischen den Weltreligionen, aber auch den fruchtbaren Austausch mit neuheidnischen Strömungen positiv beeinflussen könnte. Darüber hinaus erhoffen sie sich – religionsunabhängig – durch die Eigenschaften der Schwarzen Madonnen als »Königin des Himmels« und »Sitz der Weisheit« eine bessere Bewertung der weiblichen Seele und Spiritualität, die sich auch in mehr Frauenrechten innerhalb der Kirchen manifestieren könnte. In die folgenden Absätze gehen die Ergebnisse zahlreicher Interviews mit Frauen zu diesem Thema ein.

»Die Schwarze Madonna ist für mich eine aktive, würdevolle und mutige Mutter Gottes«, erklärt Marianne, die als Frau in der katholischen Kirche gern die gleichen Chancen hätte wie die Männer: »Sie hat schließlich wie jede Mutter dafür gesorgt, daß Jesus seiner Bestimmung nachgehen konnte! Und Frauen waren es, die ihn finanzierten, Frauen, die zuerst an seine Auferstehung glaubten. Deshalb ist die Schwarze Madonna heute ein Hoffnungszeichen für mich, daß Frauen den Status der schlimmen Sünderin verlieren könnten und ein wenig von ihrer früheren königlichen Würde wiedererlangen. Außerdem erlebe ich in der Verehrung der Schwarzen Madonna als Frau leichter die weibliche Seite in Jesus.«

Birgit, eine evangelische Frau, müßte ihrem Glauben nach nichts mit Madonnen zu tun haben. Obwohl keine fleißige Kirchgängerin, sucht sie oft bei Ausflügen oder in Zeiten des Stresses katholische Kirchen auf. »Mich fasziniert diese Schwarze Madonna, nicht die im blauen Mantel«, erklärt sie, »diese mächtige Königin, gegen die Jesus fast nicht mehr auffällt, steht so allem entgegen, was wir uns unter Maria vorstellen. In einer Krypta mit einer Schwarzen Madonna fühle ich mich in die Dunkelheit hineingezogen und gestärkt, ja, es ist etwas wie ein Kraftort, stärker als manche Worte im Gottesdienst.« Sie freut sich am meisten über die Kontakte, die sich dadurch ergaben: »Ich traf einmal in einer kleinen Madonnenkapelle auf dem Land Frauen, die die Schwarze Madonna als ihre Göttin anbeteten. Das war für mich ein starkes Erlebnis: Heidinnen, die aus der Kirche entflohen waren, nichts mehr von ihr wissen wollten, zündeten für die Mutter Gottes Kerzen an. Das fühlte sich an wie Zukunft.« Die 38jährige Sylver-

Wytch aus den Vereinigten Staaten erklärt das Phänomen so: »Sie ist ein Platz, wo wir uns selbst erkunden können«, eine Aussage, die die Engländerin Rose zustimmend ergänzt: »Diese dunkle Königin bedeutet für mich die Repräsentation eines befreiten Selbst – und darum bete ich vor ihr und nirgendwo anders.«

Der populärste und zugleich umstrittenste theologische Vertreter dieser weiblich betonten Spiritualität, die um die Schwarzen Madonnen gleichermaßen bei Katholikinnen, Protestantinnen und Heidinnen wächst, ist der 75jährige Befreiungstheologe Tissa Balasuriya aus Sri Lanka, Pater der Oblatenkongregation Maria Immaculata und einer der Begründer der Menschenrechtsbewegung seines Landes. Der international geachtete Theologe, der sich vor allem in der ökumenischen Arbeit verdient gemacht hat, beschrieb mit seinem Buch »Mary and Human Liberation«[217] eine neue Mariologie, die den Anforderungen einer modernen multikulturellen Gesellschaft gerecht wird und Frauen endlich die Rechte zukommen lassen sollte, die ihnen vor Jahrhunderten genommen wurden. Ähnlich wie Bernard de Clairvaux, den er auch zitiert, versucht der Theologe, das Augenmerk weg von der unbefleckten Jungfrau auf die Einheit von Körper, Seele und Geist zu richten und dabei die menschlichen Eigenschaften der Mutter und Frau in Maria hervorzuheben, weil nur dadurch die Meinung abzuschaffen sei, daß »die Wirklichkeit der Frau wie Dinge von minderem Wert angesehen wird, von minderer Würde und deshalb weniger empfänglich dafür, in Beziehung mit dem Göttlichen zu treten«.[218]

Befreierin der Frauen

Balasuriya wehrt sich entschieden gegen die alte patriarchale Theologie, in der »ein Klerus, der ausschließlich aus zölibatären Männern besteht, auf der Suche ist nach der ›spirituellen Essenz‹ seiner ›unbekannten Hälfte‹«.[219] Die Madonna ist für ihn wie für die mittelalterlichen Verehrer von Notre-Dame die »Mutter der Menschheit« und »Königin des Universums«, die sich in ihrer Glorie, Heiligkeit und Majestät niemals männlicher Macht unterordnen mußte und durch ihre weiblichen Eigenschaften sowohl eine sozialpolitische Botschaft für die ärmeren Länder der Welt als auch eine Hoffnung auf Verständnis zwischen den Religionen signalisiere. Balasuriya kämpft in seinem Buch darum, daß Frauen durch eine neue theologische Sicht der marianischen Dogmen endlich von ihrem mittelalterlichen Makel befreit werden, den die römisch-katholische Kirche ihnen aufzwang: »Auf symbolischer wie sozialer Ebene werden die Frauen mit der Materie, mit der Sexualität und damit dem Bösen identifiziert.« Die Miterlöserin Maria sieht auch der Befreiungstheologe aus Sri Lanka in zwei weltberühmten Schwarzen Madonnen[220]: der polnischen Madonna von Tschenstochau, für ihn ein Symbol der Freiheit und der Menschenrechte unter der kommunistischen Diktatur, und Notre-Dame von Guadalupe in Mexiko, Quelle der Inspiration für die Befreiungstheologie Südamerikas.

Die mariologischen Ausführungen Balasurijas erinnern an die weniger orthodoxen katholischen Schriften aus Zeiten, als Notre-Dame noch unumschränkt herrschende Königin war, denn als Miterlöserin (*Co-Redemptrix*) ermöglicht sie den Menschen einen direkten Kontakt mit dem Göttlichen ohne Vermittlung klerikaler Hierarchien, als Weltenmutter erkennt sie alle Religionen und Kulturen der Welt als gleichberechtigt an, als Befreierin befreit sie die Frauen aus dem Joch männlicher Kirchenherrschaft und ermöglicht ihnen eine Ordination. Dabei schließt er sich Rosemary R. Ruether an, wenn er sie zitiert: »Maria könnte eine extrem dynamische Figur werden in einem Kampf, in dem es darum geht, daß sich ein jeder von Sexismus befreit [...] eine wahrhaft befreiende Erlösung, die die Befreiung vom Sexismus in einer dynamischen Beziehung persönlicher und sozialer Dimension verstehen muß.«[221] Die wenigen katholischen Frauen, denen es gelang, in einem der 600 Exemplare seines schnell vom Vatikan verbotenen Buches zu lesen, atmeten auf: Endlich kämpfte ein Mann in der Kirchenhierarchie auf internationalem Niveau für Rechte, die in Anspruch zu nehmen und sie offiziell einzufordern ihnen bis heute verwehrt bleibt. Ihre Freude dauerte nicht lange.

In einer Farce, die weltweit Empörung unter Religiösen, Theologen und Menschenrechtlern auslöste, wurde Pater Tissa Balasuriya ohne ausreichende Möglichkeit der Selbstverteidigung, ohne direkten Kontakt mit den Verantwortlichen und vor allem ohne einen Prozeß wegen Ketzerei von der römischen Glaubenskongregation unter Leitung von Joseph Kardinal Ratzinger zur höchsten Kirchenstrafe verurteilt: der Exkommunikation nach dem Kanon von 1342. Damit zeigte die Nachfolgeorganisation der mittelalterlichen Inquisition, daß sie auch an der Schwelle zum dritten Jahrtausend gewillt ist, Andersdenkende als Ketzer abzuurteilen wie in einem mittelalterlichen Hexenprozeß. Wie vor Hunderten von Jahren wurde der Priester und Theologe aus Sri Lanka erpreßt, ein Glaubensbekenntnis zu unterschreiben, um der Verurteilung zu entgehen, die automatisch am Fest der unbefleckten Empfängnis Mariä 1996 erfolgen sollte. Balasuriya zeigte trotz seines hohen Alters und der menschenunwürdigen Behandlung Rückgrat: Weil das eigens für ihn zurechtgezimmerte Glaubensbekenntnis einen Passus enthielt, den festen Glauben anzuerkennen, daß Frauen nicht zu Priesterinnen geweiht werden dürfen, verweigerte er die Unterschrift und schickte sie statt dessen auf dem Glaubensbekenntnis Papst Pauls VI. zurück, der sich zur Frauenordination nicht geäußert hatte.

Die Exkommunikation wurde ausgesprochen, weil Kardinal Ratzinger ihm vorwarf, daß er »so die Autorität der Tradition als Mittlerin der offenbarten Wahrheit zurückweise« und »die Unfehlbarkeit des Papstes wie des Bischofskollegiums cum et sub Petro nicht anerkenne«[222]. Ein Jahr später versuchte der Vatikan, sein Gesicht zu wahren und nahm die Exkommunikation zurück, nachdem Pater Balasuriya wie das gebrochene Opfer eines mittelalterlichen Inquisitionsprozesses nochmals verschiedene Glaubensartikel signieren und öffentlich widerrufen mußte. Diese vatikanische Reaktion führen Theologen in aller Welt auf die aufsehenerregende Hilfe und Publizität für den Befreiungstheologen zurück, die zum ersten Mal in der Geschichte derartiger Kirchenverurteilungen im Internet organisiert wurde. Die asiatische Menschenrechtskommission, die Asian Human Rights Commission (AHRC), welche die weltweite Protestaktion unterstützte, spricht davon, daß durch die öffentliche Weitergabe aller Texte und Informationen im Internet eine Isolierung des Opfers – wie von der Kongregation beabsichtigt, nicht mehr möglich gewesen sei und in völlig neuer Geschwindigkeit gearbeitet werden konnte. Selbst der anerkannte Kirchenrechtler Stefan Gigacz, Spezialist für kanonisches Recht an der Universität und dem Katholischen Institut Paris, wurde in seinen Kommentaren auf amerikanischen Servern weltweit publiziert[223]. Er hatte betont, daß eine Exkommunikation ohne Selbstverteidigung des Opfers und ohne Prozeß rechtlich null und nichtig sei, auch wenn der Papst seine Zustimmung gegeben habe.

Miterlöserin und Mittlerin

Der Fall Tissa Balasuriya, der einem leidenden alten Mann eine zweifelhafte Versöhnung brachte, hat weltweit Frauen nicht nur gezeigt, was sie in Hinsicht auf ein neues Madonnenverständnis in der römisch-katholischen Kirche erwarten dürfen, sondern sie gelehrt, wie mit Hilfe neuer Medien und Techniken auch unterdrückte Minderheiten und neue Ideen Gewicht bekommen können. Ganz im Gegensatz zur realen Welt, wo ihnen offiziell oft die Stimme genommen wird, haben Frauen deshalb das Internet für ihre Belange entdeckt: Die eindrucksvollsten, sicher auch »ketzerischsten« spirituellen Websites zum Thema Schwarze Madonnen werden von kreativen Frauen gestaltet. Innerhalb der katholischen Kirche ist dabei eine Laienbewegung entstanden, die mit Hilfe des Internets Verbündete sammelt, um den Papst womöglich zu einem neuen Mariendogma zu bewegen, das der Mutter Gottes die alten Titel der Schwarzen Madonnen zugestehen soll: *Co-Redemptrix et Mediatrix*, Miterlöserin und Vermittlerin. Helen Valois hat den Gründer der Laienbewegung Vox Populi, Mark Miravalle[224], interviewt, der die größten Unterschiede herausarbeitet, die ein neues Mariendogma für katholische Frauen bedeuten: »Wie können wir die erlösende Inkarnation von Christus feiern, ohne die Wahrheit über die Mutter und Frau zu erklären,

194

die diese Inkarnation möglich gemacht hat? [...] Die Proklamation zur Maria Co-Redemptrix sagt, daß die höchste Berufung zur Teilnahme am Göttlichen weder an einen männlichen Bischof, Priester noch Diakon erging. Es war eine Frau und eine Mutter. Es war ein freies, aktives und weibliches Ja.«

Die Laienbewegung erhofft eine Verkündigung des Dogmas im Jahr 2000. Wie niemals zuvor in der katholischen Geschichte haben bei der Vorbereitung vor allem Frauen teilnehmen können, denn per Internet rückte nicht nur die Welt näher zusammen, erhielten auch Stille eine Stimme, sondern gestaltete sich die Arbeit sehr viel schneller. Miravalle, in dessen Büro die von Mutter Theresa unterschriebene Petition für das fünfte Dogma hängt, zieht einen interessanten Vergleich zu den acht Millionen Petitionen, die zur Verkündung Mariä Himmelfahrt führten. Obwohl die theologischen Vorbereitungen diesmal bereits in den zwanziger Jahren anliefen, setzte die öffentliche Arbeit im Internet deutliche Akzente: In den letzten vier Jahren gingen vier Millionen unterschriebene Petitionen aus 150 Ländern der Erde und fünf Kontinenten bei Vox Populi ein. Viele Frauen warten nicht einmal mehr darauf. Die Theologiestudentin Susan, die einen virtuellen Schrein der Schwarzen Madonna auf ihre Website gestellt hat, der mit atmosphärischen Bildern, meditativer Musik und flackernden Kerzen zum Innehalten einlädt[225], nennt ihn mutig den »Hypershrine« der Himmelsgöttin, Mittlerin und Miterlöserin.

Madonna des Cyberspace

Nach offiziellen Glaubensmaßstäben gälte Susan als Ketzerin, zumal sie sich als »Priesterin der Schwarzen Madonna« bezeichnet. Susan zeigt sich eher amüsiert: »Die Zeiten, als wir auf öffentliche Definitionen warten mußten, sind für mich vorbei. Im echten Leben darf ich keine Priesterin sein, aber der virtuelle Raum bietet mir Schutz und Freiheit. Es gibt so viele Frauen, die hier einen Weg finden, voller Freude zu predigen und die Madonna zu verehren. Wir brauchen keine Kirchen mehr, denn wir bauen unsere heiligen Orte aus Bits!« Ähnlich denkt Joanne, die auf ihrer Website eine abenteuerliche Mischung aus Eigenschaften der Schwarzen Madonna und schwarzen antiken Göttinnen anbietet: »Wir schreiben unsere Gebete in Hyperlanguage und programmieren Altäre in Scripts. Eigentlich existiert das alles nur virtuell, und doch ist es wirklich. Für mich kommt dabei das Wesen eines heiligen Ortes und einer Figur wie der Schwarzen Madonna viel besser 'rüber: Wir erleben die virtuelle Welt zwar entkörperlicht, aber doch eher mit unserem Inneren.« Gefragt, warum sie ausgerechnet die Schwarzen Madonnen gewählt hat, erinnert sich Joanne an einen Besuch bei der Schwarzen Madonna von Einsiedeln: »Ich war damals ein Kind und stand vor dieser Madonna. Als ich in ihr schwarzes Gesicht blickte, hatte ich das Gefühl, hineingezogen zu werden, mich aufzulösen. Ich fühlte Ruhe, aber ich fühlte meinen Körper nicht mehr – ist es etwas anderes, wenn ich stundenlang einen Cybershrine programmiere? Das ist meine moderne Form der Andacht, es zieht mich genauso hinein, und mein Körper wird unwichtig.«

Abby Willowroot, eine bekannte Künstlerin und Goldschmiedin der amerikanischen New-Age-Szene, hat mit den Frauen ihres heidnischen Covens »The Spiral Grove« ein virtuelles Heiligtum für »Maria, Königin des Himmels, Göttin und Heilige« geschaffen. Die »Lieblingsmadonna« der Amerikanerin ist die französische Notre-Dame de Meymac (s. Abb. S. 185), eine Selbstverständlichkeit, wie sie beschreibt: »Eines der am meisten geliebten Bilder der gesamten Christenheit ist die Schwarze Madonna. Die Hingebung an sie war nie stärker, ihre Heiligtümer ziehen jedes Jahr Tausende von Verehrerinnen an [...] weltweit.« Für die Künstlerin, die sich seit dreißig Jahren intensiv mit Darstellungen von Göttinnen beschäftigt, ist es kein Widerspruch, als Heidin Schwarze Madonnen zu preisen: »Die Schwarze Madonna wird als eine echte Göttinfigur verehrt, dies war so, seit das Christentum Europa eroberte. Für viele europäische Christen ist dies kein Konflikt, denn die Vermischung ihrer alten Göttinnen mit der heiligen Jungfrau Maria war eine wohl akzeptierte Tatsache über Jahrhunderte hinweg.« Sie selbst hat keine Probleme, die Schwarzen Madonnen in eine alte Ahnenreihe schwarzer Göttinnen und Erdgöttinnen einzureihen, von denen sie vor allem Isis, Gaia, Kali, Diana, aber auch Maria Magdalena nennt, die »andere Maria«. Wie kommt eine amerikanische Heidin zur Schwarzen Madonna? »Ich wurde zuerst als Kind auf die Schwarze Madonna aufmerksam, meine Großmutter verehrte sie. Für mich hat die Schwarze Madonna schon immer die Macht des ewig triumphierenden Geistes weiblicher Göttlichkeit repräsentiert«, erzählt Abby Willowroot. Für die Amerikanerin sind Schwarze Madonnen ein sehr zeitgemäßes und modernes Symbol: »Sie ist die Heilige Mutter, die nicht verleugnet werden wird, die Schützerin, die nicht erobert werden wird, die Göttin, die sich erinnert und tröstet, trotz vieler erfolgloser Versuche, sie zum Schweigen zu bringen.« Die Frauen des Spiral Grove und sie haben die Schwarzen Madonnen längst aus jeder Einordnung in Glaubensschubladen und Dogmen befreit, sie verehren antike Göttinnen wie auch Notre-Dame, beschränken jedoch die Wichtigkeit der majestätisch thronenden Königin und Gottesmutter nicht auf ihren eigenen Glauben. Abby Willowroot bewegt sich in ihrer Erklärung erstaunlich nah an der mittelalterlichen Mystik: »Die Schwarze Madonna ist die Heilige Quelle, die himmlisch geworden ist. Sie transzendiert Zeit, Raum, Kultur und Religion in ihrer Essenz.« In ihrem virtuellen Schrein für Maria hat sie die Inhalte auch grafisch übersetzt in eine Schwarze Madonna, die zwischen steinzeitlicher Spiralgöttin, hellenistischer Mutter, jugendstilinspirierter Mondfee und strahlender katholischer Madonna changiert.

Die neue sakrale Prostitution

Eine andere Maria, Maria Magdalena, taucht bevorzugt bei Heidinnen aus naturreligiösen Richtungen und bei Hexen auf wie eine Vexierfigur oder Zwillingsschwester der Schwarzen Madonna. Verantwortlich dafür sind einige Bücher der New-Age-Bewegung[226], die den fragwürdigen Informationen der Prieuré de Sion kritiklos aufgesessen sind und aus Maria Magdalena, der Schwarzen Madonna und den Merowingern geheimnisvolle Zusammenhänge zu basteln versuchen. Tatsache ist, daß Maria Magdalena wie viele andere Heilige bis ins 13. Jahrhundert sehr verehrt wurde und ihr zahlreiche Kirchen vor allem in Frankreich geweiht worden sind – von ihr gibt es ebenso Statuen, die der Madonna jedoch in keinem Fall gleichen. Sie ist niemals Notre-Dame gewesen und vor allem nicht das Idol, das moderne Frauen aus ihr machen, die sich als »heilige Huren« in ihrem Gefolge sehen wollen. Die »Sünderin«, von der Lukas[227] in seinem Evangelium spricht, hatte keinen Namen. Einzig Johannes will in ihr wenigstens Maria aus Bethanien sehen, sicher aber ist theologisch, daß Maria Magdalena weder Maria aus Bethanien noch die Sünderin des Lukas war[228]. Wenn also Frauen heute eine »Hure Maria Magdalena« mit der Schwarzen Madonna identifizieren und daraus eine Art neuen Kult schaffen, so ist dieser Glaube lediglich ein Konstrukt der New-Age-Bewegung, der sich an fehlerhaften christlichen Interpretationen orientiert.

Frauen, die in der Schwarzen Madonna die »heilige Prostituierte« anbeten, wünschen sich ein neues Liebesverständnis und eine Änderung im Zusammenleben der Geschlechter. Warum aber übersehen sie Notre-Dame de la Nuit und suchen nach solch einer Hilfskonstruktion? Sind die Ergebnisse dieser modernen Ersatzdogmatik tatsächlich so innovativ, wie es einst die Ideen der Troubadoure und Trobairitze waren? Kenneth Ray Stubbs, der in den Vereinigten Staaten ein aufsehenerregendes Buch mit Statements der »neuen heiligen Prostituierten« herausgegeben hat, sieht die Bewegung der dunklen Maria Magdalena aus seiner männlichen Sicht: »Ich hatte die archetypische Tempelpriesterin als einen Teil meiner spirituellen Quest besucht. Indem ich ihre Weisheit in ihrem Privatzimmer lernte, betrat ich wieder die Tempelgründe, wo eine freudvolle Feier unseres Urpulses – der Sexualität – stattfand.« Wenn er davon schwärmt, wie Sexualität für ihn zum Katalysator seiner spirituellen Suche wurde, dreht er das Prinzip der Notre-Dame genau in ihr Gegenteil: »Ihre Körper sind ihre Tempel, in die sie andere einladen. Ihr Anliegen ist es, ein tieferes Entdecken dieser spirituellen Flamme zu ermöglichen, die in uns allen brennt. Sexuelle Energie, in einem weiten Sinne, ist diese Flamme.«[229]

Sexualität als Spiritualität – solche Worte erinnern eher an die sexuelle Befreiungswelle der sechziger Jahre und die unzähligen Bücher und Kurse, die bessere Partnerschaften und tiefere Liebe durch das Beherrschen von Techniken und das Erlernen der eigenen Sinnlichkeit versprechen. Mit der Philosophie der Schwarzen Madonnen hat eine solch materielle, sexzentrierte Einstellung nichts zu tun, denn die Verehrerinnen und Verehrer der Notre-Dame de la Nuit erreichten die ganzheitliche Liebe, indem sie vordergründig materialistische Wünsche vergaßen, sich von Seele und Herz leiten ließen, um sie irgendwann mit dem Körper zu vereinen, wenn sie bereits die tiefe mystisch-spirituelle Liebe lebten. Notre-Dame ist die Madonna, die transzendiert, die Mann und Frau zuerst von zielgerichteten sexuellen Wünschen befreit, um sie zu einer durchaus erotischen Liebe der Seelen zu befähigen. Können die »neuen heiligen Prostituierten«, die sich selbst nicht selten »Black Madonna« nennen, dieser Metapher gerecht werden in einer Welt, in der Männer im wohlwollendsten Fall wie Kenneth Ray Stubbs denken?

Wie göttlich und heilig war die historische Tempelprostitution, in deren Nachfolge sie sich freiwillig stellen? Fest steht, daß erst die Kirchenväter und Kleriker die Definition von Prostitution in unserem heutigen Verständnis prägten, denn sie machten keinen Unterschied zwischen Frauen, die sich in den Bordellen von Papst Julius II., Leo X. und Clemens VII. für Geld zur Verfügung stellten, oder einer Minneliebenden, die in leidenschaftlicher Liebe zu ihrem Ami entbrannte – beides wurde nach Kirchenräson mit schlimmsten Höllenqualen bestraft, weil solche Frauen der Institution Ehe nicht gehorchten und sich damit dem männlichen Besitzstand entzogen. Die Minneliebenden selbst hielten nichts von der Prostitution: »Liebe, die Königin aller Herzen, die frei Geborene, die einzige und einmalige, wird öffentlich zum Verkauf feilgeboten! Was für einen schändlichen Tribut verlangt unsere Herrschaft von ihr! Mit verbittertem Sinn, mit Lug und Trug pflegen wir die Liebe und erwarten dann von ihr, daß sie Körper und Herz erfreue; statt dessen bringt sie Schmerz, Verdorbenheit, schlechte Frucht und Fäulnis – gemäß der Saat, mit der ihr Boden bestellt war.«[230] Barbara G. Walker hebt dagegen den positiven Aspekt der Sakralprostitution hervor: »Männer, die sich auf diese Weise mit einer heiligen Hure vereinten, konnten die geistige Erleuchtung erlangen, die *horasis* genannt wurde.«[231]

»Erleuchtung durch Sex« – so versprechen es auch Prospekte esoterischer Tantraseminare –, doch wie erlebten die »Erleuchterinnen« solche Riten? Von Herodot existiert die Beschreibung der sakralen Prostitution im babylonischen Ishtar-Tempel, wo es Brauch war, daß sich Frauen einmal im Leben der »freien Liebe« hingaben. Solch eine Tempeldienerin mußte »sich dort niedersetzen, mit einem Band um den Kopf gewunden, und warten, bis sie von einem Mann erwählt wurde. Der Mann warf eine Silbermünze in ihren Schoß und forderte die junge Frau ›im Namen der Göttin‹ zur körperlichen Liebe auf.«[232] Mädchen, die der Liebesgöttin auf diese Art dienten, waren einem strengen Schönheitsdiktat unterworfen und beteten deshalb, »daß die Göttin sie schön, begehrenswert und beliebt erhalte«.[233] Wie gingen diese Frauen mit sich um, wenn sie alterten? Zu wessen Ehren sie den »Liebesdienst« auch anboten: Es war kein freiwilliger Dienst, und es war ein Opfer an eine Göttin, die ihre Tempelpriesterinnen zu Dienerinnen machte, um den Männern zu gefallen und für deren »Entwicklung« zu sorgen. Mit dieser sakralen Liebe auf Tauschbasis wurden die Riten in den Temenoi immer wieder verwechselt, den heiligen Hainen der Aphrodite, in denen sich Zypressen, Lorbeer, Efeu, Trauben und allerlei Wohlgerüche fanden, vor allem aber die der Aphrodite heilige Myrte, wie Pseudo-Lukian im 4. Jahrhundert n. u. Z. beschreibt.

Er prägte auch den griechischen Ausdruck *aphrodiazein*: sich im Namen der Aphrodite vereinigen. Aphrodite, »die Liebende einander zuführt«[234], Göttin der Liebe und Wiedergeburt mit einem Fischsymbol, hat mit der dogmatisierten Ritualprostitution nichts zu tun, wenn auch einige ihrer Tempel mit den Hetären unter asiatischen Einfluß geraten waren. Ihre Liebeslauben und duftenden kleinen Myrtenhäuser stellte Aphrodite nicht Prostituierten zur Verfügung, sondern Liebenden, »für Paare, die sich dort miteinander vergnügen wollten«, wie Pseudo-Lukian beschreibt. Im Gegensatz zu Ishtar zwang sie nicht Frauen zur Einhaltung priesterlich sanktionierter Rituale, sondern stellte Freistätten der Liebe für Männer und Frauen zur Verfügung, die sich außerhalb der gesellschaftlichen Räume der herrschenden Moral und ehelichen Bindungen befanden – ähnlich wie die umwaldeten Minnegrotten der Notre-Dame de la Nuit. Das New-Age-Bild der Schwarzen Madonna als Mutter der »heiligen Huren« ist insofern ein abenteuerliches Gemisch neuheidnischer Dogmatik, alter Mythen und fehlerhafter Beschreibungen, in dem Religionen und Traditionen wild gemixt werden, um ein Berufsbild mit neuen Inhalten zu füllen, die so neu nicht sind.

Notre-Dame hatte einst als himmlische Gnade die Befreiung und Fähigkeit zur echten, ganzheitlichen Liebe von Mann und Frau geschenkt. In der modernen Verkleidung einer mythisierten Maria Magdalena schenkt sie lediglich alten Wein aus neuen Schläuchen aus, sanktioniert ein hierarchisches Verhältnis nur dadurch, daß sich die erfüllende Frau nun als Domina fühlen darf. Sie darf sich auch als Lehrerin, Heilerin, Transformiererin und Katalysatorin des Mannes verstehen, folgt man der Autorin Nancy Qualls-Corbett, die den sakralen Prostituierten der Neuzeit bescheinigt, sie seien ein menschliches Wesen, das die Göttin der Liebe verkörpere. »In einem physischen Körper wurden sie verehrt als die Gesandten der Göttin, die Offenbarerinnen und Bewahrerinnen heiliger Wahrheiten, und manchmal als die Inkarnation der Göttin selbst«, schreibt die Amerikanerin, die sich ausführlich mit dem Thema beschäftigt hat. Aber führt sie nicht genau die patriarchalische Trennung von Jungfrau und Hure weiter, die unsere Gesellschaft prägt? Davon, daß die Madonna nun beide Aspekte erbt, die Frau, die keine Sakralprostituierte ist, jedoch wieder ausgenommen wird von der Göttlichkeit, lebt das System möglicherweise für die sakralen Prostituierten psychisch erträglicher weiter, wird aber nicht reformiert.

201

Mahnerin moderner Defizite

Wie verschieden waren doch die mystischen Ansichten der Minneritter und Alchemisten, die keine Prostitution brauchten und denen eine Trennung von Seele, Geist und Körper oder eine einseitige Betonung der Sexualität völlig fremd war. Denn ihnen galt jede Frau ohne Unterschiede als heilig, sie brauchten keine besonderen »Berufszweige«, um die Göttin in der Menschenfrau wiederzuentdecken. Liest man jedoch die Erlebnisberichte der »heiligen Huren« von heute, entsteht der Eindruck, die moderne Gesellschaft habe sich in bezug auf die Liebe derart zurückentwickelt, daß tatsächlich ein neuer und

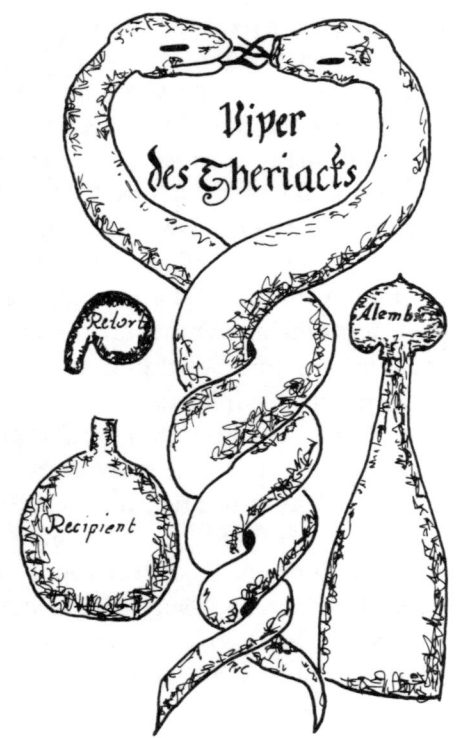

Alchemistische Darstellungen sehen die Vereinigung männlicher und weiblicher Eigenschaften als sich umschlingende Vipern, die dem indischen Schema der Kundalini-Energien ähneln.

bisher unbekannter Nachholbedarf entstanden ist, daß Tabus gebrochen werden müssen, die sich durch Jahrhunderte von christlicher Moraltheologie fest in allen Bereichen der Gesellschaft eingraviert haben. Prostitution in der heutigen Gesellschaft ist nichts Heiliges. Sie ist nichts anderes als der Handel mit Körpern, der Frauen an Leib und Seele bedroht, nicht selten versklavt. Die Gesellschaft und ihre Medien geben sich sexuell freizügig und betreiben Körperkult, gleichzeitig geprägt von Doppelmoral und etablierten Geschlechterrollen. Wie wollen die sakralen Prostituierten, die sich nicht nur als Huren verstehen, diese Tabus aufbrechen?

»Ich nenne mich Black Madonna, weil die Schwarze Madonna mein Leitstern ist«, meint Janine, die sich selbst als »Körpertherapeutin« bezeichnet, »die Schwarze Madonna ist so unpassend, so ketzerisch unter all diesen engelsüßen Gesichtern – und gleichzeitig verkörpert sie diese starke, in sich ruhende Frau, die auf keinen Mann angewiesen ist, nur sich selbst lebt.« Warum aber zieht auch Janine diesen Vergleich zu Maria Magdalena als Hure, warum verbindet sie Schwarze Madonnen mit ihrem eigenen Anliegen? »Ich sehe die beiden nicht als identisch, aber sie verschwimmen ineinander«, versucht Janine zu erklären, »wir Frauen wurden dazu erzogen, wie die süß lächelnde Madonna im blauen Gewand unseren Körper zu negieren, unsere Lust nicht zu leben, schon gar nicht den Männern zu sagen, was wir wollen und lieben. Als Ehefrau dürfen wir Mutter sein und reines Wesen. Für das Vergnügen des Mannes gibt es die Huren. Aber wehe, eine Frau entdeckt ihre Lust und lebt sie ... wie schnell wird sie als Hure beschimpft!«

Janine wehrt sich in diesem Zusammenhang vor allem gegen das Wort Hure als Schimpfwort: »Genauso machen sie es doch mit der Schwarzen Madonna! In der Krypta versteckt, möglichst abgeschlossen und vergessen, verschwiegen. Aber sie ist doch ein Teil unseres Glaubens, ein Teil der reinen Gottesmutter, nicht abtrennbar!« Sakrale Prostitution sieht sie durchaus als etwas anderes an: »Ich bringe einem Mann keine kurzfristige Befriedigung, ich will ihm zeigen, daß es neben dem Körper sehr viel mehr gibt. Ich hoffe auch, daß Frauen durch mich lernen, mit ihrem Körper liebevoller umzugehen, ihre Sexualität zu akzeptieren, vor allem als aktive Freude, die sie selbst gestalten können. Aber der Weg ist noch weit ...«

Die sakralen Prostituierten, die vor allem im toleranten Kalifornien von sich reden machen, sind überraschenderweise und doch auch logisch Frauen in ihren besten Jahren. Sie leben in ihrem Körper, aber sie haben eine Philosophie und Spiritualität entwickelt, die sie ganz zentriert in ihrer Seele sein läßt. Wenn sie sich der Schwarzen Madonna weihen, leben sie den gleichen Dienst an der Göttin als wenn sie in ihrem Tabu-Beruf arbeiten. Dabei grenzen sie sich von der üblichen Prostitution vollkommen ab, verschweigen oft sogar ihre Beziehung zur Schwarzen Madonna. Sie wissen, daß Suchmaschinen im Internet auf die Anfrage »Black Madonna« oder »Schwarze Madonna« eine Unmenge eindeutiger Angebote übelster Art auswerfen, und damit wollen sie nicht verwechselt werden.

Barbara Roberts hat zumindest äußerlich dieses Problem nicht. Laut Kenneth Ray Stubbs wirkt sie wie eine Nonne und ist Mitte Sechzig. Barbara Roberts war eine der ersten *sex surrogates,* die Masters und Johnson in Kalifornien ausbildeten. Die beiden Sextherapeuten beschritten damals ungewöhnliche Wege: Während die Sexualtherapie vorher auf rein psychischem Wege mit Dialogen auf der Couch ablief, setzten sie die *surrogates* ein, Frauen oder Männer, mit denen die Therapie auch körperlich erfolgen konnte. Barbara Roberts, die sich selbst als Erzieherin, zeremonielle Führerin und Katalysatorin fühlt und ein Therapiezentrum für Frauen und Männer gegründet hat, betont das Problem, daß Männer aus Furcht vor einer Bindung oder selbst erzeugter Sklaverei meinen, nur körperlich funktionieren und attraktiv sein zu müssen. Die Sklaverei besteht für sie darin, daß sich viele Männer nur über Sex definieren, obwohl sie sich nach Seelenliebe sehnen, Frauen jedoch keine aktive Lust zugestehen, obwohl diese sich auch nach einer körperlichen Ergänzung der seelischen Liebe sehnen. »Ich lernte eine Menge – nicht nur über die physischen Aspekte von Sex, sondern auch über die Bedeutung von Werten, Gewohnheiten, Erwartungen und versteckten Annahmen«, berichtet sie aus ihrer Arbeit[235], bei der es immer wieder darum geht, Männern Wege zu zeigen, wie sie echte Liebe und Zuneigung ohne sexuellen Verkehr zeigen können, und Frauen zu lehren, wie natürlich, schön und beglückend ihre Sexualität sein kann.

»Von all meinen Untersuchungen konnte ich nur darauf schließen, daß in unserer Kultur etwas radikal falsch läuft mit unserem Verhalten dem Sex gegenüber«, erklärt Barbara Roberts, »was sich hinter unserer sexuellen Freiheit maskiert, ist oft nur eine Rebellion gegen die Lügen, die Heimlichtuerei, Heuchelei und Unwissenheit in bezug auf Sex, die unsere Kultur uns auferlegt. Wir haben die Botschaft bekommen, daß sexuelle Bedürfnisse und Anziehung schlecht sind. Sind sie nicht. Sie sind natürlich und schön.«[236] Obwohl sie keinem Kult um Schwarze Madonnen anhängt, lebt die Mittsechzigerin unwillkürlich eine Ethik, die Notre-Dame kennzeichnet: In Achtung vor dem Menschen gleich welchen Geschlechts, führt sie ihre Klientinnen und Klienten zu einer Transzendierung ihres anerzogenen Zwangskorsetts, um ihnen zu zeigen, wie sie Körper, Seele und Geist miteinander vereinen können, um liebesfähig zu werden.

Die neue Dogmatik der Heiden

Facettenreich wie das Leben der Frauen, die sie anbeten, ist die Schwarze Madonna als Kultfigur. Nicht immer wird sie in ihrer ganzen Tiefe verstanden, weiter werden an ihr Fehler begangen wie Jahrhunderte zuvor. Junge Hexen[237] setzen, auf ihre Verehrung der Schwarzen Madonnen befragt, diese ohne viel zu überlegen mit einer schwarzen Göttin gleich: »Sie ist die Dunkle, die Alte und Weise, die Göttin, die den Tod bringt«, lauten meist die Antworten, die sie zur Schwarzen Göttin neben einer weißen und einer roten machen. Eine ganze Bewegung in den Vereinigten Staaten hat sich dadurch unter das Zeichen der Schwarzen Göttin oder Schwarzen Madonna gestellt und kämpft unter dem Motto *birthing the Crone*[238] für ein bewußtes Altern in Menschenwürde und Freiheit. Notre-Dame, das ist für sie die *Crone*, die Göttin als altes Weib, stellvertretend für die Frau jenseits ihrer Gebärfähigkeit, die, geachtet wegen ihrer Weisheit und Lebenserfahrung, ihren Lebensabend in einer respektvollen, sorgenden und liebevollen Gesellschaft verbringt, ohne versklavt und gegängelt zu werden. Obwohl ihr Anliegen wichtig und notwendig ist, übersehen sie, daß die Schwarzen Madonnen sehr viel jüngere Frauen darstellen, denn sie tragen ein kleines Kind auf ihrem Schoß.

Elaine, die aus den ersten Tagen der amerikanischen heidnischen Frauenbewegung kommt und nun den Kampf für ein würdevolles Altern aufgenommen hat, sieht dies weniger eng: »Diese Statuen sind doch nur als Metapher gemeint. Viel wichtiger ist die Farbe Schwarz, und das ist nun mal unsere schwarze Göttin. Die Christen haben ihr sicher das Kind gegeben, um sie als Mutter Gottes auszuweisen, aber dabei wurde ja soviel gefälscht.« Daß die meisten berühmten romanischen Königinnen auf dem Thron ursprünglich holzfarben oder sogar polychrom waren, will sie nicht akzeptieren: »alles Verschleierungstaktik«, argwöhnt sie. Verantwortlich dafür ist in den Vereinigten Staaten die »neuheidnische Psychoszene«, die sich aus einem Amalgam der Lehren C.G. Jungs und Traditionen der Wicca gebildet hat und aus dieser Sicht heraus die romanischen Madonnen interpretiert, ohne zu merken, daß eine Auslegung einer mittelalterlichen Metapher nur aus moderner Sicht der Ursprungsfigur nicht gerecht werden kann. Jungsche Autoren legen infolgedessen ihr Hauptaugenmerk auf die Farbe Schwarz und machen die Madonna zu einem Symbol für die Schattenseiten, Verdrängungen und Ängste des Menschen.

Dies nimmt Notre-Dame ihre Ganzheit und Vollkommenheit und produziert den gleichen Effekt, den Juden und Christen an der Göttin Lilith versuchten: Die ganzheitliche Göttin wird zuerst auf einen ihrer Aspekte reduziert, schließlich geistert sie als Schattendämon durch die Welt. Notwendigerweise erfolgt die Rückbindung dieses isolierten, rein psychologisch gesehenen Aspektes an eine ebenso isolierte Göttin: die dunkle Schwarzmondin. Die heidnischen Kreise, die eine solche Ideologie festschreiben wollen, versuchen zwar, sich von christlicher Dogmatik und festen Normsystemen zu lösen, begehen aber den gleichen Fehler wie das angegriffene System. Die Unterteilung einer Göttin in drei Mondaspekte mit ihren Farben und Lebensaltern ist zwar historisch, kann jedoch nur für Kulturen gelten, die einst eine Mondgöttin verehrten – selbst dort sind die Aspekte nur Hilfskonstrukte für ein Verständnis fließender Eigenschaften. Ebenso alte Religionen, in denen die Göttin als Sonne oder Himmelsgöttin verehrt wurde, kennen weder eine Dreifaltigkeit in diesem modernen Sinn, noch erlebten sie die Natur und das Alter in den Unterteilungen von heute. Die Schwarze Madonna als ein psychologisches Symbol zu verehren, das die Schattenseiten von Menschen und Göttlichem wieder als natürlich und heilig erklärt, kann nur ein winziger Aspekt der Schwarzen Madonnen sein, ihrer mittelalterlichen Bedeutung wird er jedenfalls nicht gerecht.

Die Hoffnung schwarzer Frauen

Einen völlig anderen, umfassenderen Ansatz in der Sicht Schwarzer Madonnen haben schwarze Frauen – nicht zuletzt deshalb, weil sie selbst aus unterschiedlichsten Kulturen und Religionen stammen und in der thronenden Königin mit der dunklen Haut ein einendes Symbol sehen, das ihnen äußerlich ähnelt, aber in der Bedeutung so bunt schillert wie all ihre Traditionen. Begründet wurde dieser Trend durch die Beschäftigung mit der eigenen Geschichte und der Hinwendung US-amerikanischer schwarzer Frauen zu ihren afrikanischen Wurzeln. Frauen wie Alice Walker, Autorin des Bestsellers »Die Farbe Lila« und Clarissa Pinkola Estés, Autorin des berühmten Sachbuchs »Die Wolfsfrau«, haben mit anderen Schwarzen in den Vereinigten Staaten das »Black Madonna Visions Network« gegründet, ein multimediales Netzwerk mit einer eigenen Radiostation. Unter dem Motto »Black Mother is beautiful«[239] sponsern sie schwarze Frauen, die in Kunst, Medien, Mode und Kultur das Bild der Schwarzen Madonna, der stolzen und schönen Schwarzen und der afrikanischen Muttergöttinnen zu vereinen versuchen.

Ältestes und berühmtestes Symbol für die Gleichsetzung der Schwarzen Madonnen mit einer schwarzen Königin ist die biblische Königin von Saba, die inzwischen von mehreren Ländern für sich beansprucht wird. Die Verehrung der schönen, stolzen und reichen Schwarzen und ihre Verschmelzung mit den dunklen Skulpturen auf dem Thron begann bereits im Mittelalter und wurde vor allem durch Bernard de Clairvaux stark gefördert. Für das geschichtsreiche Äthiopien ist sie heute Makeda, Königin des Reiches Punt, das auch Nubia, Kusch, Axum oder Sheba wurde. Genauso erheben die Araber Anspruch auf die weise und berühmte Königin, die ihrer Tradition zufolge im heutigen Nordjemen als Bilqis herrschte. Der Vergleich regionaler Legenden, alter Mythen, islamischer, jüdischer und christlicher Schriften zeichnet die sagenhafte Königin anders als die Bibel: Aus einem Land, in dem nur Königinnen ohne Männer herrschten, soll sie gekommen sein, Herrin der Drachen und Richterin, Spenderin des Grals und vollkommen gleichberechtigt mit männlichen Herrschern.

Daß Wissenschaftler ihr Herkunftsland nicht eindeutig orten können, eint die Frauen eher, als daß es sie in den nationalen Geschichtsstreit miteinbezieht: »Die sabäische Königin wurde wahrscheinlich nur bei ihrem Titel Saba, Bilqis und Makeda genannt«, meint die Historikerin Gloria, die vor einigen Jahren Afrika als Journalistin bereist hat: »Ob sie aus Marib, der alten Hauptstadt mit dem Mondheiligtum von Saba stammte, oder aus Palmyra oder dem äthiopischen Aksum, ist für uns schwarze Frauen nur ein Gelehrtenstreit. Sabäer gab es in all diesen Ländern, und Mondtempel haben wir in Marib und Aksum. Was für uns wichtig ist, ist die Tatsache, daß einst weise und fähige schwarze Frauen in einer Weise herrschten, die ihr hochzivilisiertes Land auch in der weißen Welt angesehen machte.« Gloria verweist auf die Vorliebe der europäischen Mönche im Mittelalter, die wunderschöne Schwarze und Königin zu verehren und sich besonders mit der Königin von Saba und der dunklen Shulamith auseinanderzusetzen. »Sie haben zwar Kreuzzüge geführt, müssen aber doch von Afrika hochbegeistert gewesen sein!« meint sie. »Und dort gab es eine Frau, die die alte Göttin verehrte und Macht hatte – was hat man aus ihr gemacht?«

Gloria ist enttäuscht: »Die Königin von Saba wurde im Spätmittelalter wie die Schwarze Madonna mit der Lilith als Dämonin gleichgesetzt, vorher hat man sie wegen ihrer Beinbehaarung als Androgyn und Halbmann verachtet.« Tatsächlich gibt es viele Parallelen zwischen Melusine, der Vouivre und der Königin von Saba, die allesamt davon sprechen, die Beine der Königin hätten etwas Unnormales gehabt. Ob Königin Gänsefuß, französische Reine Pédauque oder Frau mit »dämonischer« Beinbehaarung – ursprünglich waren dies Zeichen für eine andere Welt, für die Feen, die nach der alten Ordnung und Religion lebten²⁴⁰. Gloria erklärt, was die Königin von Saba und die Schwarzen Madonnen verbindet: »Diese Königinnen von hoher Würde und Macht haben ganze Königreiche und Nationen vereint und werden von Menschen verschiedenster Hautfarben verehrt. Wo die männliche Politik versagt, einen sie die Herzen. Als Frau verstanden sie es, das zu leben, was man heute nach C.G. Jung ›animus‹ nennt, und ihrem Geliebten seine anima zu schenken.« Deshalb, so meint die Historikerin, sei die schwarze Königin ein doppeltes Symbol für Schwarze Frauen: »Sie ist eine Metapher für den Befreiungskampf der Schwarzen von Unterdrückung, aber auch eine Metapher für die Befreiung der Frau.«

Figuren wie die Schwarzen Madonnen und Göttinnen in ihrer Majestät einen die unterschiedlichsten Religionen und Kulte. Für Mambo Racine Sans Bout²⁴¹, eine Priesterin des haitischen Voodoo, sind drei weibliche *lwa* das, was man eine schwarze Ahnengöttin nennen könnte: Erzulie Dantor, die »Heilige Barbara der Afrikaner«, die wie die Schwarze Madonna ein Kind hat und in ihrer Androgynität sowohl zwei Männer liebt als auch Patronin der lesbischen Frauen ist. »Mama Brigitte«, obwohl aus Afrika importiert, ist in Wirklichkeit eine geschwärzte irische Göttin Brighid, die als Frau des Voodoo-Barons *lwa* Ghede²⁴² über die Ahnen herrscht und als einzige Menschen von der Todeskrankheit erwecken kann, die durch Voodoo-Magie verursacht wurde. Politisch bedeutender ist die oberste Göttin aller Mambos, der weiblichen

Priesterinnen: Die schwarze Marinette soll 1884 den Anstoß für die Sklavenrevolution gegeben haben und dadurch Haiti zur ersten unabhängigen schwarzen Republik in der westlichen Hemisphäre gemacht haben. Obwohl Voodoo und Schwarze Madonnen nichts miteinander zu tun haben, tauchen auch hier wieder die gleichen Grundideen auf wie im europäischen Mittelalter: Eine dunkle Königin befreit die Menschen, changiert zwischen den Geschlechtern, ohne ihre Erotik zu verleugnen, und hat als Königin der Ahnen die Macht, zum Leben wiederzuerwecken.

Mutter des neuen Jahrtausends

Eine Stimme, die die Attribute der europäischen Schwarzen Madonna aus der fernen Kultur des westafrikanischen Nigeria beleuchtet, kommt von Omifunke, die von den Yoruba an der Elfenbeinküste als Priesterin der Göttin Yemoja[243] aufgenommen wurde und heute als Geschichtenerzählerin in den Vereinigten Staaten lebt. Was zunächst so exotisch erscheinen mag, birgt interessanten Diskussionsstoff für die Spiritualität der nördlichen Hemisphäre, denn die Religion der Yoruba, deren mündliche Überlieferungen bis ins Jahr 3000 v. u. Z. zurückgehen, ist eine faszinierende Mischung aus Metaphysik, Stammesreligion, Parallelen zu megalithischen Traditionen Europas und Prinzipien, die an die moderne Quantenphysik erinnern. Außenstehenden mag das metaphysische Gewebe der Yoruba-Göttinnen und -Götter undurchdringlich erscheinen, doch übersetzt Omifunke ihr Wissen in eine anschauliche, neuzeitliche Sprache, denn sie träumt davon, daß »alle Traditionen in Einigkeit unter dem Friedensbaum zusammenkommen werden,« gefördert von der schwarzen Mutter.

Omifunke erzählt, 1994 hätte der Rat der Ifa durch sein Divinationssystem die Botschaft erhalten, mit den drei Göttinnen[244] Yemoja, Osun und Oya, den »dunklen Müttern«, werde ein Prozeß weiblicher Ermächtigung beginnen: »Die ganze Menschheit wird ihr gegenüberstehen, sie ehren, empfangen und erinnern.« Was 1993/94 in den Industrieländern mit einer neuen Hinwendung zur Schwarzen Madonna und der Wiederentdeckung der dunklen Göttinnen begann, sieht die Yoruba-Priesterin in einem weltweiten Zusammenhang: »Wir sind gezwungen, den Menschen zu bestätigen, daß die dunklen Mütter hier sind, daß sie Integration symbolisieren, Gleichgewicht und Frieden als die notwendigen Bestandteile, um das Gleichgewicht der Erde wiederherzustellen.« Der weltweite Prozeß in der weiblichen Spiritualität, der durch die Wiederentdeckung des Geschichtenerzählens und die Beschäftigung mit den Schattenseiten der Psyche in Gang gesetzt wurde, bedeutet für die Priesterin den Beginn einer Befreiung, die weibliche und männliche Kräfte in ein spirituelles Gleichgewicht bringt und dadurch Menschen befähigen könnte, zu »Mit-Schöpfern« statt Zerstörern zu werden.

»Frauen begannen, ihre Gewohnheiten, ihre Ethik und ihre Politik miteinander zu teilen, [denn] unsere Leidenschaften zu verleugnen und uns in Angst zu verstecken würde unsere Visionskraft beschränken und die Fähigkeit, aktiv am kreativen Prozeß teilzunehmen.« Die »Dunklen Mütter«, die wie asiatische und europäische schwarze Göttinnen den Schicksalsfaden spinnen, sieht die initiierte Geschichtenerzählerin Omifunke als wichtigste Kraft im neuen Jahrtausend: »Diese Dunklen Mütter sind das weibliche Prinzip der Energie, das das Negative ins Vibrieren bringt, so daß es stets in Bewegung ist. Diese Bewegung in der Dunkelheit öffnet den Weg, Licht zu empfangen, und dies ist der Beginn eines jeden kreativen Prozesses«. Oya, die schwarze Wind- und Blitzgöttin, der Kraft und Leidenschaft heilig sind, ist für die Yoruba die Göttin des Jahrtausendwechsels. Dadurch, daß sie Strukturen bis in ihre Wurzeln bloßlegt, löst sie emotionale Blockaden und führt Frauen in das tief in ihrem Inneren schlummernde Wissen ihrer Ahnen ein. Ihre Stürme lösen von den Projektionen der Gesellschaft und führen Frauen zu einer »Ermächtigung ohne Schuld und Liebe ohne Zweifel«.

Die Frauen, die verstanden haben, daß auch aus der Dunkelheit und Negativität kreative Energie erwächst, so Omifunke, würden sich in der Dunkelheit des Bauches und der Vulva der Göttin selbst begegnen, befreit von kulturellen und

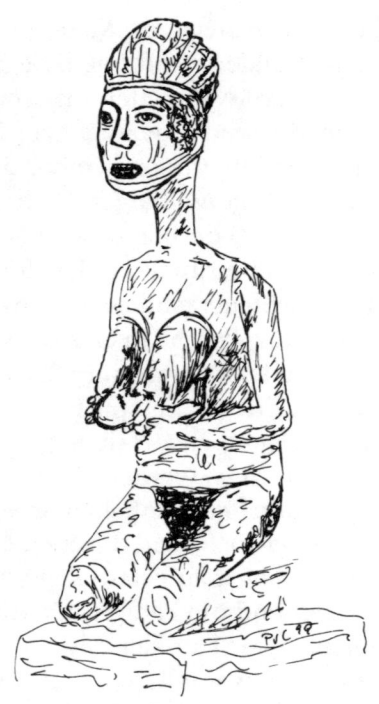

Eine der Schwarzen Mütter Afrikas ist die Göttin Oya der Yoruba. Ihre Priesterinnen bezeichnen sie als Göttin des dritten Jahrtausends und Befreierin der Frauen.

religiösen Verhaltensmustern. Dann ist es an der Zeit, daß Oya, die auf dem Pferd der Leidenschaft Irukere reitet, ihr Schwert sausen läßt, das Äußerlichkeiten vom wahren Ich trennt, und ihren flammenden Blitz schleudert: »Mit Feuer zu sprechen heißt, mit der Medizin von Ernsthaftigkeit und Wahrheit zu sprechen. Vorsicht: Es ist eine Wahrheit, die erleuchten oder verbrennen kann. [...] Oya verlangt Aufrichtigkeit als wichtigste Absicht aller Vereinbarungen zwischen Individuen.« Die drei »Dunklen Mütter« der Yoruba, Osun (Schönheit und Liebe), Yemoja (Nährerin und Stärke) und Oya (Macht und Leidenschaft) erklären damit ein altes Mysterium, das die Baumeister der Krypten auch für die Schwarzen Madonnen nachbildeten. Die Priesterin der Göttin Yemoja deutet die Schwärze als Archetyp der gesamten Menschheit: »Für uns Menschen ist der Platz, wo wir zuerst die ungeheure Dunkelheit des Weiblichen erfahren, der Bauch. Im Bauch erfahren wir vollkommen die Lebenskraft der ›Dunklen Mutter‹, denn sie nährt uns und hält für uns das Licht, während wir Form annehmen und uns darauf vorbereiten, das Tor in die Zukunft zu betreten.«

Etwa ein Jahrtausend ist vergangen, seit die Schwarzen Madonnen ihren Siegeszug durch ein von Glaubenskämpfen geschütteltes Europa angetreten haben. Die majestätische Königin auf dem Thron der Weisheit wird längst in über 500 Schreinen auf der ganzen Welt verehrt und erlebt eine geradezu sagenhafte Renaissance. Die mitternachtsdunkle Himmelskönigin und transformierende Kraft ist eine wahrhaft kosmische Mutter geworden: Sie vereint Frauen verschiedenster Nationen, Kulturen, Religionen, Schichten und Orientierungen in einer Spiritualität, die nicht mehr nur nach innen auf Selbstverwirklichung und Bewußtwerdung gerichtet ist. Die Schwarzen Madonnen in all ihren Facetten lehren eine Weisheit, die nach außen wirken will, die Kraft gibt und Gleichgewicht im Miteinander-Leben, die aber auch Achtung und Achtsamkeit fordert. Wer sich auf die Initiation der Notre-Dame de la Nuit einläßt, fühlt seine Seele bloß, denn ihr Blitzschlag und ihre Drachenkraft trennen alle Äußerlichkeiten und Gedankenkonstrukte ab, verbannen sie ins Nichts. In ihrer düsteren Krypta, zwischen den Urwassern der Erde und den Sonnenenergien des Himmels, wird der Mensch neu zusammengesetzt, indem er seinem tiefsten Inneren mit all seinen Schatten begegnet. Die Integration von Seele, Körper und Geist in einer tiefen mystisch-spirituellen Liebe ist das Geheimnis der Schwarzen Madonnen, zu ganzheitlicher Liebe und einem ausgewogenen Verhältnis zwischen Mann und Frau zu gelangen. Notre-Dame in ihren grün-roten Gewändern, den Farben der Natur und Erde, der Liebe und Würde, kann ein Katalysator sein für die Begegnung mit dem Selbst, die nicht in Kontemplation steckenbleibt, sondern den Blick auf die Kinder der dunklen Mutter richtet. Wenn sie tatsächlich die »Mutter der menschlichen Familie und aller Nationen« ist, wie sie Papst Johannes Paul II. anbetet, kann sie als Mutter auch fordern, daß ihre Kinder nachdenken, wie sie miteinander und mit den geliehenen Ressourcen des Lebens umgehen. Bequem ist die Schwarze Madonna nie gewesen: Vor der Initiation in die Ganzheit, in der männliche und weibliche Aspekte sich fließend ergänzen, steht der Schritt über die Schwelle ins absolute Dunkel der Krypta, der starre Blick der Majestät. Die Schwelle zu überschreiten, heißt all den Ballast abzuwerfen, den Erziehung, Bequemlichkeit oder Gesellschaftsnormen vor der verletzten Seele aufgehäuft haben. Nackt und bloß wie im Mutterleib ist dann eine Wiedergeburt eines zutiefst menschlichen Wesens möglich, das um seine männlichen wie weiblichen Energien weiß und sich nicht mehr als getrenntes Wesen zwischen Geist, Seele, Herz und Körper begreift. Der starre Blick der romanischen Madonnen zwingt zum Innehalten, zur Besinnung und aktiven Teilnahme am Mysterium der Notre-Dame de la Nuit, das bereit macht zur Wandlung. In ihrer Nichtfarbe, ihrem Trotz gegen all die himmlisch-süßen Darstellungen Marias, hat die dunkle Mutter so gar nichts gemeinsam mit einer Madonna, die sich passiv und unterwürfig anbeten läßt wie eine christliche Trösterin oder ein neuzeitlicher Guru. Unbequem ist die strenge Gestalt, denn sie wünscht die Aktivität ihrer Pilger, sie fordert die abenteuerliche Quest von Leben und Liebe, ohne die die echte innere Freiheit nie erlangt werden kann. Thron der Weisheit, mystische Rose, Tor zum Himmel, Frau mit ungeteiltem Herzen, Frau der perfekten Freiheit, durch Spiritualität bewegte Frau, Königin all unserer Herzensschätze[245]: Sie ist die Madonna und Göttin all derer, die die Zukunft voller Liebe und Achtung selbst in die Hand nehmen.

Anmerkungen

1 Bonvin, S. 75.

2 Le Goff, S. 310.

3 Die aus Lindenholz geschnitzte Arbeit aus dem beginnenden 14. Jhdt. ist eine typische gotische Standmadonna mit Jesus auf dem Arm, bei der der Majestätsaspekt zugunsten rein menschlicher Mutterschaft verschwindet. Mit überdimensionalen konischen Prachtgewändern hat man immer wieder versucht, solche Standmarien, zu denen auch alle Loreto-Madonnen zählen, als Schwarze Madonnen zu »tarnen« – bis heute erfolgreich, wie man einigen Büchern mit Verzeichnissen sogenannter Schwarzer Madonnen entnehmen kann. Die alters- und rußgeschwärzte Madonna von Altötting stammt wahrscheinlich aus Burgund.

4 Bonvin, S. 37ff.

5 Bonvin, S. 62. Bonvin listet dazu folgende noch erhaltene Schwarze Madonnen auf (S. 217ff.): Conques (Aveyron): Die Reliquienstatue der Ste. Foy, weder schwarz noch mit Kind. Espalion (Aveyron): »La Négrette« stammt aus einer Kreuzigungsszene des 15. Jhdts. und wurde in der Revolutionszeit schwarz bemalt, um sie vor plündernden Horden zu schützen. Sie ist keinesfalls eine Schwarze Madonna, könnte aber einen älteren Kult nachahmen. Clermont-Ferrand (Puy-de-Dôme): Die erste aller *Vierges en majesté* des Bischofs Étienne II. ist in der Revolution zerstört worden, überliefert ist nur die Zeichnung im berühmten Codex Claramontanus. Notre-Dame du Port in der gleichnamigen Kirche ist eine schlechte Kopie des 18. Jhdts. Das Original soll vom heiligen Avitus an einer Quelle inthronisiert worden sein. Notre-Dame de Chantoin im Couvent de la Providence heißt heute Notre-Dame des Lumières (Unsere Dame der Lichter) und ist wahrscheinlich eine der ältesten der Stadt. Notre-Dame de la Bonne Mort (Unsere Dame des guten Todes), im 19. Jhdt. geschwärzt und vergoldet, fand sich zufällig 1972 im Grab eines Bischofs, der sich mit der Todeshelferin beerdigen ließ. Moulins (Allier): Von zwei Statuen ist noch eine übrig, die direkt auf einen alten Göttinkult zurückgeht und vor der man früher wächserne Sonnenräder entzündete. Nevers (Nièvre): Notre-Dame des Grâces. Paris (Ile-de-France): Saint-Germain-des-Prés: Bis ins 16. Jhdt. wurde in der Abbaye Notre-Dame de Toutes-Aides eine schwarze Isisstatue verehrt, zerstört von Kardinal Briçonnet.

6 Huynen, Jacques: L'enigme des Vierges Noires, Paris: Robert Laffont 1972.

7 Begg, S. 108.

8 *Shekinah,* ein Begriff aus der jüdischen Kabbala, bedeutet die »Einwohnung« Gottes, den weiblichen Aspekt. Der männliche Aspekt Gottes wurde durch eine linke Hand dargestellt. Erst in der Verbindung beider war Gott vollständig.

9 Wörtlich aus dem Lateinischen: »das Ineinandervermischen der Hände«.

10 S. Chebel, Stichwort »main«. Chebel zitiert u.a. folgende Koransuren: XXIII, 88. XXXVI, 83. LXVII. XXXVI, 83.

11 Vgl. Jean Markales Monografie über Melusine. Mehr zu den islamischen Wurzeln und der Verwandtschaft zu Melusine und ähnlichen Göttinnen s. Kapitel 3 und 4.

12 Chevalier, S. 602.

13 Bonvin (S. 56) schreibt, daß nachträgliche Restaurationen oder Zugaben sogar versucht haben, dieses Maß zu brechen. So sei die Notre-Dame de Moulins, einst im perfekten Maß, künstlich auf 85 Zentimeter erhöht worden.

14 Die Hachemiten oder Hachimiten sollen von Hachim, dem Urgroßvater Mohammeds abstammen. Damit gehören sie dem mysteriösen Stamm der Qoraich an, die laut Camphausen Wächter des Schreins der Göttin Q're waren. Verbreitet in Arabien, dem Irak, Transjordanien und Jordanien, wurden sie als Souveräne über Mekka vom 10. Jhdt. bis 1924 berühmt.

15 Strassmann, S. 287ff.

16 Strassmann, S. 291.

17 Bonvin (S. 57) nennt als schwarzen Meteoriten die heute verschwundene Schwarze Madonna von Sarrance. Eine Madonna aus der seltsamen Tonerde-Metall-Mischung, die von einer ungeheuren Dichte gewesen sein soll, stand einst in Couterne in der Region Orne. Das Material könnte ebenfalls von einem Meteoriten stammen, aber auch diese Madonna ist verschwunden.

18 Die sogenannten Lukas-Madonnen haben laut Bonvin (S. 33) zwei Ursprünge: Die eine Version ordnet sie einer florentinischen Schule zu, wobei der Maler Luca im Florenz des 11. Jhdts. in den Evangelisten verwandelt worden sein soll. Die andere nennt als echten Schöpfer einen Maler namens Rico, der der kretischen Ikonenschule von Venedig angehörte, die Europa zwischen dem 13. und 16. Jhdt. mit Lukas-Ikonen reichlich eindeckte. Die ältesten heute bekannten Ikonen stammen laut Bonvin von 1262 und 1266.

19 Heute als Manuskript Nr. 145 in der Bibliothek von Clermont-Ferrand. Es ist in lateinischer Sprache von einem Diakon namens Arnaud abgefaßt.

20 Das Original wurde in der Französischen Revolution, in der ein Großteil der berühmtesten Schwarzen Madonnen zerstört wurde, eingeschmolzen, um Geldstücke daraus herzustellen.

21 Bei den Merowingern galten die Haare als Sitz magischer Macht und

solares, d.h. der Sonne zugeordnetes, weibliches (!) Symbol. Der Beiname der Königinnen und Könige war deshalb *criniti* – die Haarigen. Dagobert II. war nicht der einzige Merowinger, dem zwecks Sturz die Kirche die Haare schor.

22 Wie tief solch ein magischer Glaube sitzt, läßt sich an den Haartrachten der Jahrhunderte sehen. Während weibliche Haare seit der Inquisition oft mit Hexenmacht und negativ mit der Sünde der Verführung gleichgesetzt werden, galten Männerhaare meist als Zeichen männlicher Kraft und Potenz. Ist es also nur Zufall und Äußerlichkeit, daß langhaarige Jugendliche gefürchtet werden und Frauen in bestimmten Kulturen ihre Beine rasieren sollen, Szenekultur mit Haartrachten oder Glatzköpfen provoziert, Eremiten ihre Haare frei wachsen lassen, Mönche und Nonnen sich dagegen den Kopf scheren?

23 Vgl.»Über das Verhalten der Frau im Gottesdienst« 1. Kor. 11.

24 Bonvin, S. 160

25 Seine Theorien hat er in einem Buch ausgearbeitet. O.G.S. Crawford: The Eye Goddess, New York: Macmillan 1956.

26 Bonvin, S. 40f.

27 Ein kleines Dorf nordwestlich von Moulins im französischen Departement Allier.

28 Weil die drei Sträucher in der Literatur oft verwechselt werden, hier die botanischen Bezeichnungen. Weißdorn: *crataegus monogyna* oder *crataegus laevigata*, Schwarzdorn oder Schlehe: *prunus spinosa*, Stechpalme: *ilex aquifolium*.

29 Notre-Dame-des-Houx = Unsere liebe Frau der Stechpalmen. Die Ortsbezeichnung von Arfeuilles könnte ebenfalls vom immergrünen Baum stammen, denn *feuilles* sind die Blätter, vielleicht des Baumes (arbre).

30 Bonvin, S. 262f., Begg, S. 171f.

31 In Markale, S. 160f.

32 Faujas de Saint-Fons untersuchte die Statue am 25. und 30. Oktober und am 3. November 1777, seine Recherchen veröffentlichte er ein Jahr später in Paris in: Recherches sur les volcans éteints du Vivarais et du Velay. Ich beziehe mich auf den reeditierten Bericht in Bonvin, S. 205–212.

33 Bonvin, S. 211

34 Weitere Beispiele in: Petra van Cronenburg: Geheimnis Odilienberg. Eine Reise durch heilige Räume und Zeiten, München: Eugen Diederichs Verlag 1998.

35 Die gravierte Tafel der Isis (Mensa Isaica) aus dem ersten Jahrhundert n.u.Z. zeigt Isis in sehr ähnlicher Manier und Darstellung wie die Schwarzen Madonnen. Das zum ersten Mal 1720 erwähnte Fundstück gelangt 1775 aus den königlichen Archiven ins Turiner ägyptische Museum. Faujas de Saint-Fons ist zwei Jahre später also er-

staunlich auf der Höhe seiner Zeit, denn noch sind ägyptische Forschungen rar. Erst 1798 wird die ägyptische Kunst durch Napoleon ins Licht der Öffentlichkeit gerückt.

36 Bonvin, S. 209.

37 Wissenschaftlern ist z.b. heute der Nachweis gelungen, daß viele dem Baumeister Erwin von Steinbach zugeschriebene Arbeiten am Straßburger Münster erst nach dessen Tod entstanden und mit aller Wahrscheinlichkeit von Sabrina, seiner als Steinmetzin bekannten Tochter, angefertigt wurden.

38 Französische Archäologen haben kürzlich im Wüstensand Experimente zur neuesten ägyptologischen Forschung angestellt. Dabei entdeckten sie, daß der dort vorkommende Sand in stabilster Lage aufgehäuft wird, wenn man ihn langsam auf einen Punkt rieseln läßt: Es bildet sich eine kleine Pyramide mit genau der Neigung der Cheopspyramide. Auch die Rekonstruktion der Baumeistertechniken mit Hilfe eingeborener Steinmetzen scheint zu bestätigen, daß die alten Ägypter hervorragende Beobachter der Natur waren und heilig wurde, was der Natur entsprach.

39 Vor allem Pflanzen zeigen dieses Pentagramm und wurden deshalb verehrt. Viele Blüten wie von Weißdorn, verschiedenen Beeren, aber auch von Giftpflanzen wie den Nachtschattengewächsen sind derart angeordnet, man sieht es im quer aufgeschnittenen Apfelgehäuse und an den verdorrten Kelchblättern von Granatapfel und Vogelbeere.

40 Initiation: von lat. *initiatio* = *initium* = der Anfang. In der mittelalterlichen Alchemie gleichbedeutend mit Lehre, Einweihung in die Mysterien, meist im Zusammenhang mit rituellen Einweihungen und Aufnahmezeremonien in geheime Gesellschaften gebraucht. Im Ursinn bedeutet Initiation jedoch nichts anderes als ein Ereignis oder eine Erfahrung, die derart neue Einsichten bietet, daß die Initianten dadurch innerlich und äußerlich neue Lebenswege beschreiten.

41 Radiästhesie ist die besondere Empfindsamkeit und Fähigkeit sensitiver Personen, Strahlungen, Schwingungen, Vibrationen, Emanationen und Feldwirkungen ihrer Umgebung wahrzunehmen und zu deuten. In der Regel werden hierzu Anzeigegeräte wie Rute oder Pendel benutzt. (H. A.)

42 Trilloux, S. 144.

43 Trilloux und Bonvin meinen, der Schwellenstein liege grundsätzlich auf einem Involutionspunkt des Hartmann-Netzes und strahle die entgegengesetzte Energie eines »Kraftortes« aus. Das Hartmann-Netz ist eines von vielen Magnetfeldern, die laut Radiästhesie die Erde in einer Gitterstruktur umspannen. Trilloux und Bonvin halten Involutionspunkte für eine Art »Einatmungspunkt« der Erdenergien. Andere Radiästhesisten sprechen nur von schwächeren Plätzen. Wissenschaftliche Untersuchungen, die die unterschiedlichen

subjektiven Empfindungen erhellen könnten, wurden meines Wissens niemals ernsthaft unternommen.

44 Pforte der Initiierten. Auch heute ist das Tor für den allgemeinen Touristenverkehr geschlossen. Innen bildet die »Petrussäule« eine Art Siegel.

45 Die Bauloge »Unserer Lieben Frauen Werk« war Vorbild für alle großen Baulogen Europas, Straßburg später eines der wichtigsten freimaurerischen Zentren. Das sogenannte »Frauenhaus«, heute Museum, beherbergt den Ritualsaal der Freimaurer und die berühmtesten Funde aus dem Münster, die dort nur noch als Replik zu sehen sind, weil die Luftverschmutzung ihren roten Sandstein zu schnell zerfrißt. Aus diesem Grund kommt die immer noch existente Bauloge kaum nach, die Kathedrale zu schützen und zu restaurieren.

46 Wörtlich: große allerhöchste Loge.

47 Giuseppe Balsamo (1743–1795), der sich Alexandre Graf von Cagliostro nannte, wurde als Mediziner und Okkultist berühmt-berüchtigt. Es gibt schriftliche Beweise, unter anderem pharmakologische Rezepte, daß Cagliostro eine Zeitlang in Straßburg lebte. Möglicherweise wurden er und Kardinal de Rohan dort in die sogenannte »Halsbandaffäre« verwickelt. Dabei ging es um ein nicht bezahlbares Collier, das der Kardinal de Rohan angeblich für die Königin Marie-Antoinette besorgen sollte. Der Betrug und die Intrige gegen die unschuldige Königin, angezettelt von der Comtesse de la Motte – wahrscheinlich mit Hilfe Cagliostros –, beschädigte das Ansehen der Königin nachhaltig und war einer der Gründe für das Ausbrechen der Französischen Revolution.

48 Auch heute noch ist seine Eremitei »Gros Chêne« (Dicke Eiche) im Wald von Hagenau Pilger- und Ausflugsziel. Wie alle irischen Gründungen steht die heilige Eiche (heute nur noch ein Stamm) an einem Bächlein, das ursprünglich einer keltischen Göttin geweiht war. Die zahlreichen Funde des Waldes, der eines der wichtigsten religiösen Zentren der Protokelten und Kelten war, befinden sich heute im Historischen Museum von Hagenau.

49 Zur Tradition der Kindlesbrunnen und den berühmten Kindlesbrunnen mit der Schwarzen Madonna vom Lac de la Maix in den Vogesen (Frankreich) s. Petra van Cronenburg: Geheimnis Odilienberg, S. 29ff. und 99f.

50 Zur Bedeutung der Linde im frühen Mittelalter: Petra van Cronenburg: Geheimnis Odilienberg, S. 59f.

51 Trilloux, S. 98ff. Beispiele für künstliche Wasseradern sind in Frankreich demnach die Kirche von Trie-sur-Baïse (Gers), eine Kapelle über Eaux-Bonnes (Hautes Pyrénées) und die Kirche von Thuret (Schwarze Madonna, Puy-de-Dôme). Ein Kanalsystem speiste einst die Pilgerkirche von Compostela, und die Autoren wollen einen Zusammenhang mit dem Ende der Wunder und der Verschüttung der Kanäle sehen.

52 In Frankreich wird die Göttin heute Vouivre genannt, von gallisch *nwywre* = Viper, Schlange. Der Name der sehr viel älteren Göttin, die wahrscheinlich bis in megalithische Zeiten zurückführt, ist nicht mehr bekannt. Vgl. van Cronenburg: Geheimnis Odilienberg.

53 An solchen sogenannten »Drachenplätzen« findet man sehr oft Legenden vom drachentötenden Ritter St. Michael oder St. Georg. Hieros Gamos = Heilige Hochzeit. Gemeint ist weder eine Eheschließung im heutigen Sinne noch ein auf Sexualität reduziertes Ritual, sondern eine Verschmelzung von Seele, Geist und Körper.

54 Von griech. κοσμος = Kosmos, lat. *tellus* = (Mutter) Erde. *Vortex* = hohler Wirbel, der sich unter bestimmten Bedingungen in einer fließenden Flüssigkeit bildet.

55 Vgl. van Cronenburg, S. 144ff.

56 Stechpalmenbeeren galten als Symbol des Menstruationsblutes, die Beeren der Eichenmistel als das des männlichen Samens.

57 S. Trilloux, S. 205 und Begg, S. 199.

58 Ein Beispiel ist Carnac in der Bretagne, dessen Ausrichtung nach Energiegesichtspunkten heute noch von vielen Naturwissenschaftlern bestritten wird. Das französische Centre National des Recherches Scientifiques (CNRS) und der nationale Stromkonzern EDF sind sich jedoch sicher, mit ihrem noch laufenden Forschungsprojekt unter Einbeziehung neuester Geräte und Computertechnik in dieser Richtung fündig zu werden.

59 Ganz besonders deutlich sieht man diese Linienführung bei: Notre-Dame de St. Gervazy (Puy-de-Dôme), Notre-Dame de Marsat (Puy-de-Dôme), Notre-Dame de la Bonne Morte (Clermont-Ferrand) und Notre-Dame d'Orcival (Orcival), die alle mit megalithischen Stätten wie Menhiren und Dolmen in Verbindung standen oder noch stehen.

60 Vgl. Bayard, S. 333.

61 Bayard S. 363.

62 Solche schiffchenförmigen Kuchen opferte man auch der Aphrodite Marina und der Isis.

63 Begg, S. 58f.

64 Ferrabo, später Fourvière, leitet sich von lat. *farrago* ab, was soviel heißt wie »Mischung«. Im materiellen Sinn sind verschiedene Körner gemeint, im übertragenen Sinn eine Vermischung.

65 *Copia* = Überfluß, vgl. Begg, S. 58.

66 Bonnes Mères = Gute Mütter. Varianten sind andere Madonnennamen mit »bonne«, wie Notre-Dame-de-la-Bonne-Morte = Notre-Dame des guten Todes. Bona Dea ist wahrscheinlich ein Titel der sabinischen Göttin Lupa, die von den Römern als Fauna adaptiert wurde.

67 Walker: Symbole, S. 343f.

68 Eine ausführliche Schilderung, wie solch ein Ritual ausgesehen haben könnte: van Cronenburg, S. 144ff.

69 Bonvin, S. 63.

70 Jungianisch geprägte Bücher über Schwarze Madonnen setzen diese fälschlicherweise mit dem Altersaspekt der Göttin als Schwarze Alte oder *Crone* gleich.

71 Walker: Wissen, S. 329f.

72 Die meisten Schwarzen Madonnen wurden wahrscheinlich durch die Plünderungen der Französischen Revolution zerstört, nur selten erreichten die Kopien eine derartige Genauigkeit wie die der Notre-Dame-du-Puy. Heute werden Schwarze Madonnen vor allem durch international organisierten Kunstraub bedroht, der dramatisch anstieg, seit sie in esoterischen Büchern beschrieben wurden.

73 Krankheit des Brennens oder Höllenfeuer.

74 Hervorgerufen durch verpilztes Getreide, z.B. durch Mutterkorn, äußert sich die Krankheit in Störungen des Nervensystems bis hin zu Halluzinationen und psychotischen Wahnvorstellungen, einhergehend mit Durchblutungsstörungen der Gliedmaßen bis hin zu deren Absterben.

75 Ein Chronist aus Arras berichtet, daß durch die Erscheinung einer Lichtfrau zur Zubereitungsstunde des Trankes von 145 Menschen 144 geheilt worden seien, die eine Ausnahme sei ein Zweifler an der Gruppen-Vision gewesen. (Chiron, S. 84f.) Auch sympathetische Magie scheint im Spiel gewesen zu sein, weil das Aussehen der Kranken im letzten Stadium der Farbe der Madonnen ähnelte.

76 Begg, S. 116ff.

77 Van Cronenburg, S. 111f.

78 Walker: Wissen, S. 248.

79 Disablot / Disting / Disenopfer: von germanisch *blot* = Opfer, Ritual. Freyja galt als *Dise* (Geist oder Ahnin) der Vanen. Mit der Hammerweihe wurde die Feldarbeit des Jahres begonnen, am Abend wurde ein Abendessen mit Plätzen für die Ahnen und Disen gefeiert: ein Fest des Frühlings, der Fruchtbarkeit und des Friedens.

80 Walker: Wissen, S. 388.

81 Mariä Lichtmeß (2. Februar), Mariä Verkündigung (25. März), Mariä Heimsuchung (2. Juli), Mariä Himmelfahrt (15. August), Mariä Geburt (8. September), Unbefleckte Empfängnis (8. Dezember).

82 Viele Göttinnen und Götter erscheinen mit dem gleichen Namen: Lupa und Lupus, Fauna und Faunus, Baalat und Baal, Janua und Janus usw. Walker interpretiert die männliche Form als eine reine Patriarchalisierung zur Verdrängung der Göttin. Ist es nicht auch möglich, daß der Heros der Göttin deren Namen als Titel annahm, um seine eigene Persönlichkeit seiner Göttin und Königin zu weihen?

83 Kindlessteine sind oft wie ein Thron gebaut, z.B. auf dem französischen Côte de Répy, oder haben Namen, die an Wichtel und Gnome erinnern. Vgl. van Cronenburg, S. 133ff.

84 Kunsthistorischer Fachausdruck: Jungfrauen als Majestät dargestellt.

85 »Die Kirchenväter lehnten diesen Titel ursprünglich ab, denn: ›Es ist unmöglich, daß Gott von einer Frau sollte geboren werden.‹« Walker: Wissen, S. 1086.

86 Chiron S. 48ff. Chiron vergleicht die unmöglich erscheinende Vision mit der angeblich ersten Marienvision der Geschichte, die über den römischen Kaiser Augustus Octavius (27 v.u.Z. – 9 n.u.Z.) in der Kirche Santa Maria d'Aracoeli in Rom kolportiert wird. Archäologisch ist nachgewiesen, daß die ältesten Ursprünge dieser Kirche erst aus dem 10./11. Jhdt. stammen und der Bericht dazu nicht vor dem 12. Jhdt. geschrieben wurde. Augustus Octavius konnte an jener Stelle nur einen Tempel der Juno Moneta, der Mahnerin, vorfinden, der Nachfolgerin der Göttin Tanit.

87 Jungfrau im antiken Sinn, bedeutet soviel wie junge Frau, die ohne Mann lebt, nicht aber Keuschheit.

88 Chiron, S. 55.

89 Markale, S. 113.

90 Marie de France, berühmte Dichterin ihrer Zeit, lebte von 1159–1184 und schrieb die »lais«, Lieder, sowie »fables«, Fabeln.

91 Markale, S. 53.

92 Kleiner Engel auf der (Stadt)mauer. Das Wappen von Emden, das Kaiser Maximilian 1495 verlieh, zeigt eine gekrönte Frauengestalt mit ausgebreiteten Flügeln auf einer Mauer, Wellen deuten symbolisch den Fischunterkörper an. Das Grafengeschlecht der Cirksena, einst Häuptlinge von Greetsiel, hatte sein eigenes Wappen als Muster gestellt.

93 Markale, S. 15.

94 Zitiert aus: Zingsem, S. 137.

95 Vgl. Zingsem, S. 109f.

96 Ein Extrembeispiel ist Hobal, Vater mehrerer Gottheiten im alten Tempel von Mekka und Schutzpatron der Karawanenführer, als männlicher Gott belegt. Alby Stone von der heidennahen englischen Zeitschrift *At the Edge* konstruiert, weil er nur die englische Schreibweise Hubal kennt, in einem beispiellosen ethymologischen Kraftakt daraus die Göttin Kybele. Autoren der neuheidnischen Religionen bevorzugen diese Verweiblichung männlicher Götter Arabiens, die sie oft kunstvoll zu einer Triade nach Wicca-Traditionen umarbeiten. Auch Barbara G. Walker sitzt diesem Fehler der Jungfrau-Mutter-Alten-Triade auf, verstrickt sich in Widersprüche, als ihre Jungfrau plötzlich als Mutter gilt. Ebenfalls ein Fehler, den auch sie übernimmt, ist es, die Hauptgöttinnen zu Mondgöttinnen zu erklären. Der Mond ist im Arabischen männlich, die Sonne weiblich.

97 Bedeutet Kubus, Würfel. Ich folge in der Schreibweise arabischer Eigennamen der Version von Malek Chebel mit eingedeutschtem u-Laut.

98 In der islamischen Theologie heißt das Problem *an-nasikh ual-mansukh:* der Abschaffende und das Abgeschaffte. Es geht darum, daß

222

die Verse aus dem Mund des Propheten (53. Sure, Verse 20 und 21) von der Tradition als satanisch eingestuft wurden. Es heißt, der Engel Gabriel habe Mohammed von deren satanischem Ursprung überzeugt, so daß dieser sie erst vollkommen geändert, dann gestrichen habe. Zu verstehen ist dies vor dem Hintergrund des Kampfes zwischen dem Propheten und seinem eigenen Clan, den heidnischen Qoraich. Die theologische Meinung im Islam zu diesen Versen ist je nach Tradition gespalten.

99 Zitiert in Chebel, S. 292. Chris King gibt folgende Version wieder: »Habt Ihr dann auch gedacht an die Lat und die Uzza, – und an Manat, die dritte, die letzte? – Diese sind die erhabenen Vögel [*gharaniq*] – deren Vermittlung bewiesen ist« und erklärt [*gharaniq*] als Kraniche, einen der heiligen Vögel alter Göttinnen. Übersetzung der Autorin.

100 Die deutschsprachige Onlineausgabe des Korans von der Muslim Students Association der Oregon State University zitiert Sure 53, Verse 19–22:»Ihr aber, habt ihr Lát und Uzzá betrachtet, – und Manát, die dritte, die eine andere ist? – Wie! sollten euch die Knaben sein und Ihm die Mädchen? – Das wäre wahrhaftig eine unbillige Verteilung.« Die gleiche Stelle heißt auf dem deutschen Islamserver: »Was haltet ihr nun von Al-Lat und Al-'Uzza – und Manah, der dritten der anderen? – Wie? Sollten Euch die Knaben zustehen und Ihm die Mädchen? – Das wäre wahrhaftig eine unbillige Verteilung.«

101 Zitiert aus der Koranfassung des Zentralrates der Muslime in Deutschland. Nach Chebel, S. 322, stehen folgende vorislamischen Gottheiten fest (Geschlecht oft ungewiß oder Naturkräfte): Wadd: Gottheit der Liebe und Freundschaft, Suwa': Gott der Hamdaniden mit Heiligtum in Ruhât, Yaguth: Gottheit der Hilfe aus dem Jemen, Ya'uq: jemenitischer Gott, »er verteidigt«, Nasr: »Adler«, Tagut: »rebellisches Wesen«, Hobal: Vater verschiedener Gottheiten in Mekka, Patron der Karawanenführer, Jibt: unbekannt. Von Na'ila erzählt man sich, sie sei als schwarze Frau erschienen, als Mohammed die Idole zerstörte und schreiend aus der Kaaba gerannt.

102 Jabal al-Nur = Berg des Lichts. Der auffällige Berg bei Mekka hat eine künstlich angelegte Grotte aus drei Wänden mit einer Kuppel, die genau auf die Kaaba ausgerichtet ist.

103 Zahl nach Armstrong, Karen: Muhammad, Victor Gollancz 1991, London, zitiert bei King.

104 Nach Armstrong, zitiert bei King.

105 Übersetzung der Autorin aus der englischen Fassung von Nabih Faris: Ibn al-Kalbi – The Book of Idols, Princeton University 1952, Princeton, zitiert bei King.

106 Die heutige Schwarze Madonna von Montserrat, eines der schönsten Beispiele romanischer Madonnen, stammt etwa aus dem 12. Jhdt. Das berühmte Benediktinerkloster steht auf dem Platz eines alten Venustempels.

107 Chebel, S. 132.
108 Fachausdruck für einen aufragenden, meist vierkantigen Stein von griech. *baitylos* = Haus Gottes. Im gesamten Vorderen Orient wurden *baityloi* verehrt, daher das hebräische *beth-el* (vgl. Bethel, Bethlehem) und das arabische *bayt-ilah*.
109 Maße nach Camphausen und At the Edge-Archiv. Informationen zur Kiswah: aus der Online-Zeitung Arabview im Arab Net.
110 Vgl. King: The daughters of Allah.
111 Zusammen mit einem viergesichtigen Gott wurden die Bronze-statuen 1930 von illegalen Händlern verkauft und werden heute im orientalischen Institut der Universität von Chicago aufbewahrt. (http://asmar.uchicago.edu/OI/MUS/HIGH/OIM_A7120_72dpi. html zeigt eine Großaufnahme der Göttin im Internet.)
112 Nicht ganz zufällig fand hier im Jahr 431 das Konzil statt, das Maria zur Gottesgebärerin erklärte: Zu hartnäckig und lange hatte sich die Verehrung der Großen Göttin in Ephesos gehalten, zu sehr ähnelte die Göttin der mythisierten Maria.
113 Notre-Dame vom Stein. Bonvin meldet diese Madonna wie die aus Couterne, die ebenfalls aus einem Meteoriten gemacht sein konnte, als verschwunden. Begg zitiert zwar beide in seiner Bestandssamm-lung, scheint aber keine dieser Madonnen selbst gesehen zu haben, denn seine Angaben zur Madonna von Couterne mit ihrer heiligen Quelle widersprechen sich.
114 Walker: Wissen, S. 61f.
115 Walker: Wissen, S. 63.
116 Walker: Wissen, S. 701.
117 Die Propaganda der Prieuré de Sion in der neueren Esoterikliteratur stammt hauptsächlich aus dem Buch »Die Legende des Grals« von Baigent/Leigh/Lincoln, das von anderen Autoren unkritisch zitiert wird.
118 Zur Geschichte der Merowinger und insbesondere Dagobert II. vgl. Petra van Cronenburg: Geheimnis Odilienberg.
119 Begg, S. 14 u. 13. Auch Begg zitiert nur Baigent/Leigh/Lincoln u. a., anscheinend ohne selbst recherchiert zu haben.
120 Bayard: Guide, S. 47f.
121 Bonvin, S. 62f.
122 Die Schweigerituale wurden im 15. Jhdt. verboten, weil sie zu Aus-schweifungen geführt hätten.
123 Seit dem 8. Jhdt. n. u. Z. gab es keine orientalischen Skulpturen mehr.
124 Hohelied, Kap. 1 Vers 5–6.
125 Die Templermadonna existiert nicht mehr, die heutige Statue stammt aus dem 17. Jhdt. Es ist auch kein Zufall, daß die alte Madonna eine Kopie aus Le Puy war, denn die Schenkung machte der damalige Herr von Puy-en-Velay, Raoul de Montgeniez.
126 Bonvin, S. 77.

127 Bonvin, S. 78ff.

128 »Moralspiegel«, Bottineau, S. 236.

129 Im 12. Jhdt. trafen sich die vier Hauptwege in Puente la Reina. Sie kamen von: St.-Gilles, Montpellier*, Toulouse* und dem Somportpaß, über die Notre-Dame in Le Puy*, die Statue der Ste. Foy (*) in Conques und St.-Pierre in Moissac, außerdem über Ste.-Marie-Madeleine in Vézélay*, St.-Léonard von Noblat und Périgueux*, sowie St.-Martin in Tours*, St.-Hilaire in Poitiers (*?), St.-Jean in Angély, St.-Eutrope in Saintes und Bordeaux (vgl. Bottineau, S. 85). Orte mit * hatten/haben eine romanische Madonna.

130 Bonvin, S. 107.

131 »A moi beau sire! Beauséant à la rescousse!« Der Schlachtruf heißt soviel wie: »Es ist die Reihe an mir, nobler Herr! Die für die Eroberung Jerusalems Angemessenen an die Befreiung!« Beau hatte im Mittelalter vor allem die Bedeutung »nobel«, »von edler Geburt«. Interessant, daß die angeblich geheimnisvollen Wörter aus dem 12.–13. Jhdt. stammen. Das etymologische Wörterbuch von Larousse deutet rescousse (1160) als Zurückeroberung, Befreiung, séant (pl. saanz) bezeichnet im 12. Jhdt. Menschen, die angemessen für etwas sind, von gutem Benehmen, während bau oder balc vom fränkischen Wort balk für Balken im 13. Jhdt. zu einem Synonym für die Eroberung von Jerusalem wurde, aber auch den Noblen bezeichnen konnte.

132 Aurifontina Chymica, London 1680, Kap.: Colours to be observed in the Operation of the Great Work, übersetzt aus der ALO.

133 Ihre Deutungen prägen die Esoterik noch heute: Die Tarotkarten des Rider Waite Tarot, das Aleister-Crowley-Tarot und das O.T.O.-Tarot zeigen auf der Karte »Teufel«, was sich die Okkultisten einst vorstellten. Sie bezogen sich auf die Prozeßakten und griechische Wortdeutungen, wonach die letzte Silbe vom griechischen metis = Weisheit abgeleitet sein soll. Warum die Templer Griechisch gesprochen haben sollen, ist nicht einleuchtend, zumal inzwischen auch Troubadourlieder auftauchten, die das altfranzösische Wort bafometz benutzen. Der Baphomet war also nicht nur Templern bekannt.

134 Begg, S. 108.

135 Hebräisch wird nur in Konsonanten von rechts nach links geschrieben. Aus »T-M-WAW (= O)-PH-B« wird »ALEPH (= A)-J (= I)-PH-WAW-S«. Die Informationen zu Schonfields Theorie stellte freundlicherweise Stephen Dafoe zur Verfügung auf: http://intranet.ca/~magicworks/knights/

136 Lachaud, S. 147f.

137 Mowahhid (pl. mowahhidun) heißt »Monotheist«. Das Wort Druse, abgeleitet von einem der Religionsgründer, Darazi, ist noch im Umlauf, obwohl die Gruppe Darazi als Ketzer ansieht und selbst die Bezeichnung ablehnt. Etwa 200000 bis 300000 Mowahhidun leben heute noch streng geheim ihre Religion im Libanon, den Bergen hinter

Beirut und Sidon, aber auch vereinzelt an der Nordgrenze Israels, in Syrien und auf den Golanhöhen. Vom Islam werden sie abgelehnt, weil sie die fünf Vorschriften der Muslime nicht einhalten.

138 *Hachach* und *hachachi* bedeutet im Arabischen Droge, Drogennehmender. Der Orden wurde so genannt, weil der Alte vom Berge seine Krieger mit Haschisch und paradiesischem Leben gefügig machte. Durch die Schreckensherrschaft des brutalen und unerbittlichen Religionsstifters (um 1090) erhielten sie bald die Bezeichnung Assassinen, Mörder.

139 Lachaud, S. 156.

140 Bürgerlich Gerbert d'Aurillac (938 in der Auvergne – 1003, Papst 999–1003), berühmt für seine Kenntnisse in der Mathematik, war er der Papst der Jahrtausendwende.

141 Griechisch *basiliskos* = kleiner König.

142 Die mystische Lehre der jüdischen Kabbala wurde schon früh im Mittelalter von Christen dazu benutzt, pseudomagische Systeme unter diesem Namen zu verkaufen. Was heute in der Esoterik unter Kabbala beschrieben und von Esoterikern wie Papus, Eliphas Lévi und Aleister Crowley übernommen wurde, stammt fast ausschließlich aus dieser verfälschten Variante. Zum Unterschied zwischen der verfälschten Kabbala und der jüdischen Kabbala vgl. Gershom Sholem: Alchemie und Kabbala, Frankfurt 1994, Suhrkamp.

143 Aus Tertullians Appendix »Gegen alle Häresien«, Kap. 1: Früheste Häresien: Simon Magus, Menander, Saturnius, Basilides, Nikolaus, nach der englischen Übersetzung von Rev. S. Thelwall, Gnostic Society Library.

144 Dies ist eine Behauptung aus Verhören und Folterberichten, muß also nicht stimmen. Es könnte genausogut sein, daß die These Tertullians von den Richtern der Templerprozesse zur Anwendung gebracht werden sollte.

145 Irenäus, Kap. II., Gnostic Society Library.

146 Propator ist einer der Namen für das höchste Göttliche, gleichbedeutend mit dem Pleroma.

147 Basilides' Anhänger wurden offiziell im 4. Jahrhundert ausgerottet, doch kannten Katharer und Templer ihr Wissen, vermutlich aus Originalquellen in Alexandrien und Kairo. Die Zitate stammen aus Basilides: Sieben Reden an die Toten [gemeint sind die nichtgnostischen Christen], ins Englische übersetzt von Carl Gustav Jung 1916, Gnostic Society Library.

148 Altgriechisch = die Fülle.

149 Altgriechisch *ennoeô* = im Sinne, im Verstand haben.

150 Gnostischer Katechismus der Gnostic Society, Lektion 6 (Sophia), Abschnitt 110. Gnostic Society Library.

151 Weit älter als zwölf wirkt er bei der Madonna von Orcival, der berühmten Notre-Dame von Rocamadour, der Notre-Dame de Sans

Parler (Chappes/Allier), der romanischen Madonna von Saulzet-le-Froid (Puy-de-Dôme), der Notre-Dame de la Ronde (Chazeuil/Allier) und der Notre-Dame de Vauclair (Molompize, Cantal), die laut Ursula Kröll in der Nähe eines Fensters steht, das ein Dreieck auf einer Rose mit arabischer Inschrift zeigt.

152 Basilides: Sieben Reden.

153 Zingsem, S. 79.

154 Begg, S. 103.

155 Notre-Dame der Guten Hoffnung, früher Notre-Dame de l'Apport (Notre-Dame des Anteils), wahrscheinlich aus dem 11. Jhdt. Ein Detail, das Begg nennt, scheint interessant: Wer die Eule in der Nordfassade der Kirche reibt, wird mit Glück gesegnet.

156 Laut Bonvin wurde das Original in den Religionskriegen zerstört, Begg, der die Madonna, die mit ihrer heiligen Quelle Kinder zum Leben erweckt, in der École St. Bernard gesehen haben will, meint also eine spätere Skulptur. Der Ort, in dessen Nähe das Templerhaus von Voulaines lag, ist ein alter vorchristlicher Kultort inmitten dreier Flüsse: der Seine, des Douix, und der Ource, die auf einem Hügel entspringt, den einst eine Blasius-Kapelle schmückte. Hier fand man auch das reiche Grab der Keltenprinzessin von Vix, dessen Funde in Chatillôn-sur-Seine aufbewahrt werden.

157 Bonvin, S. 103. *Regina Coeli* = Himmelskönigin, *Sancta Dei Genetrix* = Heilige Gebärerin Gottes, *Coeli Porta* = Himmelspforte, *Stella Matutina* = Morgenstern, die Venus. Ein besonders eindrucksvolles Beispiel ist das Kirchlein Notre-Dame bei Locmaria auf der bretonischen Belle Isle: In Skulpturen, Gemälden, Glasmalereien, Mosaiken ist Notre-Dame in vielfältigen Erscheinungsformen dargestellt, als Stella Maris, als Mondsichel-Madonna mit der Drachin und im Sternenkranz, als Himmelskönigin und als in einer Wolke erscheinende Retterin, die dem in Not geratenen Schiffer die helfende Hand reicht in wilder See.

158 Gemeint ist Vernouillet bei Bourbon l'Archambault, in dessen Museum die Madonna heute geschützt wird. Mehrere Toponyme, wie der Bois des Vesvres, deuten auf eine frühere Verehrung der Vouivre in dieser Region.

159 Vgl. Bonvin.

160 Zitiert bei Trilloux, S. 154ff. Laut Bonvin plazierte der heilige Avit eine Schwarze Madonna an der heiligen Quelle, die heutige Madonna ist eine ganz und gar nicht naturgetreue späte Kopie.

161 Beispiele bei Trilloux, S. 136, S. 130ff.

162 De conceptu virginali et originali peccato, Lyon, 1138, und Bonvin, S. 107.

163 »Respice stellam, voca Mariam« in: Homilia 4 super missus est, Wolfgang Beinert/Heinrich Petri (Hrsg.): Handbuch der Marienkunde, Regensburg: Pustet 1984.

227

164 Begg, S. 104. Aus Bernards Brief Nr. 106.

165 Brief an Prior Giugo.

166 Bernard bezieht sich auf Kap. 5,1: »Ich komme in meinen Garten, Schwester Braut; / ich pflücke meine Myrrhe, den Balsam; esse meine Wabe samt dem Honig, / trinke meinen Wein und die Milch. Freunde, eßt und trinkt, / berauscht euch an der Liebe!« Inzwischen ist erforscht, daß es sich bei dem Hohelied um einen alten heidnischen Liebesgesang handelt, wie er in ähnlicher Form in Arabien vor einem Hieros Gamos gesungen oder rezitiert wurde.

167 Bernard: On Loving God, Kap. XI. Textserver nicht mehr vorhanden.

168 Zingsem, S. 117.

169 Bernard: On Loving God, Kap. IV.

170 Vgl. van Cronenburg: Geheimnis Odilienberg.

171 Holmberg: Baum, S. 81

172 Holmberg: Baum, S. 108.

173 Holmberg: Baum, S. 114.

174 Die wohl vollständigste Untersuchung über Brautsteine: John Meier: Der Brautstein. Frauen, Steine und Hochzeitsbräuche, Bern: edition amalia 1996. Darin angeschlossen eine Untersuchung Kurt Rankes im Reprint, der die Brautsteine mit dem Toponym des Rosengartens verbindet, der bei Maria zum Rosenhag wird.

175 Holmberg, Brautstein, S. 15.

176 Holmberg, Brautstein, S. 73.

177 Holmberg, Brautstein, S. 100.

178 Holmberg: Baum, S. 124.

179 *Trobar* = entdecken, (er)finden, *clu* = versteckt, verschlossen.

180 Begg, S. 126: »... *Where an unveiled woman, black as Mother Night, / Teaches him a new degree of love / And the tongues and songs of birds?*«

181 Er gilt als Begründer der höfischen Literatur in Frankreich (ca. 1135– ca. 1183) und wurde vor allem berühmt durch seinen »Perceval«, »Lancelot«, »Yvain oder der Ritter des Löwen« und »Érec und Énide«.

182 Walker: Wissen, S. 923.

183 Walker: Wissen, S. 721.

184 Vgl. Walker: Wissen, S. 927.

185 Walker: Wissen, S. 924.

186 Heute nur noch eine Kopie aus Kunststoff, das Original fiel 1983 nach der Restauration dem Kunstraub zum Opfer.

187 Hier wären als Beispiele außerdem zu nennen: Notre-Dame de Rocamadour (s. Abb. S. 127), Notre-Dame de Claviers (Jaillac-Moussages / Cantal) in Grün-Rot, Notre-Dame de Sans Parler (Chappes / Allier). Letztere hat durch eine falsche Bemalung während der Restauration ihren mittelalterlichen Charakter vollkommen verloren.

188 Die Bezeichnung französischer Ritterromane war im Gegensatz zum heutigen Sprachgebrauch doppeldeutig: *ami* für den Mann und *amie* für die Frau bedeutet gleichzeitig »Geliebte/r« und »Freund/in«.

189 Einzusehen online im Medieval Sourcebook: »Church Courts Pursue Adulterers, 1289«.

190 Jeffrey Jerome Cohen: »Masoch / Lancelotism«, Departement of English and Program in the Human Sciences, Georges Washington University, online s. Professoren des »Interdisciplinary Program ...«

191 »Geißblatt«, eine Metapher, die sie Tristan gibt. Vers 70/75 aus der englischen Fassung von Robert Hanning und Joan Ferrante, Millersville University 1996.

192 Ebd. Vers 90, 95.

193 Den ihm eigenen Namen, den Eigennamen.

194 Joseph Campbell: Schöpferische Mythologie, S. 59f.

195 Walther von der Vogelweide, Lied 112, Vers 34,35: *sô sol si nemen den dienest mîn, / und ouch bewarn dar under mich / dazs an mir niht versûme sich.*

196 Walther von der Vogelweide, Lied 104, Vers 28–34: *sît man valscher minne mit sô süezen worten gert, / daz ein wîp niht wizzen mac / wer sie meine. / disiu nôt alleine / tuot mir manegen swaeren tac. / Der diu wîp alrêrst betrouc, / der hât beide an mannen und an wîben missevarn.*

197 Ähnlich wie die Anhänger des Zoroaster bildeten die Sabi eine eigene ethnisch-religiöse Gruppe im Islam, die auch im Koran erwähnt wird (Suren II, 62; V, 69; XXII, 17 LIII, 49).

198 Walker: Symbole, S. 282f.

199 Walker: Symbole, S. 283.

200 Chebel, S. 330.

201 Vgl. Chebel: Stichworte Soufisme, Nuit, Marie.

202 Larousse 1992, Stichwort »Alchimie«.

203 Die Analogie zum Blut der Frau ist nicht zufällig. Die Alchemisten des 13. Jhdts. glaubten, ein ungeborenes Kind ernähre sich vom Blut der Frau, das während der Schwangerschaft nicht mehr floß, und dieses Blut sei das eigentliche Zeugungsinstrument. Chemisch gesehen war das Menstruum ein Auflösungsmittel. Eine wohlriechende blutartige Masse wurde z.B. aus Bleizucker und Spiritus gewonnen, ein einfacher Prozeß, der so manchem Blutwunder jener Zeiten zugrunde gelegen haben könnte.

204 Guter Wein wurde destilliert und dreimal rektifiziert. Den so gewonnenen reinen Tresterschnaps versetzte Paracelsus mit den Essenzen von Kiefern, Schöllkraut und Melisse – ein nicht ganz ungiftiges »Heilmittel«.

205 Die von Johann Plattner 1997 neu herausgegebene Schrift Beckers ist online auf dem Alchemie-Server (ALO) einsehbar. Becker revolutionierte die Pharmazie seiner Zeit durch die Herstellung von Acetonol (*acetonium oleosum*) als Heilmittel und versuchte nachzuweisen, daß das auf alchemistischem Wege hergestellte Acetonol größere Heilkräfte aufwies als jenes aus Fabrikproduktion.

206 The Discovery of Secrets (On the Silvering of Copper and Iron), Ge-

ber zugeschriebenes Manuskript, hrsg. von der Geber Society England: online auf ALO.

207 Alle Zitate von Adam McLean aus: »Animal Symbolism in the Alchemical Tradition« online auf dem Alchemie Server (ALO), der vom Autor betrieben wird.

208 »Gawain and the Green Knight«, anonymes mittelenglisches Manuskript aus dem Jahr 1400.

209 »Der Himmel der Erde«: Das Original gab Vaughan unter seinem Pseudonym Eugenius Philalethes 1650 in London heraus unter dem Titel: »Magia Adamica: or the antiquitie of magic, and the descent thereof from Adam downwards, proved. Whereunto is added a … full discoverie of the true coelum terrae.« Ich benutze die Ausgabe von A.E. Waite mit dem Titel »Coelum Terrae Or The Magician's Heavenly Chaos«, Online-Ausgabe auf ALO.

210 *Permanent water.*

211 Vaughan verwendet die Worte *spirit, soul and body,* an anderer Stelle sieht er sogar die Einheit von vier Aspekten: *spirit, soul, mind and body.*

212 Als Autor nennt er *one of the Rosy Brothers.*

213 »Seeking Light in Darkness«, Artikel von Colleen O'Connor, am 6. März 1997 erschienen im Jinn Magazine der *Pacific News,* San Francisco.

214 Aus Gründen des Personenschutzes wurden sämtliche Namen von Interview-Partnerinnen entweder abgeändert oder es werden die Internet-Pseudonyme mit ausdrücklicher Erlaubnis benutzt. Übereinstimmungen mit Namen realer Personen sind daher rein zufällig.

215 »Handmaid or Feminist«, *Time Magazine,* 30. Dezember 1991.

216 Das Transcript der Radio Show mit dem Titel »Virgin Mary and Pagan Goddess Worship« ist im Internet abgelegt unter http://www.cuttingedge.org/ce1008.html

217 Das Buch ist aufgrund des vatikanischen Verbots in deutscher Sprache nicht erhältlich, während sich andere Länder vor der Publizierung nicht gescheut haben. Die englische Übersetzung: Tissa Balasuriya/Helen Stanton: Mary and Human Liberation. The Story and the Text, Valley Forge: Trinity Press International 1997.

218 Balasuriya, französische Ausgabe, S. 185.

219 Balasuriya, S. 197.

220 Beide Madonnen sind keine romanischen Schwarzen Madonnen und entsprechen diesen in der Symbolik nicht in allen Bereichen, haben jedoch von ihren Vorgängerinnen so viele Eigenschaften übernommen, daß man von einer modernen Metapher der Schwarzen Madonnen sprechen kann.

221 Balasuriya, S. 191.

222 Offizielles Exkommunikations-Dokument der Glaubenskongregation, gezeichnet von Kardinal Ratzinger und Erzbischof Tarcisio Bertone, 2. Januar 1997, in: Balasuriya, S. 331.

223 Beispielsweise durch die Wochenzeitschrift *National Catholic Reporter* in Kansas City auf http://www.natcath.com/archives/080197/080197g.htm

224 Mark Miravalle ist Theologieprofessor an der Franziskaneruniversität in Steubenville, USA. Zusammen mit Laien, Theologen und Klerikern arbeitet er für die Vorbereitung eines fünften Mariendogmas, das die Mutter Gottes als Miterlöserin, Vermittlerin und Advokatin definieren soll. Zitat aus: »A Fifth and Final Marian Dogma?«, Immaculata Magazine (Online-Version), Januar/Februar 1997.

225 Wie viele Websites war auch diese kurzlebig und wurde während der Recherchen zu diesem Buch vom Universitätsserver gestrichen.

226 Auch Barbara G. Walker vermischt die Marien miteinander. Sie verwechselt Maria Magdalena mit der unbekannten Hure des Lukas und versucht, die späte biblische Geschichte mit alten babylonischen Texten zu identifizieren.

227 Lukas 7, 37–50.

228 »Maria die Magdalenerin« ist die Frau, die Jesus von Besessenheit geheilt hat, sie ist die erste Frau, die dem Auferstandenen begegnet, und es darf angenommen werden, daß sie eine der Apostelinnen war, die Jesus begleiteten, jedoch in der heutigen Fassung der Evangelien unterdrückt wurden.

229 Stubbs, S. 15, 17.

230 Campbell in: Walker: Wissen, S. 885.

231 Walker, S. 884.

232 Zingsem, S. 138.

233 Zingsem, S. 139.

234 Aus dem Pervigilium Veneris, das einen sizilianischen Venustempel des frühen 4. Jhdts. n. u. Z. beschreibt, Zingsem, S. 140.

235 Stubbs, S. 63.

236 Stubbs, S. 59.

237 Ich meine damit Frauen jedweder Tradition, die sich selbst Hexen nennen und an eine Göttin glauben.

238 »Die Alte entstehen lassen.« Die Trinität der Göttin, im Deutschen meist mit Jungfrau-Mutter-Alte wiedergegeben, heißt im Englischen *Maiden-Mother-Crone:* junge Frau – Mutter – altes Weib. Ihr entspricht traditionsgemäß die weiße-rote-schwarze Göttin, auch identifiziert mit zunehmendem Mond – Vollmond – Schwarzmond (Neumond).

239 »Die schwarze Mutter ist schön«, eine Anspielung auf den Text des biblischen Hoheliedes, in dem es im Kap.1, Vers 5 heißt: »Braun bin ich, doch schön, ihr Töchter Jerusalems, wie die Zelte von Kedar, wie Salomos Decken. Schaut mich nicht so an, weil ich gebräunt bin. Die Sonne hat mich verbrannt.«

240 Beyer, S. 65ff.

241 Mambo werden die Priesterinnen genannt, ihr Name bedeutet »Wurzel ohne Ende«.

242 Er wird auch Baron Samedi oder Baron Cimetière genannt, ein Klangspiel der Wörter für Samstag und Friedhof. Er ist der Herr aller Ahnen und wird mit dem größten Voodoofest am 2. November, Allerseelen, verehrt.

243 »Große Mutter, deren Kinder sind wie Fische in der See.« Alle Yoruba-Informationen aus dem Artikel »Keys to Feminine Empowerment« von Omifunke, erschienen bei Voice of Women (online).

244 Yemoja: Göttin des Meeres, Wasserbüffelin, Osun: Göttin der Flüsse, Oya: Göttin der Winde, Tornados und Blitze, Büffelfrau. Die göttlichen Inhalte der Yoruba sind ein kompliziertes Geflecht verschiedener Bewußtseinsebenen, binärer Systeme und sogenannter »Muster«, die am ehesten mit Rupert Sheldrakes morphogenetischen Feldern verglichen werden könnten. Das höchste Göttliche ist eine Triade, deren Quelle Olofi, ein mütterlich-väterliches Kollektivbewußtsein, darstellt. Außerdem gibt es die Elemente, die Orisas genannt werden, und Engungun, die Großen Ahnen. Odu Ifa ist ein Divinationssystem, das aus binären Systemen und sechzehn Mustern, ähnlich wie im I Ging besteht.

245 Die Titel stammen aus der Litanei von Loreto und einer Litanei der Marianisten.

Literatur

Balasuriya, Tissa: *Marie ou la Libération Humaine*, Villeurbanne: Golias 1997.

Bayard, Jean-Pierre: *La Tradition cachée des cathédrales*, St.-Jean-de-Braye: Dangles ²1990.

Bayard, Jean-Pierre: *Le Guide des Sociétés Secrètes*, o.O.: Philippe Lebaud 1989.

Begg, Ean: *The Cult of the Black Virgin*, London: Penguin Books Arkana 1996.

Berman, Roland: *La vierge noire, vierge initiatique*, Paris: Dervy 1993.

Beyer, Rolf: *Die Königin von Saba. Engel und Dämon, der Mythos einer Frau*, Bergisch-Gladbach: Bastei-Lübbe-Taschenbuchverlag ²1992.

Bonvin, Jacques: *Vierges Noires – la réponse vient de la Terre*, Paris: Dervy 1988.

Bottineau, Yves: *Der Weg der Jakobspilger*, Bergisch-Gladbach: Gustav Lübbe Verlag ²1992.

Chebel, Malek: *Dictionnaire des symboles musulmans. Rites, mystique et civilisation*, Paris: Albin Michel 1995.

Chiron, Yves: *Enquête sur les apparitions de la vierge*, Paris: Perrin/Mame 1995.

Cronenburg, Petra van: *Geheimnis Odilienberg. Eine Reise durch heilige Räume und Zeiten*, München: Eugen Diederichs Verlag 1998.

Holmberg, Uno: *Der Baum des Lebens. Göttinnen und Baumkult*, Bern: edition amalia 1996.

Kröll, Ursula: *Das Geheimnis der Schwarzen Madonnen. Entdeckungsreisen zu Orten der Kraft*, Stuttgart: Kreuz Verlag 1998.

Lachaud, René: *Templiers. Chevaliers d'Orient et d'Occident*, St.-Jean-de-Braye: Dangles 1997.

Le Goff, Jacques: *La civilisation de l'occident médiéval*, Paris: Flammarion 1982.

Markale, Jean: *Mélusine*, Paris: Albin Michel 1993.

Meier, John: *Der Brautstein. Frauen, Steine und Hochzeitsbräuche*, Bern: edition amalia 1996.

Strassmann, René A.: *Baumheilkunde. Begegnungen und Erfahrungen mit den Heilkräften der Bäume*, Aarau: AT Verlag 1994.

Stubbs, Kenneth Ray: *Women of Light. The New Sacred Prostitute*, Larkspur: Secret Garden 1994.

Trilloux, Paul & Bonvin, Jacques: *Église romane. Lieux d'énergie*, Paris: Dervy 1998.

Walker, Barbara G.: *Die geheimen Symbole der Frauen. Lexikon der weiblichen Spiritualität*, München: Heinrich Hugendubel Verlag 1997.

Walker, Barbara G.: *Das geheime Wissen der Frauen. Ein Lexikon*. München: Deutscher Taschenbuch Verlag 1995.

Walther von der Vogelweide: *Sprüche, Lieder, Der Leich*, Wiesbaden: Emil Vollmer Verlag o. J.

Zingsem, Vera: *Der Himmel ist mein, die Erde ist mein. Göttinnen großer Kulturen im Wandel der Zeiten*, Tübingen: Klöpfer-Meyer 1997.

Websites

(sortiert nach Kurztitel, Stand August 1999)

Arab Net und Arab View
http://www.arab.net/
At the Edge Archiv (spirituelle Zeitschrift)
http://www.indigogroup.co.uk/edge/
Chris King: Genesis of Eden
http://matu1.math.auckland.ac.nz/~king/Preprints/book
Forum für Neues Bewußtsein
Link auf http://www.geocities.com/~Altitona/
Gnostic Society Library (GSL)
http://www.webcom.com/gnosis/
Immaculata Magazine
http://www.marytown.org/
Interdisciplinary Program in Human Sciences of the George Washington University
http://www.gwu.edu/~humsci/
International Marian Research Institute, University of Dayton
http://www.udayton.edu/mary/main.html
Koran mehrsprachig, Muslim Students Association Oregon State University
http://www.orst.edu/groups/msa/
Mambo Racine Sans Bout – Haitian Vodou
http://members.aol.com/Racine125/
Medieval Source Book
http://www.fordham.edu/halsall/
Millersville University: Women Writers
http://www.millersv.edu/~english/homepage/duncan/medfem/
Online Bibliothek alchemistischer Werke (mehrsprachig) (ALO)
http://www.levity.com/alchemy/index.html
Pacific News
http://www.pacificnews.org/pacificnews/
Pilgerreise der Schwarzen Madonnen zum Jahr 2000
http://www.vierge-pelerine.org/
Religionen der Welt
http://www.religionstolerance.org/
Schwarze Madonnen und schwarze Göttinnen: die Website zum Buch
http://www.geocities.com/~Altitona/queen.htm
The Spiral Grove – Abby Willowroot
http://www.spiralgoddess.com/

Voice of Women
http://voiceofwomen.com/
Zentralrat der Muslime in Deutschland e.V.
http://www.islam.de

Petra van Cronenburg ist im Internet direkt erreichbar:
http://www.geocities.com/~Altitona/
http://perso.wanadoo.fr/altitona/
email: altitona@gmx.net

Register der Madonnen

(nach Orten; hervorgehobene Seitenzahlen verweisen auf Abbildungen)

Orts-, Personen- und Sachregister

241

243

Weitere Titel aus dem Sphinx-Programm

Rachel Pollack
Im Körper der Göttin
Weibliche Weisheit in Mythos, Landschaft und Kultur

344 Seiten mit zahlreichen Abbildungen, Festeinband

Die Göttin der alten Welt lebt noch heute – »verkörpert« in
Landschaft, Mythos und Kultur. Rachel Pollack führt uns zu
ihren Bildern und Formen: von den altsteinzeitlichen Höhlen
von Lascaux über die Venus von Willendorf, die Steinkreise
von Stonehenge und Avebury bis hin zu den Nanas der Niki
de Saint Phalle.
Auf dieser Reise durch Raum und Zeit erwachen die zentra-
len Göttinnenmythen zum Leben und lassen erkennen, welche Kraft die heiligen Orte noch heute in sich bergen.

Layne Redmond
FrauenTrommeln

Eine spirituelle Geschichte des Rhythmus

272 Seiten mit über 300 Abbildungen
Festeinband mit Musik-CD

Die Trommlerinnen von heute stehen in einer alten weiblichen
Tradition: Bereits in den frühen Göttinnenreligionen galten
die trommelnden Schamaninnen und Priesterinnen als
Wächterinnen des spirituellen Lebens. Layne Redmond stellt
die ursprüngliche Verbindung von Rhythmus, Spiritualität
und Frauenmacht wieder her.
Die Musik-CD mit Stücken international bekannter
Trommlerinnen rundet dieses Set zu einem einzigartigen
Lese- und Hörerlebnis ab.